Christoph Martin Wieland

Sämmtliche Werke - Gespräche unter vier Augen

31. Band

Christoph Martin Wieland

Sämmtliche Werke - Gespräche unter vier Augen
31. Band

ISBN/EAN: 9783743685413

Hergestellt in Europa, USA, Kanada, Australien, Japan

Cover: Foto ©ninafisch / pixelio.de

Weitere Bücher finden Sie auf **www.hansebooks.com**

C. M. WIELANDS
SÄMMTLICHE WERKE

EIN UND DREYSSIGSTER BAND

GESPRÄCHE UNTER VIER AUGEN.

LEIPZIG

BEY GEORG JOACHIM GÖSCHEN. 1799.

GESPRÄCHE

UNTER VIER AUGEN

VON

C. M. WIELAND.

LEIPZIG

BEY GEORG JOACHIM GÖSCHEN. 1799.

GESPRÄCHE
UNTER VIER AUGEN.

1799.

INHALT.

I. Was verlieren oder gewinnen wir dabey, wenn gewisse Vorurtheile unkräftig werden?

II. Über den Neufränkischen Staatseid: „Haſs dem Königthum."

III. Nähere Beleuchtung der Vorzüge der repräsentativen Demokratie vor der monarchischen Regierungsform.

IV. Was ist zu thun?

V. Entscheidung des Rechtshandels zwischen Demokratie und Monarchie.

VI. Die Universal-Demokratie.

VII. Würdigung der Neufränkischen Republik.

VIII. Was wird aus dem allen werden?

IX. Über die öffentliche Meinung.

X. Träume mit offnen Augen.

XI. Blicke in die Zukunft.

XII. Fragment eines Gesprächs zwischen Geron und einem Unbekannten.

VORBERICHT.

Gespräche unter vier Augen sind ordentlicher Weise nicht bestimmt das Publikum zum Zuhörer zu haben. Ein paar Freunde, die allein zu seyn glauben, besorgen weder mifsverstanden noch unredlich gedeutet zu werden; jeder spricht wie er denkt, und ist versichert, dafs sein Freund, wenn er auch nicht immer seiner Meinung ist, oder den Gegenstand, wovon die Rede ist, in einem andern Licht oder von einer andern Seite betrachtet, ihm wenigstens eben dieselbe Gedankenfreyheit zugesteht, wozu er sich selbst berechtigt hält.

Aber auch ohne diese Rücksicht liegt schon in der Natur eines Gesprächs unter vier Augen eine gewisse Sicherheit, die bey keinem andern Statt findet, ja bey einem blofsen Selbstgespräche kaum gröfser seyn kann, und man spricht da unfehlbar manches, was in Gegenwart eines Dritten entweder gar nicht, oder doch nicht so freymüthig und unzurückhaltend gesprochen worden wäre.

Wahrscheinlich mufs also ein unvermutheter Lauscher an der Wand, dem die Kunst geschwind zu schreiben oder ein ungewöhnlich glückliches Gedächtnifs zu Dienste stand, an den gegenwärtigen vertraulichen Unterredungen heimlich Theil genommen, und ein gutes Werk zu thun vermeint haben, wenn er den Gedanken der redenden Personen, an welchen er den unverkennbaren Karakter der Wahrheitsliebe, Mäfsigung und Wohlgesinntheit zu erkennen glaubte, einen dauerhaftern Leib gäbe, als die luftige Hülle, in welcher blofs gesprochene Worte, sollte ihr Inhalt auch ewig zu dauern verdienen, eben so schnell als sie gehört werden, in dem Ocean zerfliefsen, der seit Jahrtausenden so unendlich viel Weisheit und Thorheit unwiederbringlich verschlungen hat, ohne die geringste Spur davon zurück zu lassen.

Der unsichtbare Lauscher konnte seinen Einfall um so leichter bewerkstelligen, da alle diese Gespräche auf dem Landsitze eines der Interlokutoren unter einer dichten Sommerlaube gehalten wurden, welcher man sich aus dem benachbarten Gebüsche ohne bemerkt zu werden nähern konnte.

Wie es aber auch damit zugegangen seyn mag, so bleibt, auf alle Fälle, der Herausgeber allein für die öffentliche Bekanntmachung verantwortlich, und nimmt die Pflicht, seine anspruchlosen und nichts böses besorgenden noch bezweckenden Freunde im Nothfall zu vertreten, um so williger auf sich, da er sich versichert hält, daſs diese Gespräche schwerlich einen einzigen unbefangenen Leser finden werden, der im Ernste wünschen könnte, daſs sie weder aufgeschrieben noch gedruckt seyn möchten.

Quid dulci voveat nutricula majus alumno,
Quam sapere et fari quod sentiat?
Juvenal.

I.

Was verlieren oder gewinnen wir dabey, wenn gewisse Vorurtheile unkräftig werden?

SINIBALD.

Darf man fragen, Geron, was deinen inwendigen Menschen so stark beschäftiget, dafs ich schon eine gute Weile vor dir stehe, bevor du mich gewahr wirst.

GERON.

Das solltest du wohl schwerlich errathen, Sinibald.

SINIBALD.

Vielleicht doch! Arbeitest du etwa an einer neuen Konstituzion für die Westfranken?

GERON.

Die wird sich wohl bald genug von selbst machen!

SINIBALD.

Oder an Berichtigung der Bedingungen, unter welchen die monarchische Regierungsform der republikanischen oder diese jener vorzuziehen sey?

GERON.

Eben so gern möcht' ich einen hölzernen Bock melken, oder mit einem Haarsieb Wasser ins Faſs der Danaiden schöpfen. Du weiſst, wie ich über diese Dinge denke. Das ganze Weltall ist, meiner Meinung nach, eine Monarchie, und, mit allen ihren Mängeln und Gebrechen, gewiſs die beste, die man je sehen wird. Dieſs vorausgesetzt, möchten die Bedingungen, unter welchen auch auf diesem kleinen oder groſsen Sonnenstäubchen, das uns zu bewohnen und zu bearbeiten eingeräumt ist, die ein köpfige Regierungsform vor der viel köpfigen den Vorzug behauptet und ewig behaupten wird, ziemlich leicht zu finden seyn. Aber für wen und wozu sollte ein Mann von neuem thun, was seit Plato und Aristoteles von so vielen Hunderten vergebens gethan worden? Laſs die Filoso-

fen reden oder schweigen, die Welt geht
ihren Gang: „die Könige regieren, und die
Richter sprechen das Recht." —

SINIBALD.

Aber wie?

GERON.

Das ist eine andere Frage. Ich denke,
wie sie wollen, oder, so gut sie
können.

SINIBALD.

Mit beidem ist der Welt bisher nicht
viel gedient gewesen.

GERON.

Was willst du? Alles geht wie es
kann; und wiewohl es durch so seltsame
Krümmungen und Schneckenlinien geht, daſs
wackre Leute sich dadurch haben verleiten
lassen, zu glauben, die ganze Schöpfung,
und die arme Menschheit mit ihr, drehe
sich, wie ein blinder Gaul in einer Roſs-
mühle, ewig in einem und eben demselben
Kreise herum, so fällt es doch, däucht mir,
von einem Jahrhundert zum andern
ziemlich stark in die Augen, daſs es vorwärts geht; und so hoffe ich denn zu Gott,
es werde sich am Ende finden, daſs alles

gegangen sey, wie es der Monarch und alleinige oberste Direktor der einen und unzertrennbaren Republik des Weltalls haben wollte, und der große Zweck —

SINIBALD.

Verzeih, daß ich dir ins Wort falle, Geron! Der große Zweck der Menschheit (denn, was über diese geht, ist über unserm Horizont) kann doch wohl kein andrer seyn, als das Menschengeschlecht, dem dieser Planet zu verwalten und zu benutzen gegeben ist, von Stufe zu Stufe endlich so weit zu bringen, daß alle Menschen nur Eine Familie ausmachen, die keinen andern Regenten habe, (und, wenn sie erst so weit gekommen wäre, keines andern bedürfte) als die allgemeine Vernunft, und also zugleich die reinste und vollkommenste Monarchie, und die freyeste, wohlgeordnetste und glücklichste Republik wäre, die sich nur immer denken läßt.

GERON lächelnd.

So weit mit dir vorwärts zu fliegen, guter Sinibald, sind meine Schwungfedern nicht mehr elastisch genug. Ich kenne dermahlen nur Eine Republik, die gerade das ist, was sie seyn soll —

SINIBALD.

Und die wäre? —

GERON.

Die, von welcher du und ich Mitglieder sind, und die, Dank ihrer Unsichtbarkeit! in, mit und unter allen Monarchien, Tetrarchien ¹) und Anarchien, Aristokratien, Demokratien, Gynäkokratien und Hierokratien, ihren stillen Gang fortgeht, und so lange fortgehen wird, bis entweder die **goldne Zeit**, von der du sprachst, gekommen seyn wird, oder der allgemeine Brand, womit die **Stoiker** unsern Erdball bedrohten, dem ganzen bisherigen Wesen und Unwesen ein Ende machen, und eine neue **verglasete Schöpfung** hervorbringen wird, über deren vermuthliche Beschaffenheit, und was für eine Konstituzion sich wohl für glasartige Menschen am besten schicken möchte, wir uns die Köpfe nicht zerbrechen wollen.

1) Geron deutet vermutblich mit diesem Wort auf eine Epoke, da vier grofse Mächte, vermöge des respektabeln Rechts des Stärkern, über die Welt im Kleinen, oder das, was Geron ein grofses Sonnenstäubchen nannte, willkührlich zu disponieren anfingen; eine Epoke, deren nähere Bestimmung die Kronologen unter sich ausmachen mögen.

SINIBALD.

Darüber sind wir einverstanden. Aber auf diesem Seitenwege hätten wir bald vergessen, daſs du mir meine Frage noch nicht beantwortet hast.

GERON.

Und was war es denn gleich? — Ja, nun besinne ich mich — du wolltest wissen, womit meine Gedanken beschäftigt waren, als du herein kamst. So rathe denn!

SINIBALD.

Wenn es nicht eine allgemeine Friedensstiftung oder der Stein der Weisen ist, so geb' ichs auf.

GERON.

Nun, so wisse denn, Bruder! — ich arbeite — erschrick nicht! — an einer Apologie der Vorurtheile.

SINIBALD.

Du? an einer Apologie der Vorurtheile? — Das gesteh' ich! da hätt' ich lange rathen können, eh' ich auf eine so seltsame Möglichkeit gefallen wäre! — Nun ja freylich sind die Gegenstände, worüber sich etwas Neues sagen läſst, ziemlich verbraucht, und so kann es sich ja wohl ereignen, dafs ein Ehrenmann, der nichts anders zu thun hat, in die Versuchung gerathen mag, sich selbst und die Welt mit Paradoxen zu unterhalten, um zu sehen, wie weit es ihm gelingen könne, einer Ungereimtheit den Schein der Wahrheit zu geben.

GERON.

Diefs wäre denn doch nicht der Fall, lieber Sinibald. Denn, wofern ich auch nichts bessers zu thun wüfste, hab' ich nicht Kinder um mich, mit denen ich — spielen könnte? Oder kann ich nicht schlafen? Oder, wenn alles andre fehlt, mir wie Horaz helfen und — Verse machen?

SINIBALD.

Das wäre vielleicht nicht das schlimmste, was du thun könntest.

GERON.

Vielleicht, wenn ich Verse machen könnte wie Metastasio, der das beneidenswerthe Talent besafs, zu jeder Tages-oder Nachtszeit, bey jedem Wetter, in jeder Gemüthsstimmung, über jeden Gegenstand, und auf jede Veranlassung, sogar auf allerhöchsten Befehl, sehr schöne Verse zu machen. — Und doch, wenn mich die Feen auch mit dieser seltnen Gabe begabt hätten, würde ich meine Apologie der Vorurtheile nicht in Versen schreiben; — und gerade defswegen, weil es mir dabey um nichts weniger zu thun ist, als, wie du meinst, mit der eiteln Kunst, paradoxen Sätzen den Schein neu entdeckter Wahrheiten zu geben, grofs zu thun. Die schlichteste Prose, und wenn sie noch prosaischer seyn könnte als Xenofons, ist, däucht mir, gerade das rechte und einzig schickliche Vehikel, wenn es darum zu thun ist, alte Wahrheiten gegen die Täuschungen des Witzes und die Sofismen einer falschen oder fälschlich angewandten Filosofie in den Schutz zu nehmen. Denn dafs du ja nicht etwa neue unerhörte Dinge von mir erwartest, über eine Materie, die, ihrer Natur nach, der ausgesogenste aller Gemeinplätze ist —

SINIBALD lachend.

Um so viel gröfser wäre die Ehre, auf einem so magern und zerstampften Boden noch irgend ein oder anderes Blümchen oder Kräutchen auszufinden, das den Thieren, die ihn einige Jahrhunderte lang abgefretzt haben, entgangen wäre.

GERON.

Lafs uns ohne Bilder sprechen, Sinibald. Die gemeinnützigsten Wahrheiten sind alt, und eben darum, weil sie alt sind, wirken sie wenig. Es mag wohl einiges Verdienst dabey seyn, wenn man sie unter irgend einer neuen gefälligen Gestalt wieder in Umlauf zu setzen weiſs: aber mir däucht, dieser Kunstgriff thut selten eine andere Wirkung, als daſs man sich an der neuen Einkleidung ergetzt, wenn sie gefällig ist, ohne daſs die alte Wahrheit selbst dadurch in gröſsre Achtung kommt.

SINIBALD.

Ich habe doch wohl eher gesehen, daſs eine neue Perücke einen alten wurmstichigen Herrgott, oder ein neuer Anzug eine in Verfall gekommene Mutter Gottes in einer Dorfkirche wieder zum Gegenstand der eifrigsten Andacht bey unserm guten Landvolke machte.

GERON.

Das mag bey alten Idolen angehen, Freund; aber ich zweifle sehr, ob es mit alten Wahrheiten eben dieselbe Bewandtniſs habe. Wahrheit, mein Lieber, ist, wie du weiſst, so sehr für den gesunden Menschenverstand, und dieser so ganz für jene gemacht, daſs sie für ihn gar keines Auffrischens und Herausputzens bedarf; je nackter sie ihm dargestellt wird, je gewisser ist sie, ihn einzunehmen. Das Übel ist nur, dafs das reine Gold der Wahrheiten, von welchen hier die Rede ist, durch die Länge der Zeit, durch die Veränderungen der Umstände, und durch die natürlichen Folgen der menschlichen Gebrechlichkeit, nach und nach so sehr mit schlechtem Metall vermischt und verfälscht wurde, dafs es endlich **aufhörte** Gold zu seyn, und von dem, was es ursprünglich war, nur noch den Nahmen behielt. Und dieser Nahme ist es denn, wodurch der grofse Haufe betrogen wird, der in seiner Einfalt gewohnt ist die Zeichen mit den Sachen zu verwechseln, und unter der Gewähr des Nahmens sich verfälschte Waare für echt aufhängen zu lassen.

SINIBALD.

Nur zu wahr! Aber was werden die Vorurtheile, die du in deinen Schutz nehmen willst, durch dieses Gleichnifs, und den Satz, den du dadurch erläutern willst, gewinnen?

GERON.

Das erräthst du nicht, Sinibald? So stelle dir Wahrheiten und Vorurtheile als eine grofse Menge goldner Münzen von allerley Schwere, Gehalt und Jahrzahl vor, wovon einige echt, andere falsch, die meisten aber mit mehr oder weniger Kupfer dergestalt vermischt wären, dafs bey vielen sich nur die Hälfte, bey andern nur der dritte oder vierte Theil reines Gold befände. Lafs uns ein Land annehmen, worin diese ungleichartigen Goldmünzen, unter der Gewähr eines gesetzmäfsigen Stempels, alle für echt gälten, und erlaube mir noch (zum Behuf der Anwendbarkeit meines Gleichnisses) zwey Umstände vorauszusetzen: erstens, dafs die stufenweise Verschlechterung dieser Münzen nach und nach in gewissen Zeitpunkten vorgegangen, und zweytens, dafs alles Gold, das sich in diesem Lande befinde, in der besagten Masse gemünzten Goldes stecke. Nun lafs uns annehmen, das Volk dieses Landes hätte sich lange Zeit mit dieser Münze beholfen, ohne die Verfälschung gewahr zu werden; es träte aber endlich eine Zeit ein, da die Ungelegenheiten einer solchen Münzverfassung sich täglich immer stärker verspüren liefsen, und also dem Volke viel daran gelegen wäre, dafs dem Übel je eher je lieber abgeholfen würde: was, meinst du, sollte wohl eine weise Regierung in einem solchen Falle zu thun haben? — Die geringhaltige Münze auf einmahl aufser Kurs zu setzen, würde eine höchst nachtheilige Stokkung in Handel und Wandel verursachen, und einen Theil des Volkes auf einmahl um sein ganzes Vermögen bringen. Man dürfte sie also nicht anders als nach und nach, so unmerklich als möglich, aus dem Umlauf nehmen, um sie in der Münze, nach vorgängiger Scheidung, zu Goldstükken von echtem Gehalt umzuprägen. Damit aber der Schade, der aus dem fortwährenden Umlauf einer Masse von Goldmünzen, die bisher an Zahlungswerth gleich, und doch so ungleich an reinem Gehalt wären, so viel möglich verhütet würde, wäre wohl kein ander Mittel, als diese Münze scharf probieren zu lassen, dann zu sortieren, und den äufsern Preis einer jeden Sorte nach und nach auf den Befund ihres innern Werthes herabzusetzen: da sie dann immerhin noch so lange zirkulieren möchten, bis man sie ohne sonderlichen Nachtheil gänzlich aufser Kurs setzen, und gegen vollgültige Stücke auswechseln könnte. Dünkt dich nicht, Sinibald, dafs diefs in dem vorausgesetzten Falle die Verfahrungsweise einer jeden verständigen Obrigkeit seyn würde?

SINIBALD.

Ich sehe, wo du hinaus willst, Geron, aber nicht, wie du bey der Anwendung

deines Gleichnisses bestehen wirst. Da ich
dir so viele Voraussetzungen erlauben
mufste, so ist nicht mehr als billig, dafs
du mir eine einzige gestattest.

GERON.

Von Herzen gern, und mehr als Eine,
wenn du ihrer nöthig hast.

SINIBALD.

Ich denke mit dieser einzigen auszu,
reichen. Gesetzt also, es fände sich glücklicher Weise irgend ein grofsmüthiger Adept,
der sich erböte, deinem mit verfälschter
Münze überladenen Volke auf einmahl davon
zu helfen, indem er ihnen, ohne sich
darum zu bekümmern, wie viel Karate feines Gold mehr oder weniger in ihren unech-
ten Dukaten stecken möchten, für jedes
geringhaltige Stück ein vollhaltiges von
gleichem Zahlungswerth, ohne allen Auf-
wechsel oder Abzug, geben wollte: würdest du deine Leute nicht für ausgemachte
Thoren erklären müssen, wenn sie sich
eines so vortheilhaften Tausches aus dem
lächerlichen Grunde weigerten, „es wäre
doch immer ein Achtel oder Sechstel oder
Drittel feines Gold in ihrer Münze, dessen
sie sich berauben würden, wenn sie das
Anerbieten des Adepten Statt finden liefsen?"

GERON.

Dacht' ichs nicht, sobald ich dich mit deinem grofsmüthigen Adepten kommen sah! Ich wäre also deinem weisen Meister noch vielen Dank dafür schuldig, dafs er mir die Mühe des Scheidens ersparte, die nun gerade nicht so kurzweilig ist, dafs man ihrer, wenn es seyn könnte, nicht lieber überhoben wäre? Aber lafs dir sagen, lieber Sinibald, dafs mein Volk, glücklicher — oder (in deiner Hypothese) unglücklicher Weise, keinen Glauben an deinen Goldmacher hat; dafs es seinem filosofischen Golde nicht traut, und aus Furcht, für gutes natürliches Gold, wovon doch immer noch ein Theil in seinen gewohnten Münzen steckt, eine Komposizion von gar keinem Werthe zu empfangen, lieber das Gewissere spielen, und das seinige, wie wenig es auch sey, behalten, als Gefahr laufen will, beym Erwachen aus einem Traum voll goldner Berge nach Luft zu greifen und nichts zu haben.

SINIBALD.

Desto schlimmer für dein Volk, dafs es so mifstrauisch ist, wo es in der That nichts zu fürchten und so viel zu gewinnen hat!

GERON.

Das würdest du ihm nicht sehr übel nehmen, wenn du bedächtest, wie oft es schon von Schatzgräbern und Sonntagskindern betrogen worden ist, die sich für grofse Adepten ausgaben, und am Ende doch nur als Meister in der Kunst, einfältigen Leuten das Geld aus dem Beutel zu locken, befunden wurden.

SINIBALD.

Du wirst so billig seyn, lieber Geron, meinem Adepten zuzutrauen, dafs es ihm weder an Willen noch an Vermögen fehlt, alle, die nicht aus unverzeihlichem Eigensinn Augen und Ohren vor ihm verschliefsen, zu überzeugen, dafs sein filosofisches Gold wahres Gold von vier und zwanzig Karaten ist. Aber auch ohne das würde dein Volk, wenn ich dich recht verstanden habe, wenig bey meinem weisen Meister wagen.

GERON.

Wie so?

SINIBALD.

Von dem Augenblick an, da es unter dem Volke bekannt worden ist, dafs sich unter der zirkulierenden Goldmasse eine Menge falscher und sehr geringhaltiger

Stücke finden, wird sich natürlicher Weise auch ein Mifstrauen verbreiten, das dem ehmahligen blinden Glauben des Volks an seine Münzen um so mehr Abbruch thun wird, da das Gerücht und die Einbildung bey solchen Gelegenheiten das Übel immer zu vergröfsern pflegen, und es überdiefs nicht an Leuten fehlen wird, die aus Neugier oder Gewinnsucht, oder aus welchem andern Beweggrund es seyn mag, sich die Mühe geben werden, die verdächtigen Münzen zu probieren, und dem Publikum, durch ihre Berichte und Warnungen, auch gegen die bessern Mifstrauen beyzubringen. Lafs uns, um eher zum Ziele zu kommen, sogleich die Anwendung dieses Gleichnisses auf den Gegenstand unsers Gespräches machen. Du verstehest unter den verschiedenen Goldmünzen, die von alten Zeiten her unter deinem Volke herumlaufen, Wahrheit, Irrthum und Vorurtheile: Wahrheit ist das feine Gold, Irrthum die falsche Münze, die Vorurtheile die geringhaltigen Stücke, welche mehr oder weniger werth sind, je nachdem mehr oder weniger von jener oder diesem darunter befindlich ist. So lange das Volk die letztern für wahr hält, weil ihm nie eingefallen ist an ihrer Echtheit und Gültigkeit zu zweifeln, so sollen sie (wie ich dir einstweilen unpräjudicierlich zugeben will) ungefähr die nehmliche Wirkung thun, als ob sie durchaus wahr wären. Aber wie lange wird das dauern? Gewiſs nicht länger als die Leute von niemand in diesem ihrem Glauben gestört werden. Laſs sich einmahl eine Anzahl angeblicher Scheidekunstler hervor thun, die sich ein Geschäft daraus machen, die Vorurtheile und Meinungen des Volks auf die Kapelle zu bringen, und ihren wahren reinen Goldgehalt öffentlich anzuzeigen: von dieser Stunde an fängt auch das Gebäude an zu schwanken, das bisher auf einem so lockern Grunde ruhte. Diese Wirkung wird zwar nicht sogleich merklich seyn; aber einem aufmerksamen Beobachter werden die Zeichen der Veränderung nicht entgehen, die in dem Glauben, den Gesinnungen und den Sitten des Volks vorgeht, wiewohl das Übel oft ziemlich lange im stillen um sich greift, und daher, wenn es endlich zum Ausbruch kommt, Leute, die alles immer nur aus der nächsten Ursache erklären wollen, in mächtiges Erstaunen setzt.

GERON.

Nur zu wahr! Und gerade diese Erfahrungssache ist es, was mich immer gegen die unzeitigen und unbehutsamen Volksaufklärer aufgebracht hat.

SINIBALD.

Es ist nicht zu läugnen, daſs diese Leute Schaden thun: aber ich sehe nicht wie du das verhüten willst; es wäre denn, du gedächtest dich für die Meinung der Königin Semiramis in den Göttergesprächen zu erklären, und darauf anzutragen, daſs das Licht, das dem menschlichen Verstande durch die Kultur der Wissenschaften aufgeht, gleich dem heiligen Feuer der Vesta, ausschlieſslich in der Verwahrung eines besondern Ordens seyn sollte, der, unter Oberaufsicht der Regierung, dem Volke nur gerade so viel davon zutheilen dürfte, als seine Obern für gut fänden.

GERON.

Nicht, als seine Obern für gut finden, sondern als dem Volke wirklich gut und heilsam ist.

SINIBALD.

Und wer soll darüber entscheiden, wie viel Licht dem Volke gut und heilsam ist? Doch wohl seine Obern? Oder wem wolltest du es sonst auftragen? Wenn du es den Aufklärern überlassen wolltest, so werden sie eines von beiden thun: entweder sich selbst in ihrem Geschäfte keine Grenzen setzen, oder sich um die Gebühr mit den Obern einverstehen, das arme Volk in Dummheit und Unwissenheit zu erhalten, weil man doch nun einmahl in dem Wahne steht, daſs ein unwissendes Volk leichter zu regieren sey als ein aufgeklärtes.

GERON.

Die Erfahrung zeugt in unsern Tagen so laut vom Gegentheil, daſs ich gewiſs bin, die Zeit ist nahe, da man von diesem armseligen Wahn auf ewig zurück kommen wird. Der erste groſse Fürst, der Verstand und Kenntniſs der menschlichen Natur und der menschlichen Dinge genug haben wird, um überzeugt zu seyn, „daſs gesunder Verstand allen Menschen, den niedrigsten wie den höchsten, unentbehrlich ist um — Menschen zu seyn,“ und der dieser Grundmaxime in allem ohne Ausnahme gemäſs handeln wird, wird durch sie allein, ohne die geringste Erschütterung, still und unvermerkt, wie die Natur in ihren wohlthätigsten Wirkungen zu verfahren pflegt, eine groſse, in ihren Folgen unendlich nützliche Verbesserung in seinem Staate bewirken, und dann aus eigener Erfahrung bezeugen können, daſs keine Regierung sicherer, fester und weniger Reibungen und Stockungen unterworfen ist, als die Regierung über ein zum gesunden Verstand reif gewordenes Volk. Von der Wahrheit dieser Maxime ist bereits jedermann theoretisch überzeugt; und es bedarf nur noch ein einziges, grofses, stark in die Augen leuchtendes Beyspiel, so wird in weniger als zehn Jahren kaum noch — der Bey von Tripoli über Barbaren und Sklaven herrschen wollen.

SINIBALD.

Bravo! So wären wir ja einverstanden. Aber wo bleibt da die Apologie der Vorurtheile?

GERON.

Die geht ruhig ihren Gang fort, Sinibald.

SINIBALD.

Du scherzest. Was hätte denn gesunder Verstand mit Vorurtheilen zu schaffen? Von dem Augenblick an, da ein Volk zum gesunden Verstand reif geworden ist, wie du es nennest, hat es keine Vorurtheile mehr, und bedarf keiner mehr.

GERON.

Aber, mein lieber Sinibald, das mufst du doch so gut wissen als ich, dafs wir und jedes andere Volk auf diesem Erden-

runde noch ziemlich weit von diesem
glücklichen Zeitpunkt entfernt sind. Wahrlich, bevor wir dieses grofse Ziel erreichen,
werden noch allerley Anstalten getroffen
werden müssen; und gerade an denen, die
uns allein so weit bringen können, fehlt
es noch am meisten. Bis dahin, mein
Freund, werden wir wohl thun, unsern
schreibseligen Weltverbesserern zu empfehlen, dafs sie gewisse Vorurtheile unange-
tastet lassen; und unsre Obern werden blofs
ihre Schuldigkeit thun, wenn sie die Herren, die nicht auf guten Rath hören wollen, ein wenig auf die Finger klopfen.

SINIBALD.

Ich sehe wohl, dafs ich mir vor allen
Dingen eine kleine Erklärung von dir ausbitten mufs, was das für gewisse Vorurtheile sind, zu deren Unverletzlichkeit
ein so wohldenkender Mann wie du seine
Stimme so fest entschieden giebt?

GERON.

Vor allen Dingen will ich dir eine kleine
Geschichte erzählen, wenn du Geduld hast
sie anzuhören.

SINIBALD.

Sehr gern.

GERON.

Es war einmahl ein Mann, der sich viele Mühe gegeben hatte, ein guter Arzt zu werden, und dem es so wohl gelungen war, daſs der Ruf seiner Geschicklichkeit und seiner glücklichen Kuren in alle Lande ausging. Dieser Ruf kam endlich auch bis zu den Ohren der Herren Bürgermeister und Rath des durch den berühmten Jean Paul nicht weniger berühmt gewordenen Reichsdörfchens oder Städtchens Kuhschnappel; und da sie eben eines Stadtarztes benöthigt waren, so wurden sie einig, den besagten Arzt unter ziemlich annehmlichen Bedingungen an diese Stelle zu berufen. Dieser mochte sich aus der Geschichte des berüchtigten Armen-Advokaten Siebenkäs eine Vorstellung von der löblichen Reichsstadt Kuhschnappel gemacht haben, die ihm von einigen Jahren Aufenthalt daselbst eine reiche Ernte neuer Beobachtungen zu Beförderung der Menschenkunde und Menschenliebe und zu Vermehrung seiner medicinischen Kenntnisse versprach. Kurz, er nahm den Ruf an, und fand an seinen neuen Pazienten, besonders denen vom dritten Stande, ein wohlgesinntes Völkchen, das ihn, auf seinen bloſsen Ruf und sein ehrliches Gesicht hin, mit einem Enthusiasmus aufnahm, der kaum gröſser

hätte seyn können, wenn er bereits einige
Dutzend wichtige Kuren an ihnen verrichtet gehabt hätte. Die guten Leutchen liefsen
sichs nicht einfallen, den Grund oder Ungrund dieses Rufs zu untersuchen. Alles
was die Natur oder ein glücklicher Zufall
zu Genesung der Kranken that, schrieben
sie treuherzig ihrem Äskulap zu; aus jedem
von ihm geheilten Schnupfen, Husten, oder
Verdauungsfieber machten sie eine Wunderkur, unterwarfen sich allen seinen Vorschriften blindlings, verschluckten mit dem
gewissenhaftesten Gehorsam alle seine Pillen, Pulver und Tränkchen, und behaupteten gegen alle durchreisende Fremde, dafs
seines gleichen nirgends gefunden werde.
Bey diesem auf lauter Vorurtheile gegründeten Glauben an ihren geschickten und
sorgfältigen Stadtarzt hatte sich nun der
Senat und das Volk von Kuhschnappel eine
geraume Zeit wohl befunden; als ein naseweiser junger Patrizier des Orts, der unter
seinen Mitbürgern für einen grofsen Kopf
galt, auf den Einfall kam, eine Art Satire
gegen Ärzte und Arzneykunst herauszugeben, worin er zwar nicht in Abrede seyn
wollte, dafs der Poliater von Kuhschnappel ein sehr grofser Arzt sey, aber nur
behauptete, an der Arzneykunst selbst
sey ganz und gar nichts; es gebe entweder

gar keine Heilkräfte in der Natur, oder
wenigstens wüfsten die Menschen sie weder
zu finden noch anzuwenden; die Äskulapi-
sche Kunst hätte von ihrer Erfindung an
unendlich mehr geschadet als genutzt; kurz,
das ganze Medicinalwesen sey eitel Scharla-
tanerie und Quacksalberey, und nicht um
ein Haar besser als die Kunst aus dem
Kaffesatze zu weissagen, Träume zu deuten,
und auf der Ofengabel nach dem Blocks-
berge zu reiten. Das Schriftchen machte
Aufsehen und erregte Anfangs ziemlich
allgemeinen Unwillen. Aber der junge
Volksaufklärer war aus einem der ersten
Häuser in Kuhschnappel, hatte so viele Väter, Oheime, Schwäger, Vettern und Gevat-
tern im kleinen und grofsen Rath, und war
ein so fertiger Meister in allen kleinstädti-
schen freyen Künsten, dafs er in kurzer
Zeit einen Anhang bekam, unter dessen
Übergewicht der Stadtarzt und seine Freunde
endlich erliegen mufsten. Zusehens fiel nun
das Ansehen des Mannes, den man vor
wenig Jahren für einen Wunderthäter aus-
gerufen hatte; seine Vorschriften wurden
schlecht befolgt, seine Arzneyen entweder
unordentlich oder gar nicht eingenommen;
und man gebrauchte heimlich Pfuscher und
Quacksalber, die immer wieder verdarben
was er gut machte. Jetzt mifsglückte ihm

eine Kur nach der andern; aber Er allein
mufste die Schuld tragen. Starb ein Kran-
ker, weil er nicht länger leben konnte,
oder weil er das Opfer seines Eigensinns
und des thörichten Benehmens der Seinigen
wurde, so mufste ihn die Arzneywissenschaft und der Stadtarzt getödtet haben.
Aus Veranlassung einer epidemischen Krankheit, die in kurzer Zeit den vierten Theil
der Einwohner wegraffte, wurde das Übel
endlich so arg, dafs ein Hochedler Rath
sich nothgedrungen fand, den lange nicht
geachteten Beschwerden des Stadtarztes Gehör zu geben, und, nach vielen unnöthi-
gen Untersuchungen, Deputazionen, Rela-
zionen und Debatten, endlich ein Dekret
ergehen zu lassen, wodurch den sämmtlichen Einwohnern der Stadt und Landschaft
Kuhschnappel bey hoher Strafe anbefohlen
wurde, von nun an wieder an den Stadtarzt zu glauben, und in kranken Tagen
sich ganz allein an ihn und seine Vorschriften zu halten. Aber an eben dem Tage,
da diese Verordnung publiciert wurde, liefs
der witzige Patrizier ein Possenspielchen
auf dem Kuhschapplischen Nazionaltheater
aufführen, worin die Ärzte und ihre Kunst
durch alle Prädikamente lächerlich gemacht
wurden. Diese Posse, der das Rathsdekret
zur Folie diente, erhielt nun einen desto

lebhaftern Beyfall; das Stück mufste einigemahl hinter einander gespielt werden, und in wenigen Tagen hörte man den Rundgesang, womit es schlofs, auf allen Gassen singen. Der Stadtarzt wurde des Handels endlich überdrüssig; seine Menschenkunde hatte sich in Kuhschnappel, wiewohl auf Unkosten der Menschenliebe, ansehnlich vermehrt, und es war da weiter nichts mehr zu thun noch zu lernen übrig. Er zog also von dannen, und bekam einen privilegierten Pfuscher zum Nachfolger, der zwar Mittel fand, sich den bisherigen Widersacher seines Ordens durch eine wohl getroffene Eheverbindung mit einer verschimmelten Base günstig zu machen, und dem es daher an Unterstützung von Seiten einer hohen Obrigkeit nicht fehlte: aber die Kuhschnappler hatten nun einmahl den Glauben an die Arzneywissenschaft verloren; und da die obern Klassen des Staats dem Volke hierin selbst bey jeder Gelegenheit mit bösem Beyspiel vorgingen, so blieb die einmahl eingerissene Unordnung mit allen ihren schädlichen Folgen ein unheilbares Übel bis auf diesen Tag, und — mein Mährchen ist zu Ende.

SINIBALD lächelnd.
Ich statte dir dafür den gebührenden Dank ab, mein lieber Sokrates; und um

dir die Mühe zu ersparen, durch eine lange Reihe kleiner hinterlistiger Fragen, die ich mit möglichster Einfalt zu beantworten hätte, nach Platonischer Art und Kunst, mich am Ende auf den Punkt zu bringen, wo du mich haben willst, will ich lieber den Kern aus deinem Mährchen sogleich selbst heraus knacken, und gestehe dir also von ganzem Herzen zu: dafs es mehr als Abderitische und Kuhschnapplische Thorheit ist, wenn unsre Obern, nachdem sie das Fundament der Vorurtheile, worauf der Glaube des Volks an ihr Ansehen und die Unverletzlichkeit ihrer Personen, nebst seinem Glauben an die eingeführte Religion, an eine göttliche Bestätigung des Unterschieds zwischen Recht und Unrecht, und an Verantwortlichkeit in einem künftigen Leben für das Böse, das wir in diesem gethan haben, beruhet, theils **praktisch selbst untergraben**, theils ungehindert von andern **theoretisch** untergraben lassen, — gleichwohl bey Strafe gebieten wollen, dafs das Volk glaube, was beynahe niemand mehr glaubt, und es in Ungnaden vermerken, wenn der daher entspringende und sich überall in allen Ständen äufsernde Kontrast **unsrer Zeit** mit den Tagen unsrer glaubenreichen und in ihren von Kindheit an eingesogenen Vorurtheilen webenden

den und lebenden Vorältern endlich seine
natürliche Wirkung zu thun anfängt. Ich
gestehe ferner, dafs, nachdem man der ganzen erstaunten und bestürzten Welt ungescheut das Beyspiel gegeben hat, 2) dafs
man alles, auch das ungerechteste, zu dürfen glaubt, sobald man die Macht dazu
hat und es uns so beliebt, es mehr als
Thorheit ist, noch von Gerechtigkeit zu

---

2) Wenn es ohne Unterbrechung des Gesprächs
geschehen könnte, möchte ich den Herrn Sinibald wohl bitten, uns das Jahrhundert zu
nennen, in welchem solche Beyspiele nicht häufig
gegeben worden wären. Wir wollen unsrer Zeit
nicht zu viel thun: sie hat wegen aller Vorwürfe,
die man ihr über diesen Artikel macht, wenig mehr
zu verantworten als die vorhergehenden; und, wenn
ich die einzige, historische goldne Zeit
(Trajans, Hadrians, und der beiden Antonine) ausnehme, so kenne ich keine Periode von
achtzig Jahren in der ganzen Geschichte des kultiviertesten Theils der Erde, worin nicht immer der
Stärkere den Schwächern unterdrückt hätte, und
die Wohlfahrt der Völker und das Leben von Millionen Menschen ein Spiel des Ehrgeitzes und der
Vergröfserungssucht, oder der Schwäche, des Eigensinns, der Afterpolitik und der verächtlichsten Leidenschaften einiger weniger Gewalthaber und ihrer
Rathgeber gewesen wäre.

schwatzen, und es irgend einem andern übel zu nehmen, wenn er sich, eben so gut als diese Beyspielgeber, für ermächtiget hält, alles zu thun was man ihm nicht wehren kann, u. s. w. Noch mehr, lieber Geron! ich gestehe dir, und, wenn ich eine Stimme hätte, die sich allen Menschen auf Einmahl hörbar und verständlich machen könnte, so würde ich es über den ganzen Erdkreis ausrufen, „daſs die Beyspiele, die seit zehn Jahren gegeben worden sind, geradezu auf den Umsturz aller bürgerlichen Gesellschaft und Ordnung, aller Religion, Moralität und Humanität, los arbeiten; und daſs es also die höchste Zeit ist, daſs irgend ein verständiger, Gerechtigkeit liebender, das Gute ernstlich wollender und kennender, von lauter rechtschaffenen Leuten unmittelbar umgebener groſser Monarch ein besseres Beyspiel gebe, und mit unerschütterlicher Festigkeit nach Maximen handle, die auf dem ewig nothwendigen Grund alles Rechts beruhen. — Aber, noch einmahl, was thut das alles zur Apologie der Vorurtheile?

GERON.

Ich habe dir also mein Mährchen vergebens erzählt?

SINIBALD.

Du willst vermuthlich damit sagen, es gebe wahre, wiewohl dumpfe Gefühle und Vorurtheile, an welche sich fest zu halten, dem unaufgeklärten und, vermöge der Natur der Sache, zahlreichsten Theil der Menschen nicht nur **nützlich**, sondern, wofern das Ganze bestehen soll, sogar **nothwendig** sey; und diese Vorurtheile sollten und müſsten also respektiert werden; und das um so mehr, da sie nur **subjektiv** betrachtet Vorurtheile sind, im Grunde aber, sobald man sie zu deutlichen Urtheilen entwickelt, wahr befunden werden, oder auf Wahrheit beruhen. Gut, lieber Geron, auch das geb' ich dir zu. Aber —

GERON.

Ich bitte dich, kein sofistisches Aber!

SINIBALD.

Bona verba quaeso! Was könnte mirs helfen, dich und mich selbst sofistisieren zu wollen? Wir haben ja einerley Zweck, und arbeiten beide an einem und demselben Bau.

GERON.

Eben deſswegen wünschte ich, daſs wir auch nach einerley Plan arbeiteten.

SINIBALD.

Das kann nie fehlen, sobald wir einander recht verstehen.

GERON.

Also — dein Aber?

SINIBALD.

Es ist weiter nichts, als dafs die Sache der Vorurtheile, durch meine Bereitwilligkeit, dir deine Unterscheidung gelten zu lassen, um nichts gebessert wird.

GERON.

Das wäre schon zu viel. Erkläre dich näher.

SINIBALD.

Unstreitig hängt der unaufgeklärte Theil der Menschen an Religion, Sittlichkeit und bürgerlicher Ordnung blofs durch **Gefühl** und **Vorurtheil**. Er hat sich seine Vorstellungen von diesen wichtigen Gegenständen, von welchen das Glück oder Unglück seines ganzen Daseyns abhängt, nie deutlich gemacht; hat die Gründe, worauf **sein Glaube** an seinen **Gott**, seine **Obrigkeit** und seine **Lehrer** beruhet, nie unbefangen untersucht und geprüft. Auch könnte er es nicht, wenn er gleich wollte:

es fehlt ihm zu einem solchen Geschäft an
Muſse; die Werkzeuge des Denkens sind
bey ihm nicht scharf genug dazu geschliffen, und er ist nicht geübt genug, sie bey
Gegenständen dieser Art zu gebrauchen.
Sein Glaube ist also in der That ein **blinder Glaube.** Immer gut wenn er ihn hat;
denn er ist ihm, in Ermanglung eines bessern, zu seiner Ruhe und zu Erfüllung
seiner Pflichten unentbehrlich. Er kann
ihn nicht verlieren, ohne an seiner Sittlichkeit, der Ergebung in sein Schicksal und
der Hoffnung einer bessern Zukunft sehr
gekränkt zu werden. Aber das alles ist
nur darum so, **weil er unaufgeklärt
ist.** Besser wär' es doch immer, wenn
er es nicht wäre; und wie kann er zu
diesem Bessern anders gelangen als durch
Aufklärung, d. i. wenn sein auf Vorurtheile
gegründeter blinder Glaube einer aus freyer
Untersuchung und deutlicher Erkenntniſs
entstandenen **Überzeugung** Platz macht?

GERON.

Sollte wohl ein Mann von deiner Weltkenntniſs hoffen können, daſs der unendlich gröſsere Theil der Menschen jemahls
zu einem solchen Grade von Kultur gelangen werde?

SINIBALD.

Ich besorge durch meine Antwort nicht wenig von der guten Meinung, die mir dieses Kompliment zugezogen hat, zu verlieren: aber sey es darum! Ich kann nichts anders antworten als — Ja! Ich hoff' es, und glaub' es sogar.

GERON.

Lieber Sinibald! Wir leben am Ende des aufgeklärtesten Jahrhunderts, das je gewesen ist. Schau um dich her! Ich verlange nichts weiter, denn ich habe dir alles damit gesagt. Die Hand aufs Herz, Freund! wie kannst du im Ernst eine so sanguinische Hoffnung hegen? Dafs eine so ungeheuer grofse Veränderung der Dinge nicht durch einen Sprung bewirkt werden könne, hat uns, sollt' ich denken, der neueste Versuch, den einige warme und subtile Köpfe in Frankreich an ihrer eignen Nazion gemacht haben, auf eine Art gelehrt, welche (wenn anders die Narrheit und Blödsinnigkeit des Menschengeschlechts nicht ganz unheilbar ist) alle Völker auf ewig abschrecken wird, eine ähnliche Gefahr zu laufen. Wahre und gründliche Aufklärung des menschlichen Verstandes kann nur durch ein beynahe unmerkliches Zunehmen des Lichtes, langsam und stufenweise bewirkt werden.

Aber eben defswegen wird eine allgemeine, oder wenigstens über den größern Theil der Menschen verbreitete Erleuchtung nie Statt finden. Die Mittel dazu sind zu beschränkt, liegen in den Händen einer zu kleinen Anzahl, hangen zu sehr vom Zufall, und (was noch schlimmer ist) von der Willkühr der Machthaber ab, deren größerm Theil alles daran gelegen zu seyn scheint, dafs es nicht hell um sie her werde. Bedenke, dafs gegen Einen, der zu Beförderung wahrer Aufklärung thätig ist, hundert sind, die ihr aus allen Kräften entgegen arbeiten, und zehen tausend, die seine Dienste weder begehren noch vermissen. Auch bitte ich nicht zu vergessen, dafs man unter zehen Aufklärern wenigstens die Hälfte rechnen mufs, die ihre Pechfackel so ungeschickt und unvorsichtig handhaben, als ob es ihnen weniger darum zu thun sey uns zu leuchten, als uns die Häuser über dem Kopf anzuzünden; nichts von den kleinen Laternenträgern zu sagen, die uns ein so trübes und täuschendes Licht vortragen, dafs wir mit bloſsem Tappen im Dunkeln sicherer an Ort und Stelle kämen, als wenn wir uns von ihnen führen lassen.

SINIBALD.

Das giebt trostlose Aussichten, Bruder! Was bliebe uns da zu thun übrig, als, gleich den trauernden Geniussen auf alten Sarkofagen, unsre Fackel umzukehren, und mit starren steinernen Augen zuzusehen, wie die Menschheit aus der schönen Morgenröthe, die den nahen Triumf der allerfreuenden Sonne verkündigte, in die Nacht, worin nur die bösen Geister wirken, zurück sinken wird?

GERON.

Dazu soll es hoffentlich nicht kommen, wenn wir gleich nie so weit gelangen, dafs wir der wohlthätigen Vorurtheile, wovon die Rede zwischen uns ist, gänzlich entbehren könnten.

Man geht so weit man kann, wenn weiter
Zu gehn nicht möglich ist —
sagt unser Horaz. Man verlange nur nicht allgemein zu machen, was, vermöge der unvermeidlichen Unvollkommenheit der menschlichen Dinge, nur wenigen zu Theil werden kann. Freylich, wer andere lehren oder regieren soll, kann nie aufgeklärt genug seyn. Aber ein Volk, das von aufgeklärten Menschen gebildet und regiert wird, kann sich sehr gut mit weniger Licht behelfen, und wird sich, in diesem Falle, bey seinen Vorurtheilen für das Ansehen und die Unfehlbarkeit seiner Obern ganz wohl befinden.

SINIBALD.

Du hast wohl gethan, Geron, dich mit der Klausel „in diesem Falle" zu verwahren. Hingegen scheinst du aufser Acht zu lassen, wie es gewöhnlich mit der Aufklärung der gebornen Weltregierer und der obersten Klassen überhaupt beschaffen ist. Die bösen Geschwüre, woran die Menschheit schon so lange leidet und zusehens hinschwindet, lassen sich nicht durch Platonische Kühlpflaster heilen. Ja freylich *felix respublica, ubi philosophi imperant!* Aber zeige mir dieses glückliche Gemeinwesen. Oder was hilft es der Welt, wenn sie vom Zufall alle zwey tausend Jahre mit Einem Mark-Aurel beschenkt wird? Wehe uns, wenn die Natur nicht besser für uns gesorgt hätte als der Zufall; wenn der Mensch die Anlage zu dem, was er seyn mufs um vollständiger Mensch zu seyn, nicht mit auf die Welt brächte; wenn es ihm nicht möglich wäre, über alle Hindernisse zu siegen, die seiner Vervollkommnung entgegen stehen! Wie? Es wäre für den einzelnen Menschen ein Zeitpunkt, da er sich selbst zu regieren geschickt wird, und ganze Völker sollten zu einer ewigen Kindheit und Minderjährigkeit verdammt seyn? Warum denn sollte alles, was die Geschlechter, die vor uns lebten, erfah-

ren, gedacht, gethan und gelitten haben,
ewig für ihre Nachkommen verloren gehen?
Warum jedes neue immer eben so behandelt werden, als ob es aus lauter ersten
Menschen bestände? — Laſs uns die
reine Wahrheit sagen, blende oder schmerze
sie auch, wenn sie laut gesagt würde, wen
sie wolle! Die Wehklage darüber, daſs die
Zeiten nicht mehr sind, da das Volk sich
bey seinen Vorurtheilen so wohl befunden
haben soll — wovon ich (im Vorbeygehen
gesagt) keineswegs überzeugt bin — aber,
sey es damit wie es war, das Jammern über
ihr Nichtmehrseyn kann zu nichts helfen.
Sie sind nun einmahl vorüber und werden
nicht wiederkommen. Andre Zeiten, andre
Sorgen! Damahls konnte man sich freylich
das wichtigste aller Geschäfte sehr bequem
machen; aber es ging dann auch — wie es
ging. Es mag wohl manchem sehr ungelegen seyn, daſs die Kunst zu regieren die
schwerste aller freyen Künste geworden ist.
Indessen sollte man doch fühlen, wie billig und der Natur der Sache gemäſs es sey,
daſs die Vortheile, die von der Ausübung
einer Kunst zu erwarten sind, mit dem
Grade der Virtuosität des Künstlers in
gehörigem Verhältniſs stehen. Hohe Ehre
und groſse Belohnung gebührt nur dem
groſsen Meister: nur ein solcher kann erwar-

ten, daſs wir ihm alles zutrauen, und geneigt sind, für ihn, der sein möglichstes für uns thut, hinwieder alles mögliche zu thun.

GERON.

Kennst du viele Virtuosen dieser Gattung, Sinibald?

SINIBALD.

Desto schlimmer für die, die nicht sind — was sie seyn sollten! Aber, was ich eigentlich sagen wollte, ist nur: daſs, seitdem die groſsen Herren uns ihr Geheimniſs selbst verrathen haben, (wiewohl sie uns damit eben nichts neues offenbarten) und also fürs künftige an keine Täuschung mehr zu denken ist, ihnen nichts anders übrig bleibe, als das angefangene Werk selbst fortzusetzen und zu vollenden; d. i. der Aufklärung nicht nur ihren Gang zu lassen, sondern sie sogar, in selbsteigner Person und durch ihre Mitarbeiter am Werk, aus allen Kräften zu fördern. Die Völker verlangen keine Hirten mehr, seitdem der Zauber, der sie zu Schafen gemacht hatte, aufgelöst ist. Manche fühlen sich sogar ihren angeblichen Vätern über den Kopf gewachsen, und betrachten ihre Regierer als Diener des Staats, die von der Art, wie sie dem gemeinen Wesen vorstehen, nicht etwa nur Gott und ihrem eigenen Gewissen, sondern den Zeitgenossen und der Nachwelt, und vornehmlich ihrem zunächst dabey betroffenen Volke verantwortlich sind.

GERON.

Das ist es eben was ich beklage. Du wirst doch nicht läugnen wollen, daſs die politische Freygeisterey, die dem Volke das Recht, seine Regenten zur Verantwortung zu ziehen, beylegt, allenthalben, wo dieses anmaſsliche Recht wirklich ausgeübt wurde, unendlich viel Unheil angerichtet hat?

SINIBALD.

Wir wollen uns nicht an Worten irren, lieber Geron. Die Verantwortlichkeit, die ich meine, ist Natur der Sache, und hat also von jeher in jedem Staate, sogar in der ungezügeltsten Despotie, Statt gefunden. Die öffentliche Meinung ist ein furchtbares Gericht; ein Gericht, dem sich keine sterbliche Macht, wie groſs sie auch sey oder scheine, entziehen kann. Über lang oder kurz werden nicht nur die Kaligula's, die Neronen, die Domiziane, sondern auch ein Richard II., ein Heinrich III., ein Karl I., ein Ludewig XVI., ich will sagen, unweise und schwachherzige Regenten nicht minder als Tyrannen und gekrönte Teufel, Schlachtopfer der Verachtung oder Vernachlässigung dieses unsichtbaren Vehmgerichtes. Weise und gutgesinnte Fürsten, oder wie man die Machthaber im Staate sonst nennen will, sind sich dieser unausweichlichen Art von Verantwortlichkeit immer bewufst; haben sich aber auch so wenig vor der öffentlichen Meinung zu scheuen, dafs diese vielmehr die zuverlässigste Quelle ihrer Macht, und am Tage der Noth ihre stärkste Stütze ist. Übrigens soll jetzt, mit deiner Genehmigung, die Rede nicht davon seyn, ob es den Regenten sowohl als den Völkern nicht zuträglich wäre, wenn diese Verantwortlichkeit in jedem Staate **gesetzmäfsig** würde, und auf welche Weise diefs am besten geschehen könnte. Ich erwähnte blofs als einer notorischen Erfahrungssache, dafs es mit der **Volljährigkeit** der meisten Völker in Europa bereits so weit gediehen sey, dafs sie sich für berechtigt halten, über die Art und Weise, wie sie regiert und behandelt werden, ziemlich laut zu urtheilen; und dafs es also Thorheit wäre, sich länger auf einen **blinden Glauben**, der nirgends mehr vorhanden ist, **blindlings** zu verlassen, oder von

den alten Dogmen, die der Obrigkeit ein
göttliches Recht beylegen und die Unterthanen zu leidendem Gehorsam ver-
pflichten, die Wirkung zu erwarten, die
sie etwa zu unsrer Vorväter Zeiten, und
auch damahls nicht immer, thaten. Kurz,
ich müfste mich sehr irren, oder das neunzehnte Jahrhundert, das uns schon entgegen zu dämmern anfängt, wird in Republiken so gut als in Monarchien
den Regenten die Nothwendigkeit auflegen,
Virtuosen in ihrer Kunst zu seyn, und
nicht von den Vorurtheilen, sondern vom
Gefühl und der Überzeugung ihrer Untergebenen, die Zufriedenheit mit ihrer Regierung und jenes allgemeine Wohlwollen
und Zutrauen zu erwarten, das zu allen
Zeiten die sicherste Grundfeste der Thronen
und kurulischen Stühle gewesen ist.

GERON.

Wenn ich den Sinn deiner Worte recht
gefafst habe, so erwartest du binnen einem
ziemlich kurzen Zeitraume von den Völkern eine Kraftäufserung, von welcher,
falls sie Statt haben sollte, mehr zu
fürchten als zu hoffen wäre. Denn
wie es ohne ein heroisches Mittel
zugehen sollte, dafs die Machthaber in

die Nothwendigkeit, von der du sprichst,
gesetzt werden könnten, geht über meinen
Begriff.

SINIBALD.

Wenn ich auch ein solches Erwachen
des Volks, wie du im Sinne zu haben
scheinst, gemeint hätte, sollten wir nicht,
wenn wir bedenken, was seit zehen Jahren vor unsern Augen und Ohren geschehen ist, mehr als zu viel Ursache haben,
dem Genius der Zeit so etwas zuzutrauen?
Daſs von dergleichen Kraftäuſserungen der
kopflosen aber desto handfestern Menge
mehr zu fürchten als zu hoffen ist, wird
dir in diesen unsern Tagen wohl kein Vernünftiger mehr streitig machen; aber eben
daraus wird auch jeder Vernünftige die
ganz natürliche Folgerung ziehen: daſs man,
anstatt sie durch übel gewählte und falsch
berechnete Gegenmittel zu beschleunigen
oder gar heraus zu fordern, ihnen vielmehr auf dem einzigen Wege, der einer
gerechten und weisen Regierung immer
offen ist, zuvorkommen, d. i. sie
moralisch unmöglich machen müsse.
Wenn jemahls Staatsklugheit mit Weisheit,
und eigenes Interesse mit dem allgemeinen
Besten in Einem Punkte zusammen trafen,
so ist es gewiſs in diesem.

GERON.

Und du erwartest, dafs die Machthaber jemahls aus sich selbst auf eine solche Vorstellungsart kommen, oder dafs ihre Rathgeber — wenigstens die, denen man folgt — aus eigner Bewegung und Überzeugung zu den weisen, gerechten und klugen Mafsregeln rathen werden, die du voraussetzest?

SINIBALD.

Warum nicht, wenn sie auch nur ihren eignen Vortheil kennen, auch nur ihre eigene Sicherheit und Ruhe ernstlich zu Herzen nehmen?

GERON.

Warum nicht, fragst du? Darauf, lieber Sinibald, lafs dir deine Menschenkenntnifs und die Geschichte aller Völker und Zeiten, oder nur das schreckliche Kompendium derselben, das, was wir selbst seit 1786 bis auf diesen Tag gesehen und erfahren haben, die Antwort geben. Das *sero sapiunt* steht mit grofsen rothen Buchstaben auf allen Blättern desselben geschrieben.

SINIBALD.

Du trauest, wie es scheint, dem gemeinen Menschenverstand auch gar zu wenig

Macht über unsre Zeitgenossen zu. Endlich werden uns ja doch die aufgethürmten Beyspiele fremder und eigner Thorheiten klüger machen!

GERON.

Schwerlich! Es wäre seit Adam und Even das erste Mahl. Wie gesagt, es ist nicht in der menschlichen Natur, dafs Gewalthaber aus eigener Bewegung auf solche Gedanken kommen, oder, wenn man sie in ihnen zu erwecken suchte, auf Eingebungen dieser Art hören sollten. Nie wird eine noch **entfernte Gefahr** solcher Volkskraft-Äufserungen, wovon wir die Beyspiele in Frankreich, in den Niederlanden, in der Lombardey, in Genua, Venedig und Rom, und neuerlich in Helvezien gesehen haben, die Wirkung thun, die du dir davon versprichst. Die blofse Erwähnung eines solchen Bewegungsgrundes sieht in ihren Augen einer **Drohung** ähnlich; und mehr braucht es nicht, um ihn nicht nur unkräftig, sondern sogar zum Triebrad einer entgegen gesetzten Wirkung zu machen. Eine **sehr nahe Gefahr** oder ein **Panischer Schrecken** mag vielleicht etwas thun, — ungefähr so viel, als ein fürchterliches Donnerwetter bey einem schwachherzigen Wüstling: aber *passato il pericolo,* *gabbato il Santo.* Eine wahre politische Sinnesändernng wird nie dadurch bewirkt werden; darauf verlaſs dich, mein Freund!

SINIBALD.

Ich ehre die Weisheit und — Ungläubigkeit deines Alters, Geron; die letztere zwar nur, in so fern sie für eine Frucht der ersten gelten kann. Ich für meinen Theil habe noch nicht lange genug gelebt, um an der Menschheit so gänzlich zu verzweifeln, daſs ich nicht noch immer, wo nicht das Beste, doch viel Gutes sogar von denen hoffen sollte, die zu hoch über uns stehen, um nicht zuweilen zu vergessen, daſs sie Menschen wie wir andern sind. Wenn es aber so wäre, wie du dir, vielleicht nur in düstern Augenblicken, vorstellst: worauf sollten wir die Hoffnung, daſs es besser mit uns oder unsern Nachkommen werden könne, gründen? Wenn wir die Zeit der Vorurtheile auch zurück wünschen wollten, — es wäre vergebens; sie wird nicht wiederkommen, sie kann nicht wiederkommen. Selbst eine allgemeine Verschwörung aller Machthaber auf Erden könnte sie nicht wiederbringen. Denn dieſs wäre nur durch Auslöschung aller Lichter, durch eine perma-

nente Guillotine, die alle denkende
Köpfe abhackte, und durch die gänzliche
Vertilgung der Schreib- und Lesekunst,
möglich zu machen. Bevor es dazu kommt,
Geron, — erfolgt gewiſs das kleinere
Wunder, — dasjenige, das ich von der
vereinigten Überzeugungskraft unsrer Aufklärung und unsrer Erfahrungen
erwarte. Sollte ich mich, wider alles Vermuthen, in dieser Erwartung betrogen
finden — Aber nein! ich mag den kleinmüthigen Gedanken nicht ausdenken! Es
muſs, wie du selbst sagtest, vorwärts
gehen, alter Geron, es muſs!

GERON.

Meine Apologie der Vorurtheile
könnte also wohl ungeschrieben bleiben,
meinst du?

SINIBALD.

Es wäre denn, daſs du sie etwa in
Mährchen einkleiden wolltest.

GERON.

Das möchte vielleicht noch immer besser seyn, als sich darüber zu grämen und
Schlaf und Eſslust zu verlieren —

SINIBALD.

— dafs es keinen Papst mehr in Rom giebt, und dafs die armen Schwarzwälder künftig nicht mehr zur Mutter Gottes in Marien-Einsiedel wallfahrten werden.

II.

Über den Neufränkischen Staatseid: „Haſs dem Königthum!"

WILIBALD.

Sie haben es also wirklich über Ihr Herz bringen können, mein lieber Neufranke, dem Königthum Haſs zu schwören?

HERIBERT.

Muſst' ich nicht?

WILIBALD.

Was nennen Sie müssen? Kein freyer Mensch, oder, was nach meinem Begriff das nehmliche sagt, kein Mensch muſs was er nicht will.

HERIBERT.

Sie meinen also, ich hätte mich lieber todt schieſsen oder deportieren lassen sollen? Sie sind sehr gütig.

WILIBALD.

So gestehen Sie mir wenigstens, daſs die Freyheit, auf welche die groſse Nazion sich so viel zu gute thut, von einer sehr sonderbaren Art ist. Wahrlich, ihr Neufranken seyd die genügsamsten Leute von der Welt, wenn ihr damit zufrieden seyd, daſs man euch doch wenigstens die Wahl läſst, ob ihr lieber einen sinnlosen Eid schwören oder sterben wollt.

HERIBERT.

Wir gehorchen dem Gesetz. Was hat ein wahrer Republikaner, das ihm heiliger wäre als Gehorsam gegen das Gesetz? Erinnern Sie Sich der schönen Grabschrift nicht, welche den drey hundert Spartanern, die sich mit ihrem Könige Leonidas bey Thermopylä für Griechenlands Freyheit aufopferten, gesetzt wurde? „Wandrer, sage den Spartanern, daſs wir hier gestorben sind, um ihren Gesetzen zu gehorchen."

WILIBALD.

Die Fälle scheinen mir nicht dieselben zu seyn. Leonidas und sein edles Häufchen starb um dem Gesetze zu gehorchen; Sie und Ihre Mitbürger gehorchen dem Gesetz um zu leben. Aber der groſse

Unterschied liegt in der Beschaffenheit des
Gesetzes selbst. Jenen muthete ihr Vaterland nichts zu, als was, im Nothfall, die
Pflicht eines jeden guten Bürgers in jedem
Staat ist, — für die Rettung desselben sein
eignes Leben in die Schanze zu schlagen.
Ihnen hingegen, Freund, muthet — nicht
Ihr Vaterland — sondern eine unter republikanischen Formen despotisierende Regierung zu, entweder etwas ganz vernunftwidriges, d. i. etwas mit den Rechten
der Menschheit unverträgliches, zu thun,
oder allem zu entsagen, was den Werth
des Lebens ausmacht.

HERIBERT.

Alle Dinge können von mehrern Seiten
angesehen werden; und da es nicht immer
von uns abhängt, wo wir stehen wollen,
sondern meistens die Nothwendigkeit—
eine Gesetzgeberin, der die Götter selbst
unterthan sind — uns unsern Posten anweist,
so kann uns nicht übel genommen werden,
wenn wir jeden Gegenstand so ins Auge
fassen, wie er sich uns aus dem Punkte,
wo wir stehen, darstellt. Einem echten
Republikaner erscheint das Königthum in
einer hassenswürdigen Gestalt. Belieben
Sie wohl zu merken, daſs ich das König-

thum sage, nicht die Könige. Es hat im Verlauf von einigen Jahrtausenden von Zeit zu Zeit einen liebenswürdigen König gegeben; und ich könnte Ihnen gleich jetzt einen nennen, den ich mir vor allen zum Herren wählen würde, wenn ich einen Herren wählen müfste. Aber das Königthum ist an sich selbst, und also immer, unter jeder Ansicht, hassenswürdig; und der beste aller Könige hat einen Fehler, der durch nichts vergütet werden kann, den, dafs er — König ist.

WILIBALD.

Ich, lieber Heribert, bin gerade der entgegen gesetzten Meinung. Ich gestehe Ihnen ein, dafs weise und gute Könige von jeher wenigstens eben so selten gewesen sind, als weise und gute Archonten, Konsuln, Direktoren, Bürgermeister, Schultheifsen, u. s. w. Ich gebe Ihnen zu, dafs man ohne Mühe zehn hassenswürdige Könige in der Geschichte finden wird, gegen Einen, der sichs wirklich Ernst seyn liefs, die Liebe und das Zutrauen seiner Unterthanen zu verdienen; aber was an dem Königthum, an sich selbst, hassenwürdiges seyn sollte, kann ich nicht sehen.

HERIBERT.

Wie doch Vorurtheile, die man von Kindesbeinen an eingesogen hat, auch einen verständigen Mann verblenden können!

WILIBALD.

Vorurtheile? Ich bin mir über den Gegenstand, wovon wir sprechen, nicht nur keines Vorurtheils bewufst, sondern ich bin vielmehr gewifs, dafs meine Urtheile auf Gründen beruhen, die jede Probe aushalten.

HERIBERT.

Was verstehen Sie unter Königthum?

WILIBALD.

Das ist es eben, was ich Sie fragen wollte? Denn es dünkt mich, dafs wir nicht einerley Begriffe mit diesem Worte verbinden. Ich wollte wetten, sobald Sie das Wort Königthum hören oder aussprechen, stellt sich Ihnen das Bild eines prachtvollen, üppigen, verschwenderischen Hofes dar, und in dessen Mitte irgend ein stolzer, ehrgeitziger, willkührlich herrschender Sultan, vor welchem alles kriechen mufs, oder ein schwacher, träger, wollüstiger Schach, den niemand fürchtet, von unzähligen vergoldeten, bebänderten und bestern-

ten Sklaven umringt, die im Grunde seine
Herren sind, und den ohnmächtigen Abgott mit einem Vulkanischen Gewebe, einem
ihm selbst unsichtbaren, unzerreifsbaren
Faden, dergestalt umwunden haben, dafs
er keinen Finger anders als nach ihrem Belieben rühren kann. Alles böse, schandliche, hassenswürdige, wovon Sie jemahls
als von wesentlichen Eigenschaften oder
unmittelbaren Folgen einer despotischen,
tyrannischen und unklugen Regierung gehört
und gelesen haben; — unzulängliche, zum
Theil barbarische Gesetze, schreyendes Unrecht unter den Formen der Gerechtigkeit
ausgeübt, die Wahrheit unterdrückt, das
Verdienst hintangesetzt, die Tugend verachtet, das Laster belohnt und aufgemuntert, die Einkünfte und Schätze des Staats
verschwendet, verprafst, unwürdigen Günstlingen und unersättlichen Buhlerinnen preis
gegeben; — eine stolze, übermüthige, raubgierige Kaste, deren grenzenlose Üppigkeit des Elends eines zu Boden getretnen
Volkes spottet; eine Kaste, welche Mittel
gefunden hat, alle Gewalt des Monarchen,
alle Reichthümer des Landes, alle Früchte
des Fleifses seiner arbeitenden Einwohner
an sich zu ziehen, und mit diesen letztern
so zu theilen, dafs sie selbst jeden Genufs
für sich behält, jenen hingegen alle Arbeit,

Sorgen und Entbehrungen zum Eigenthum überlassen hat; kurz, alle Mifsbräuche und Gräuel, die sich in einer verdorbenen monarchischen Regierung nur immer denken lassen; alle Laster und Übelthaten unwürdiger Könige und ihrer Lieblinge, und der übrigen, welche, näher oder entfernter vom Thron, an der Ausübung der höchsten Gewalt Antheil haben; mit der ganzen Litaney von Übeln, die aus einer langen Reihe heilloser Regierungen hervorgehen, und mit deren Aufzählung ich in einem ganzen Tage nicht fertig werden würde: — das alles stellt sich Ihnen mit dem Worte **Königthum** auf einmal in einem verworrenen, helldunkeln, riesenmäfsigen Bilde vor die Seele; und Sie haben Sich so angewöhnt, dieses **Wort** mit diesem **Bilde** zu verknüpfen, dafs es Ihnen unmöglich fällt, selbst wenn Sie Sichs vorsetzten, den reinen Begriff dessen, was das Königthum an sich selbst und vermöge seines Wesens ist, fest zu halten. Hab' ichs getroffen, Freund? Oder können Sie sagen, dafs es anders ist?

HERIBERT.

Ich läugne nichts; es ist ungefähr wie Sie sagen. Auch ist das **Königthum**, dem ich meinen Hafs geschworen habe und zu schwören verpflichtet wurde, kein anderes, als eben dieses Ungeheuer, wovon Sie mit wenigen Zügen ein so gräsliches Bild entworfen haben. Und können Sie läugnen, daſs es gerade dieses Bild ist, was im Gemüth eines unbefangenen Lesers zurück bleibt, wenn er die beynahe übermenschliche Geduld gehabt hat, ich will nicht sagen, das ganze Korpus der Geschichte vom Herodot an, sondern nur die Geschichte der Europäischen Königreiche und ihrer Selbstherrscher, seit den vier letzten Jahrhunderten, mit einiger Aufmerksamkeit zu durchgehen?

WILIBALD.

Es würde mich zu weit führen, wenn ich es Ihnen läugnen wollte; denn ich müſste Ihnen meine Gründe angeben; und da sich immer wieder vieles dagegen einwenden lieſse, so würden wir uns unvermerkt in einen Prozeſs ohne Ende verwikkelt sehen. Ich will Ihnen also lieber für diesmahl, der Wahrheit übrigens unpräjudizierlich, eingestehen, die Geschichte der Könige gebe, im Durchschnitt genommen, kein besseres Resultat; aber was beweiset das gegen das Königthum an sich selbst? Oder, wie können Sie einen Vorwurf gegen dasselbe so ausschlieſslich geltend machen, der alle menschliche Einrichtungen und

Anordnungen gleich stark trifft? Nach Ihrer Art zu räsonieren müſsten Sie, z. B. auch dem **Gold** und **Silber** einen ewig unversöhnlichen Haſs schwören; denn wer weiſs nicht, daſs von allen den Übeln, die von jeher das Unglück der Menschen in den polizierten Staaten gemacht haben, keines ist, wovon jene Metalle nicht entweder die Veranlassung, oder die Mittel, oder der Zweck gewesen wären? Aus dem nehmlichen Grunde müſsten Sie auch, mit dem Paradoxe liebenden Sofisten **Mercier**, den **bildenden Künsten** Haſs schwören; denn es ist nicht zu läugnen, daſs diese von jeher, als sehr wirksame Beförderungsmittel des Aberglaubens, der Priesterherrschaft und der Üppigkeit, dem menschlichen Geschlecht unendlichen Schaden zugefügt haben.' Aber, wozu hätte ich nöthig, Sie so weit aus unserm Wege zu führen? Wollen Sie Sich überzeugen, daſs Sie, aus eben denselben Gründen und nach eben derselben Art zu schlieſsen, der **Demokratie selbst** den herzlichsten Haſs zuzuschwören schuldig sind?

HERIBERT.

Das würde schwer halten.

WILIBALD.

Nicht halb so schwer als Sie jetzt glauben mögen. Da Sie so gütig gewesen sind, mich so eben vom Lesen des ganzen ungeheuern Korpus der Geschichte des Königthums zu dispensieren, so wär' es unartig von mir, wenn ich Ihnen zumuthen wollte, die Geschichten aller alten und neuern Republiken zu durchlesen, um sich von der Richtigkeit meiner Behauptung zu versichern. Ich verlange nichts als eine Lektüre, womit Sie in ein paar Tagen ganz gemächlich fertig werden können. Lesen Sie nur mit Aufmerksamkeit und Geduld die **Geschichte des Peloponnesischen Krieges** von **Thucydides** (etwa in der Übersetzung von Ihrem Mitbürger *Levesque*); und wenn Sie, noch ehe Sie damit zu Ende gekommen sind, die Demokratie nicht wenigstens eben so **hassenswürdig** finden als das Königthum, und im Verfolg dieser kaum ein und zwanzig Jahre umfassenden Geschichte eines Krieges, der gegen die Feldzüge Ihres und meines Helden **Buonaparte** eine gar jämmerliche Figur macht, wenn Sie, sage ich, die Athener und ihre Demagogen und ihren Senat und ihre Volksversammlungen und ihre ganze Demokratie nicht zwanzigmahl für einmahl — mit den Griechen zu reden — **vor die Raben** wünschen: so will ich — Doch nein! Da müſsten Sie von einer so monströsen und unerklärbaren Vorliebe für die **Demokra-**

tie besessen seyn, daſs es nicht billig
wäre, wenn ich **Unschuldiger** dafür
büſsen sollte.

HERIBERT.

Ich verspreche Ihnen, den Levesquischen
Thucydides zu lesen, und, was noch mehr
ist, ich bekenne, schon bevor ich ihn gelesen habe, daſs ich von der Liebenswürdig-
keit und den derben popularen Reitzen der
Demokratie nicht so mächtig bezaubert
bin, daſs ich eines so stark wirkenden Ge-
genmittels schlechterdings benöthigt wäre.

WILIBALD.

Ihre Republik und ihr fünfköpfiges Direktorium läſst es in der That daran nicht
fehlen.

HERIBERT.

Gleichwohl, wenn ich auch — wie wir
Menschen sind! — zuweilen einige Lauigkeit in der Liebe, die ich meiner politischen **Venus Volgivaga** nun einmahl
geschworen habe, zu verspüren glaube,
brauche ich nur einen Blick auf das **Königthum**, oder (weil Sie es so wollen)
auf das häſsliche **Zerrbild** desselben, das
sich ein für allemal in meiner Einbildungskraft festgesetzt hat, zu werfen, um das

sinkende Flämmchen durch den Hafs des letztern wieder zur lodernden Flamme angefacht zu fühlen.

WILIBALD lächelnd.

Billig sollt' ich Sie, zur Strafe, in Ihrem verstockten Sinne dahin gehen lassen. Aber, da wir doch bereits so alte Freunde sind, kann ich Sie unmöglich in einer so ungerechten Leidenschaft befangen sehen, ohne zu versuchen, ob ich Sie nur wenigstens so weit bringen könne, das Königthum und die Republik mit einerley Wage und Gewicht zu wägen, wenn ich auch nicht verhindern kann, dafs Ihre Vorliebe für die letztere sich unvermerkt in die Sache mischen, und das Übergewicht derselben, dadurch, dafs sie sich ganz leise auf ihre Schale legt, entscheiden wird.

HERIBERT.

Sie sollen mich so billig finden, als man von einem Amoroso nur immer verlangen kann.

WILIBALD.

Um also ehrlich und aufrichtig, wie Leute, die sonst nichts bey der Sache gewinnen wollen als Wahrheit, zu Werke zu gehen, so lassen Sie uns auf eine Weile vergessen, was Königthum und Demokratie gewöhnlich von jeher in der wirklichen Welt (oder, wie man in der Schule spricht, *in concreto*) gewesen sind; lassen Sie uns von beiden alles **Zufällige** absondern, um — nicht etwa ein schönes **Ideal** und **Hirngespenst** von einem **Utopischen Königreich** oder einer **Schlaraffenländischen Demokratie**, an die Wolken hinzumahlen, — sondern nur bloſs den Begriff, was das **Königthum** ist um **Königthum**, und was **Demokratie** ist um **Demokratie** zu seyn, fest zu halten. Lassen Sie uns dann beide gegen einander stellen, und sehen, worin sie einander gleich, und worin sie verschieden sind, und — es wird sich zeigen, was heraus kommt; denn ich will nichts vorher sehen. — Sagen Sie mir also, wenn wir beide Begriffe von allem Zufälligen entkleiden, was bleibt uns bey dem Worte **Königthum** zu denken übrig, als ein **Staat**, worin die **höchste Gewalt in den Händen eines Einzigen**, und bey dem Worte **Demokratie**, ein Staat, worin die **höchste Gewalt in den Händen des ganzen Volkes** ist?

HERIBERT.

Gut — Und was wollen wir nun mit diesen bis auf die Knochen abgeschälten Begriffen machen?

WILIBALD.

Eine kleine Geduld! Sie sehen, dafs ich, ehe wir weiter gehen können, verschiedene Postulate voraussetzen mufs, über welche wir beide vermuthlich einig sind.

HERIBERT.

Wie meinen Sie das?

WILIBALD.

Z. B. was ein S t a a t und was die h ö c h s t e G e w a l t im Staat ist.

HERIBERT.

Setzen Sie immer getrost voraus, dafs wir von diesen und andern ersten Elementen der Staatswissenschaft einerley Begriffe haben.

WILIBALD.

Ferner: was der l e t z t e Z w e c k einer solchen Vereinigung freyer vernunftfähiger Wesen ist; dafs dieser Zweck ohne Gesetze, denen Alle gehorchen, nicht erreicht werden kann, und dafs die höchste Gewalt im Staate, in Rücksicht auf ihn selbst, blofs dazu da ist, diesen Gesetzen Gehorsam zu verschaffen.

HERIBERT.

Immer weiter!

WILIBALD.

Hauptsächlich aber wollen wir nicht vergessen, daſs der Einzige, der in der Monarchie die höchste Gewalt in Händen hat, ein Mensch ist, der diese Gewalt durch Menschen über Menschen ausübt; und daſs das Volk in der Demokratie aus einer Menge Menschen besteht, die diese Gewalt über sich selbst ausübt.

HERIBERT lachend.

Versteht sich! — Sie hohlen weit aus.

WILIBALD.

Freylich versteht sichs; nur daſs es *in praxi* alle Augenblicke vergessen wird, und daſs dieses Vergessen sehr schlimme Folgen hat. Endlich muſs ich mir noch ausbitten, als etwas Erwiesenes voraussetzen zu dürfen, daſs die Natur es beym Menschen darauf angelegt habe, ein freyes und vernünftiges Wesen aus ihm zu machen.

HERIBERT.

Es giebt, wie Sie wissen, Leute, die Ihnen dieſs so leicht nicht eingestehen würden: aber von einem Republikaner haben Sie am allerwenigsten zu befürchten, dafs er Sie über diesen Punkt schikanieren werde.

WILIBALD.

Nach allen diesen Voraussetzungen lassen Sie uns der Sache näher rucken. Wir sind ohne Mühe einig darüber geworden, dafs das Königthum in der höchsten Gewalt eines Einzigen über ein ganzes Volk bestehe. Aber wie kommt dieser Einzige zu einer solchen Gewalt über so viele? Derer, über welche er sie ausübt, sind vielleicht viele Millionen, und er ist nur Einer! Ja, wenn er ein Wesen von höherer Natur, etwa Voltaires Mikromegas, oder einer von den Genien der Lampe (in Tausend und einer Nacht) oder Besitzer von Salomons Siegelring wäre! Aber er ist an Seele und Leib nichts als ein Mensch, wie sie auch: also, noch einmahl, wie kommt der Einzige zu einer so grofsen Gewalt über so viele?

HERIBERT.

Ich sehe wohl, dafs es mir wenig helfen würde, wenn ich sagte: es gebe ein Mittel, wodurch ein einzelner Mensch allerdings Millionen zwingen kann zu thun was er will.

WILIBALD.

Sie meinen doch nicht etwa Zaubermittel?

HERIBERT.

Wenn er nur erst, auf einem ganz natürlichen Wege, Mittel gefunden hat, sich eine hinlängliche Anzahl derber, wohl bewaffneter und zu allem bereitwilliger Kriegsknechte anzuschaffen, die ihm blindlings gehorchen —

WILIBALD.

So wird es ihm freylich nicht schwer fallen, friedsame wehrlose Männer, Weiber und Kinder zu seinen Sklaven zu machen. Aber, wie kam er dazu, sich diejenigen zu unterwerfen, mit deren Armen er sich nun die übrigen unterwirft? Er, der doch mit seinem Paar Armen nicht Tausende und Hunderttausende zwingen konnte, seinen Willen zu thun?

HERIBERT.

Das war es eben was ich vorhin meinte. Ich muſs Ihnen also schon zugestehen, was Sie, wie ich merke, zugestanden haben wollen: „daſs der erste Monarch die

höchste Gewalt nur durch **freywillige
Unterwerfung** des Volkes erhalten konnte."

WILIBALD.

Der erste, sagen Sie? Und warum nicht auch alle seine Nachfolger, und alle andern Monarchen, von Nimrod und Belus und Agamemnon bis auf den heutigen Tag? Denn der nehmliche Grund gilt für alle. Es ist lächerlich, sich einzubilden, ein Einziger könne nur über hundert Menschen, geschweige über Millionen herrschen, wenn sie sich nicht beherrschen lassen **wollten**.

HERIBERT.

Dagegen ist viel zu sagen, lieber Wilibald. Sollten Sie im Ernst glauben können, es gebe auf der ganzen Erdfläche ein so dummes Volk, das sich von einem Schwachkopf, einem trägen Wollüstling, einem Blödsinnigen, einem Taugenichts oder Wütherich, von einem Klaudius, Kaligula, Nero, Kommodus, Heliogabalus, u. s. f. beherrschen liefse, wenn die armen Teufel es verhindern könnten?

WILIBALD.

Vermengen Sie, wenn ich bitten darf, **wollen** nicht mit **können**, und schliefsen Sie nicht von dem, was ein Volk nicht thut, auf das was es nicht kann. Schon der einzelne Mensch hat oft gute Ursachen, lieber ein ziemlich **grofses** Übel zu ertragen, als sich einem gewissen, oder auch nur besorglichen **noch gröfsern** auszusetzen. Bey ganzen Völkern vereinigen sich unzählige Ursachen, die den Arm der Menge, wie sehr sie auch zum Widerstand gereitzt wird, wenigstens sehr lange zurück halten. So lange sich ein Volk beherrschen läfst, **will** es beherrscht seyn; so lange es duldet, **will** es dulden; und **dafs** es sich beherrschen läfst, **dafs** es duldet, ist ein sichres Zeichen, dafs sein Zustand wenigstens erträglich ist.

HERIBERT.

Vergessen Sie nicht, dafs ein von langem her übel regiertes, irre geleitetes und getäuschtes Volk durch Unwissenheit, Aberglauben und Unterdrückung endlich bis zu einer die menschliche Natur entehrenden **Thierheit** herabgewürdigt werden kann.

WILIBALD.

Das ist einer von den Gemeinplätzen, worauf sich eure Redner und Sofisten seit einem paar Jahrzehenden weidlich herum getummelt haben. Aber wer die untern Volksklassen genauer kennt, weifs, wie sehr auch dieser Punkt übertrieben wird. Menschen können nie aufhören Menschen zu seyn; und je länger die grofse Springfeder der Menschheit, die Vernunft, bey einem Volke gedrückt worden ist, desto stärker ist die Gewalt, womit sie, sobald sie nur ein wenig Luft bekommt, in ihren natürlich freyen Stand zurück schnellt. Die ausgearteten Römer duldeten freylich ihren Nero einige Jahre. Aber wie lange zitterten nicht euere auf ihre vorgebliche Freyheit und Gleichheit so übermüthig trotzenden Republikaner vor dem Bürger Robespierre, in Vergleichung dessen Nero nur ein ausgelassener Knabe war! Auf diesem Wege gewinnen Sie nichts gegen das Königthum, lieber Heribert. Lassen Sie uns auf den unsrigen zurück kommen. Die Rede ist jetzt nicht vom Mifsbrauch, sondern von der Quelle der höchsten Gewalt; und ich denke, wir sind darüber einverstanden, dafs es vermöge der Natur der Sache keine andere seyn kann, als überlegte freywillige Unterwerfung.

Lassen Sie uns nun einen Schritt weiter gehen. Wir haben vorher als ein Postulat, das wir beide für erwiesen und unumstöfslich wahr annehmen, vorausgesetzt: dafs die höchste Gewalt im Staat, wenn wir diesen blofs für sich und ohne Rücksicht auf andere Staaten betrachten, allein dazu da sey, den Gesetzen, welchen alle Bürger gleichen Gehorsam schuldig sind, diesen Gehorsam wirklich zu verschaffen. Ich will damit nicht sagen, daſs ein guter Regent nicht noch mehr thun könne, und, aus moralischen sowohl als aus staatsklugen Beweggründen, sogar verbunden sey noch mehr zu thun, wenn er kann. Aber dieses mehr hängt zu sehr von zufälligen Bedingungen und vornehmlich von dem, was dem Regenten unter den gegebnen Umständen zu thun möglich ist, ab, als daſs es hier in Betrachtung käme. Die Erhaltung und Wohlfahrt des Staats, als der letzte politische Zweck desselben, ist auch der Zweck der Gesetze, die, als nothwendige Mittel zu Erreichung desselben betrachtet, jedem Bürger für seine Rechte Gewähr leisten, und seine Pflichten vorzeichnen. Da die Gesetze, wovon hier die Rede ist, unmittelbar in der Natur des Menschen und in der Natur und dem Zweck des bürgerlichen Vereins gegründet, also nicht von irgend eines Menschen Willkühr, Laune oder Privatinteresse abhängig, sondern so ewig und nothwendig sind als die allgemeine Vernunft, die höchste Gesetzgeberin aller freyen Wesen: so war, ist und bleibt es eine Ungereimtheit, an welcher das Königthum ganz unschuldig ist, wenn jemahls jemand gesagt hat oder künftig sagen wird,

„daſs der Wille des Regenten die Quelle des Gesetzes sey." Richtig hingegen kann gesagt werden, der Monarch, in so fern er Handhaber und Vollstrecker des Gesetzes ist, wolle nichts, als was das Gesetz will; und in so fern seine Verordnungen die Vollziehung desselben, und überhaupt die Erhaltung der Ordnung und Beförderung der allgemeinen Wohlfahrt, nicht zum **Vorwand**, sondern zum **wirklichen Endzweck** haben, aber auch nur unter dieser Bedingung, haben sie selbst die Kraft des Gesetzes. Der unbeschränkteste Monarch kann, vermöge der Natur der Sache, in keinem andern Sinne **Gesetzgeber** seyn, und kein weiser und guter Fürst wird es je in einem andern Sinne seyn **wollen**. — Eben so wenig kann oder wird er sich anmaſsen, die **oberstrichterliche** Gewalt, die ihm (wofern kein besonderer Vertrag zwischen dem Volk und dem Regenten ein anderes verfügt) als ein Theil der höchsten Staatsgewalt überlassen ist, zu Unterbrechung des ordentlichen Laufs der Gerechtigkeit, oder zu andern willkührlichen Eingriffen in die Rechte der Staatsbürger, zu miſsbrauchen; denn auch diese Gewalt kommt ihm nur zu, in so fern er der höchste Handhaber und Gewährsmann der Gesetze ist; und sie kann sich (wenn man allenfalls den bescheidenen Gebrauch des väterlichen Vorrechts, die Strenge des Gesetzes in besondern Fällen zu mildern, ausnimmt) nicht weiter erstrecken, als auf die Oberaufsicht über diejenigen, denen er die Gerechtigkeitspflege an seiner Statt anvertraut hat. Endlich ist auch der Monarch, in so fern ihm die Verwaltung der öffentlichen Einkünfte des Staats als ein Zuständnifs der höchsten Gewalt beywohnt, keineswegs der Eigenthümer, sondern nur der oberste Haushalter des Staatsvermögens. Jede Verschwendung, jede überflüssige Ausgabe, um derentwillen nöthige verabsäumt werden müssen, jede blofs willkührliche Verfügung über Abgaben, zu deren Aufbringung Millionen Menschen sich einen Theil ihrer Nothdurft entziehen müssen, ist ein Mifsbrauch seiner Gewalt, den kein Regent, der den Umfang und die Heiligkeit seiner Pflichten kennt, sich selbst erlauben wird.

Alles diefs, Freund Heribert, liegt in dem reinen und richtig gefafsten Begriff des Königthums. Und nun bitte ich Sie, was ist in dem allen, was einen vernünftigen Menschen berechtigen könnte, dem Königthum Hafs zu schwören? Ist es der Nahme? Unter jedem andern Nahmen bleibt die Sache eben dieselbe. Ist es die

Sache? Auch diese ist und bleibt in jeder Einrichtung der bürgerlichen Gesellschaft eben dieselbe, und es verändert nichts im Wesen der höchsten gesetzmäfsigen Staatsgewalt, ob sie in Einer Person koncentriert, oder unter viele vertheilt wird. Wo wäre denn also das Hassenswürdige?

HERIBERT.

Da Sie mir nicht erlauben wollen, aus der Art und Weise, wie die meisten Könige von jeher ihr Amt verwaltet haben und noch verwalten, gegen das Königthum zu argumentieren —

WILIBALD.

Verzeihung, dafs ich Ihnen in die Rede falle! Aber Sie sollten nicht schon wieder vergessen haben, dafs ich es Ihnen blofs darum nicht erlauben kann, weil Sie mir sonst erlauben müfsten, aus eben demselben Grunde gegen die Demokratie und jede andre Staatsform zu argumentieren: wobey am Ende nichts heraus käme, als dafs wir uns genöthigt fänden, aller bürgerlichen Gesellschaft und Regierung zu entsagen, und in die Wälder zu unsern vierfüfsigen Verwandten zurückzukehren.

HERIBERT.

So bleibt mir nichts übrig, als Sie nochmahls zu versichern, dafs das Königthum, dem ich Hafs geschworen habe, von dem, dessen Wesenheit Sie aus einem Begriffe, den ich nirgends realisiert sehe, abgeleitet haben, mächtig verschieden ist: denn es ist kein anderes, als das Königthum Ludwigs des XIII., XIV., XV. und XVI. und aller, die diesen Königen gleichen oder gern ihre Nachfolger wären; und hoffentlich werden Sie mir eingestehen, dafs an diesem Königthum mehr zu hassen als zu lieben ist.

WILIBALD.

Was den Einwurf betrifft, dafs Sie meinen Begriff vom Königthum nirgends realisiert sehen, so hoffe ich, wir werden ihn, wofern uns der Himmel gesunde Augen erhält, binnen wenig Jahren in einem der ansehnlichsten Europäischen Reiche auf eine Art realisiert sehen, die auch die hartnäckigsten Gegner der Monarchie mit derselben aussöhnen, und vielleicht den Neid der grofsen Nazion selbst erregen wird, die auf eine so beyspiellose Art, erst durch rhetorische und sofistische Gaukelkünste, dann durch Sanskülottism, Eisgruben, Guillotinen, Noyaden und Füsilladen ungefähr auf eben die Art republikanisiert worden ist, wie Molierens Sganarel zum Arzt wider seinen Willen kreiert wird. — Doch, verzeihen Sie mir diese kleine, von Ihnen selbst veranlaſste Abschweifung. Ich wollte sagen, wenn ich auch Ihnen, aus alter Freundschaft, den heimlichen Vorbehalt, „daſs Ihr beschworner Haſs nur dem Miſsbrauch der königlichen Gewalt und der ehmahligen Französischen *Royauté*, wie sie ungefähr seit des dreyzehnten Ludewigs Zeiten war, gelte," wenn ich Ihnen auch diesen Vorbehalt, als das einzige Mittel aus der Verlegenheit zu kommen, übersehe: so bleibt es doch immer von der dermahligen Französischen Regierung sehr ungerecht, unpolitisch und unnütz, einen solchen Eidschwur in einer unbestimmten Formel, die dem Königthum überhaupt und an sich selbst gilt, folglich beleidigend für alle Monarchen ist, zur unumgänglichen Bedingung des Französischen Bürgerrechts und der Fähigkeit zu irgend einem öffentlichen Amte zu machen. Dem Königthum an und für sich Haſs zu schwören, hat nicht mehr Sinn, als der bürgerlichen Gesellschaft, der Religion, den Wissenschaften und Künsten, der Schiffahrt und dem Seehandel, und zehen tausend andern Din-

gen, deren Mifsbrauch und Verderbnifs der
Menschheit grofsen Schaden thut, Hafs zu
schwören. Ob es klug sey, zu einer Zeit,
da man mit den Königen entweder bereits
im Frieden lebt, oder im Begriff ist Frieden zu machen, ihnen einen so insultanten Beweis von Verachtung und bösem
Willen zu geben, lafs' ich Sie selbst urtheilen.
Und zu welchem Ende bestehen Ihre Fünfmänner so eisenfest auf einem so unklugen,
so ungereimten, so nonsensikalischen Eide?
Was soll er beweisen? Was für Sicherheit
giebt er den regierenden Demagogen,
dafs der Schwörende ein aufrichtiger Anhänger ihrer Grundsätze und ihrer Regierung sey? Um wie viel ist er kräftiger,
als wenn ein Wucherer bey seiner Ehre,
oder ein Jude bey Jesus, Marie und Josef
schwört? Gegen Einen, der sich ein Bedenken macht, giebt es zehen tausend, die den
Eid ablegen, ohne das geringste dabey zu
denken, oder mit der Ausflucht des Euripidischen Hippolitus: „mein Mund
hat nur geschworen, nicht mein
Herz," ihr Gewissen hinlänglich gesichert
zu haben glauben. Die Franzosen sind,
seit der Revoluzion, so oft in den Fall
gesetzt worden, falsche Staatseide zu
schwören, haben so oft, was sie vor kurzem bey hoher Strafe schwören mufsten,

wieder bey noch höherer Strafe abschwören müssen, daſs es kein Wunder wäre, wenn sie die Maxime des Spartanischen Generals Lysander: „Männer spielen mit Eiden, wie Knaben mit Würfelknochen," längst zur ihrigen gemacht hätten. Ich sage nichts von der tyrannischen Absurdität, freyen Menschen durch ein Zwanggesetz zuzumuthen, daſs sie auf eine Meinung schwören sollen, die entweder jetzt nicht die ihrige ist, oder es vielleicht morgen nicht mehr seyn wird. Ein ehrlicher Mann kann, indem er der Nothwendigkeit nachgiebt, der Republik Treue und Gehorsam schwören, ob er gleich, wenn es von ihm abhinge, beides lieber einem Könige zuschwören möchte: aber seine Meinungen von Republik und Königthum hangen nicht von seiner Willkühr ab; er kann nicht schwören, daſs er glaube, was er nicht glaubt; er kann beschwören, daſs er sich der jetzt bestehenden Regierung unterwerfen, und nichts gegen sie unternehmen wolle; und mehr kann man mit Recht nicht von ihm fordern. Wozu also, ich frage Sie nochmahls, der gehässige Eid, das Königthum zu hassen?

HERIBERT.

Soll ich Ihnen, weil wir doch hier unter vier Augen sprechen, meine Meinung von der Sache hier unverhohlen sagen? Unsre Bürger-Direktoren sind von dem allen, was sich gegen den Eid, der Ihnen und der ganzen ehrbaren Welt so anstößig ist, sagen läßt, so völlig überzeugt, als Sie und — ich. Aber von der Höhe der Revoluzion herab sehen sie alle Dinge in einem ganz andern Lichte als wir andern Erdenkinder. Ob etwas, das sie wollen und verordnen, recht, billig, anständig, oder mit den bisher in der ganzen Welt angenommenen Begriffen und Grundsätzen übereinstimmig sey, kümmert sie wenig oder nichts. Die Aufrechthaltung ihrer Republik, an welcher nicht nur ihre dermahlige Allgewalt, sondern ihre Existenz hängt, ist das Einzige, das ihnen Noth ist, für das sie Alles thun, Alles wagen, Alles aufopfern. Diese *Haine à la royauté*, die wir schwören müssen, ist eine alberne und dem Anschein nach ganz zwecklose unnütze Ceremonie; der Schwur hat an sich selbst nicht mehr Sinn als *Abrakadabra*, *Plektron*, *Aski*, *Kataski*, und andere dergleichen Zauberwörter. Aber hat nicht unsere ganze Revoluzion ihren Erfolg solchen Wörtern, wobey sich niemand was bestimmtes dachte, zu danken? Das erste, was man zu thun hat, wenn man dem großen Haufen einen Ring durch die Nase ziehen will, ist, daſs man dem Dinge, das er sehen soll und nicht sieht, einen Nahmen schöpft, und ihm dann mit der unverschämtesten Dreistigkeit so lange versichert, er sehe das Ding, bis er es zuletzt wirklich zu sehen glaubt. Auf eben dieselbe Weise kann man einem einfältigen Menschen weiſs machen, er liebe oder hasse etwas, indem man ihm so lange und oft wiederhohlt, er liebe oder hasse es und müsse es hassen, bis er endlich zu glauben anfängt, es müsse dem wohl so seyn, weil kluge Leute ihn dessen so positiv versicherten; und das sonderbarste ist, daſs das *Abrakadabra* zuletzt seine Wirkung thut, und der Mensch wirklich in ganzem Ernst etwas liebt oder verabscheut, das ihm Anfangs völlig gleichgültig war. Glauben Sie mir, das ist der Schlüssel zu diesem Räthsel. Unsre Gewalthaber merkten, daſs der Haſs gegen die vormahlige königliche Regierung in den Herzen des Französischen Volkes erkaltet war, und daſs im Gegentheil eine geheime Sehnsucht nach der alten Ordnung der Dinge sich wieder in eben dem Maſse äuſserte, wie die guten Leute gewahr wurden, daſs diese **Freyheit** und **Gleichheit**, womit die Herren bisher so groſse Wunder gethan hatten, nur **leere Gespenster** waren, die man ihnen in einem

magischen Rauch hatte erscheinen lassen.
Es war die höchste Zeit, wieder ein Zauberwort oder eine Taschenspieler-Formel zu erfinden, womit man den Folgen der Lauigkeit, die seit einiger Zeit unter unserm Volke überhand nimmt, entgegen wirken könnte. Man läfst uns also bey jeder Gelegenheit, einzeln und in Masse, dem armen Königthum Hafs schwören. Das Volk schwört, und fühlt entweder gar nichts dabey, oder weifs doch selbst nicht recht was: aber der Schwur wird so oft erneuert, wir hören ihn so oft, und beynahe täglich, von andern schwören, unser Ohr und unsere Lippen werden seiner so gewohnt, dafs es uns zuletzt seyn wird, als fühlten wir wirklich etwas widerliches und schauderhaftes bey diesem Worte, — und das Mittel hilft doch wenigstens eine Zeit lang, was es helfen kann.

WILIBALD.

Ihre Erklärung läfst sich hören; wiewohl ich sehr zweifle, dafs Ihre politischen Zauberer, wenn sie so etwas abzweckten, eine sonderliche Wirkung davon verspüren werden. Wenigstens wird es nicht auf lange helfen; und bey einem Volke, wie das Ihrige, das so leicht von einem Äufsersten zum andern überspringt, könnte sich

der erkünstelte und erzwungene Hafs des
Königthums am Ende wohl gar wieder in
eine Liebe verwandeln, deren plötzlicher
Ausbruch der Republik und ihren Stiftern,
und allen, die ihre Knie vor diesem Baal
gebeugt haben, eben so gefährlich werden
könnte, als es der vierzehnte August dem
Königthum war.

HERIBERT.

Davor behüte uns der gute Genius von
Frankreich! — und davor wird er uns
hoffentlich durch den herzlichen Abscheu
vor neuen Revoluzionen bewahren,
der jetzt, wenn mich nicht alle Anschei-
nungen täuschen, an die Stelle aller ihrer
vorigen Ausschweifungen in den Gemüthern
unsers Volkes getreten ist.

WILIBALD.

Hoffen Sie nicht zu sanguinisch, mein
Freund! Die vielgestaltigen und niemahls
ruhenden Fakzionsgeister arbeiten dem
guten Dämon der Nazion zu eifrig entgegen, als dafs Sie auf das Bedürfnifs der
Ruhe, wie stark es auch von dem Volke
gefühlt wird, so sicher rechnen dürfen.
Aber ich wüfste Ihnen einen Rath, und,
ich müfste mich sehr irren, oder es ist das
einzige Mittel, Ihr Gemeinwesen, mitten

unter seinen Siegen, Triumfen und Eroberungen, vor dem immer näher rückenden Untergange zu retten.

HERIBERT.

Wie Sie sprechen! Sie könnten einem, der leichter als ich zu schrecken wäre, angst und bange machen. Aber — weil doch auch der Rath eines Feindes nicht immer zu verachten ist, — Ihr einziges Rettungsmittel, wenn ich bitten darf?

WILIBALD.

Est ist — entsetzen Sie Sich nicht gar zu sehr! — es ist — weil Sie doch keinen König mehr wollen, und in der That auch, so lang' es noch Bourbons giebt, keinen haben können — Ihre Konstituzion vom Jahre 1795, die nach dem ungeheuren Rifs, den sie am achtzehnten Fruktidor bekommen hat, ohnehin nicht lange mehr halten kann, je eher je lieber selbst ins Feuer zu werfen, und — einen Diktator zu erwählen.

HERIBERT.

Einen Diktator?

WILIBALD.

Oder Lord Protektor, oder Protarchon, oder wie ihr ihn sonst nennen wollt.

Der Nahme thut wenig zur Sache; wenn es nur ein Mann ist, dem ihr die unumschränkte Gewalt, welche das alte Rom, wenn es um Rettung der Republik zu thun war, einem *ad hunc actum* ernannten Diktator beylegte, mit Sicherheit anvertrauen könnt. Ich räsoniere so. Wenn ihr dem Königthum nicht einen so unauslöschlichen Haſs geschworen hättet, und wieder einen König haben wolltet und könntet, so müſste es ein liebenswürdiger junger Mann, von groſsem hohem Geist, von den gröſsten Talenten im Krieg und Frieden, von unermüdlicher Thätigkeit, von eben so viel Klugheit als Muth, von dem festesten Karakter, von reinen Sitten, einfach und prunklos in seiner Lebensart, immer Meister von sich selbst, ohne irgend eine Schwachheit wobey ein andrer ihn fassen könnte, zugleich offen und verschlossen, sanft und heftig, geschmeidig und hart, mild und unerbittlich, jedes zu seiner Zeit, kurz, ein Mann seyn, wie es in jedem Jahrhundert kaum Einen giebt, und dessen Genius alle andre in Respekt zu halten und zu überwältigen wüſste. Ein anderer als ein solcher könnte euch, in der aufserordentlichen Lage, in welche die Revoluzion euch geworfen hat, nichts helfen. Da ihr nun keinen solchen König haben könnt,

so müßt ihr einen Diktator suchen, der
alle diese Eigenschaften in sich vereinige.
Er darf aber, aus vielerley Rücksichten,
kein eigentlicher Franzose, wenigstens von
keiner alten und bekannten Familie seyn;
und wenn er sogar einen ausländischen
Nahmen hätte, so wäre es nur desto besser.
Auch muß er eine Menge Proben abgelegt
haben, daß er alle die Eigenschaften, die
ich zu eurem Diktator nöthig finde, und
von denen ich ihm keine nachlassen kann,
wirklich besitze; und wenn er sich bereits
einen großen Nahmen in der Welt gemacht
hätte, und im Besitz der allgemeinen Achtung stände, so sehe ich nicht, was ihm
noch abginge, um euer und der ganzen
Welt Retter zu werden. Das Außerordentlichste bey der Sache ist, daß ihr diesen
Mann nicht erst zu suchen braucht; denn,
durch einen Glücksfall, den man wohl in
seiner Art einzig nennen kann, ist er
schon gefunden.

HERIBERT.

Buonaparte also!

WILIBALD.

Wer anders?

HERIBERT.

Und auf wie lange?

WILIBALD.

So lange als er es ausdauert. Ich besorge, ihr werdet ihn nur zu bald verlieren. Also je länger je besser.

HERIBERT mit komischem Ernst.

Buonaparte Diktator der grofsen Nazion! Der Vorschlag hat etwas Einleuchtendes. Wir werden ihn in Überlegung nehmen.

WILIBALD.

Ich fordre alle eure Köpfe in beiden Senaten heraus, einen bessern zu thun.

HERIBERT.

Fast sollt' ich es selbst glauben.

WILIBALD.

Die Sache mag einige Schwierigkeiten haben. Aber der Hauptpunkt ist doch, euch recht von den grofsen Vortheilen zu überzeugen, welche die Alleinherrschaft, zumahl eines solchen Mannes wie mein Diktator ist, vor einer jungen, unerfahrnen, launenvollen und zwischen so vielen Parteyen und Fakzionen hin und her schwankenden Demokratie hat, wenn es darauf ankommt, einen zu Grunde gerichteten und bereits in moralische Verwesung gehenden Staatskörper von dreyſsig Millionen Gliedern wieder zu beleben und aufblühen zu machen. — Ich bin Ihnen ohnehin noch die Vergleichung des Königthums mit der Demokratie schuldig, und wenn es Ihnen recht ist, so entledige ich mich dieser Schuld bey der ersten Gelegenheit.

III.

Nähere Beleuchtung der angeblichen Vorzüge der repräsentativen Demokratie vor der monarchischen Regierungsform.

WILIBALD.

Darf man so frey seyn, einige etwas einfältige Fragen an Sie zu thun, Heribert?

HERIBERT.

Dem Schein von Einfalt möchte wohl nicht viel zu trauen seyn. Aber fragen Sie immerhin, was Sie wollen.

WILIBALD.

Nicht wahr, die Französische Nazion ist seit dem 14. August 1792 im Besitz der uneingeschränktesten Freyheit?

HERIBERT.

Dem Rechte nach hätte sie es von jeher seyn sollen.

WILIBALD.

Und der völligsten Gleichheit?

HERIBERT.

Allerdings.

WILIBALD.

Ich sage der völligsten Gleichheit; denn der Unterschied, den Talente und Reichthum machen, hat wenig zu bedeuten. Den Mangel an Talenten ersetzt Unverschämtheit, Verwegenheit und eine brüllende Stimme; und dem Reichthum hält die Unsicherheit des Besitzers, und der Anspruch des Habenichts an die ganze Welt, die Wage.

HERIBERT.

Spötter!

WILIBALD.

Hauptsächlich aber ist die Suveränität, in der höchsten Bedeutung des Worts, ein ausschliefsliches Recht der Nazion, und gleichsam der grofse Diamant an eurer Freyheitskappe? Nicht wahr?

HERIBERT lachend.

Ohne Zweifel.

WILIBALD.

Daſs heiſst: Der Wille der Nazion ist Gesetz, und niemand ist berechtigt, ihr ein anderes wider ihren Willen aufzudringen?

HERIBERT.

Halten Sie einen Augenblick! Dahinter möchte wohl eine verborgene Schlange stekken! — Doch ich fürchte sie nicht. Also, ja! es ist wie Sie sagen.

WILIBALD.

Verzeihen Sie, daſs ich noch ein paar Fragen hinzu füge. Die neue republikanische Metafysik ist so subtil, daſs unser einer immer besorgen muſs, sie nicht recht gefaſst zu haben.

HERIBERT.

Ich für meinen Theil besorge eher, daſs sie nicht subtil genug ist. Aber fragen Sie, fragen Sie immerzu!

WILIBALD.

Ist die Nazion suverän, weil sie die Macht hat alles zu thun was sie will? oder vermöge ihrer Menschenrechte?

HERIBERT.

Was Sie aber auch für Fragen thun! Ich könnte sagen, aus beiderley Grunde;

denn wer alles thun kann was er will, ist unfehlbar suverän. Indessen da sich auf die bloſse Macht kein Recht gründen läſst, so erwarten Sie wohl keine andre Antwort, als daſs ich sage, **vermöge der allgemeinen Rechte des Menschen.**

WILIBALD.

Aber diese sind **unverlierbar?**

HERIBERT.

Ist es etwa die Suveränität der Nazion nicht auch? Sie ist ja das unverlierbarste aller ihrer Rechte.

WILIBALD.

Das soll mir lieb seyn! Denn so haben wir den breitesten und gebahntesten Weg vor uns, und eine Menge problematischer Knoten lösen sich von selbst auf.

HERIBERT.

In der That giebt es keine einfachere Wissenschaft als die Politik. Diejenigen, die eine so schwere, verwickelte, mit so vielen Kautelen umschanzte, in ein so geheimniſsvolles Dunkel eingehüllte, so viel Schlauheit und taschenspielerische Behendigkeit erfordernde Kunst aus ihr machen, haben von jeher nichts Gutes im Schilde geführt.

WILIBALD.

Bravo! Darüber wären wir also im klaren. — Nun, mit Ihrer Erlaubnifs, meine letzte Frage: Glauben Sie wohl, dafs die Fünfmänner, denen Ihre Nazion die Vollziehungsmacht, als einen Theil der ihr selbst zuständigen höchsten Gewalt, anvertraut hat, sich entschliefsen könnten, bey der nächsten Zusammenberufung der Urversammlungen, es in die freye Willkühr des suveränen Volks zu stellen, ob es die zeitherige von der Majorität des Direktoriums am 18. Fruktidor mit eignen Händen so jämmerlich durchlöcherte Konstituzion wieder zusammen flicken, und, etwa nach B. Röderers Vorschlägen, frisch auskalfatern und neu betakeln lassen, oder lieber eine andre Verfassung, z. B. das verhafste Königthum, etwa auf den Fufs der Konstituzion von 1791, allenfalls auch mit den nöthigen Verbesserungen, wieder herstellen wolle? — Was meinen Sie, Heribert?

HERIBERT.

Dazu werden sich unsre Bürger Fünfmänner nimmermehr entschliefsen. Lieber noch zwanzig achtzehnte Fruktidors hinter einander! Lieber wieder, wofern wir uns nicht anders zu helfen wissen, Robespierre's allmächtiges Schreckensystem und die permanente Guillotine in allen Kommunen der Republik wieder aufgestellt! Wo denken Sie hin? Wahrlich, die Republik würde übel dabey fahren, wenn man das Volk in der Stimmung, worin es gerade jetzt ist, auf eine so gefährliche Probe stellen wollte. *Ne nos inducas in tentationem!*

WILIBALD.

Besorgen Sie etwa einen Bürgerkrieg? Darüber können Sie ohne Kummer seyn. Neun Zehentel der Nazion wünschen ja nichts sehnlicher als Ruhe und Ordnung. Das wissen Sie.

HERIBERT.

Aber wenn nun, wie es allerdings nicht unmöglich wäre, eben diese neun, oder auch nur acht Zehentel der versammelten Nazion sich für einen König erklärten?

WILIBALD.

So wüsten wir den Willen des Suveräns; und ein Knecht, der seines Herren Willen weiss und —

HERIBERT ihm in die Rede fallend.

Des Suveräns, sagen Sie?

WILIBALD.

Nun ja freylich! Oder wäre die Nazion etwa schon nicht mehr, was sie noch vor zwey oder drey Minuten war?

HERIBERT.

Aber sie kann nur suverän seyn, in so fern sie Republik ist, und die Republik ist blofs in den entschiedenen Republikanern vorhanden, deren Wahlspruch, *la republique ou la mort!* ist. Diese erkennen keine andre Französische Nazion als sich selbst. Alle übrigen, und wenn sie auch neun und zwanzig Dreyfsigtel der Einwohner Frankreichs ausmachten, sind Royalisten, Orleanisten, Müskadins, Vendeisten, Emigrierte, Sonnenbrüder, Koblenzer, *Clichiens*, kurz alles in der Welt, nur keine Franzosen —

WILIBALD.

Das ist freylich ein anderes!

HERIBERT.

Es ist sehr möglich, und kommt mir selbst mehr als wahrscheinlich vor, dafs die eigentlichen Kern-Republikaner bey weitem den kleinsten Theil des ganzen Volks ausmachen: aber dafür sind sie auch der streitbarste und entschlossenste. Nimmermehr würden sie sich, so lange sie noch einen Tropfen Blut zu vergießen haben, nach dem Willen einer royalistischen Majorität fügen, und der Bürgerkrieg wäre unvermeidlich.

WILIBALD.

Aber, noch einmahl, was für ein Recht hätten diese Republikaner, dem Willen einer Majorität, die beynahe die ganze Nazion ausmacht, mit Gewalt zu widerstehen? Denn Sie werden mir erlauben, das, was Sie vorhin von der republikanischen Art, die Nazion zu definieren, sagten, für bloßen Scherz aufzunehmen.

HERIBERT.

Was ich Sie versichern kann, ist, daß es unsern Republikanern sehr Ernst damit ist. Recht oder unrecht, genug sie wollen die Republik; und was sie ernstlich wollten, haben sie noch immer, wenn sonst nichts mehr half, mit den kräftigsten aller Argumente, mit Bajonetten und Kanonen, durchgesetzt. Aber da sie für eine von der größten Majorität des Volkes feierlich angenommene und beschworne Konstituzion fechten würden, hätten sie auch das Recht auf ihrer Seite.

WILIBALD.

Wie können Sie, nachdem das Direktorium selbst die zwey wesentlichsten Grundpfeiler dieser Konstituzion umgeworfen hat, und sich dessen, was von ihr noch übrig ist, blofs zu Maskierung und Deckung seines immer weiter um sich greifenden Despotism bedient, wie können Sie verlangen, dafs die Nazion noch Achtung für eine solche Konstituzion trage, oder sich unter ihr sicher glaube?

HERIBERT.

Ich verlange nichts; das **Direktorium verlangt es**: und, was auch seine Absichten seyn möchten, genug dafs es, so lange die Konstituzion noch in ihren Hauptmauern **steht**, wenigstens den **Anschein des Rechts** für sich hat, und (was am Ende doch allein entscheidet) **Macht** genug besitzt, seinem Willen Kraft zu geben.

WILIBALD.

Und wie sieht es nun bey dieser Bewandtnifs der Sachen um die Suveränität der Nazion aus?

HERIBERT.

Herrlich! glänzend! besser als jemahls! Da lesen Sie. Hier steht ein Beweis, der alle andern überflüssig macht. Lesen Sie in diesem öffentlichen Blatte, daſs unter andern klugen Maſsregeln, „den Bürgersinn auf die bevorstehenden Urversammlungen wieder aufzufrischen," auch diese genommen worden ist, daſs die Suveränität des Volks durch ein eignes Fest, am 30. Ventose dieses Jahres, in der ganzen Republik gefeiert werden soll. Können Sie einen einleuchtendern Beweis verlangen als diesen?

WILIBALD.

Wirklich? — So gestehe ich Ihnen, die Erfindung dieser neuen Maschine, dem sterbenden Glauben des Französischen Volks an seine eigne Suveränität etwas Lebensluft zuzuwehen, ist in meinen Augen eine äuſserst merkwürdige Erscheinung. Sie beweiset mir eines von beiden: entweder, daſs die dermahligen Gewalthaber von dem Verstande des Französischen Volks eine auſserordentlich geringe Meinung haben; oder daſs ihre Furcht vor dem, was auf den nächsten allgemeinen Volksversammlungen geschehen könnte, sehr groſs seyn muſs, da sie ihnen die möglichen und sogar wahrscheinlichen Folgen eines solchen Festes zu verbergen scheint.

HERIBERT.

Wie so?

WILIBALD.

Es wäre doch sehr möglich, daſs Ihr Volk, wie leichtsinnig es auch immer seyn mag, durch eine so laute Aufforderung zum Nachdenken beynahe gezwungen, auf den Einfall käme, sich selbst zu fragen: Ist es denn auch wahr, daſs wir der Suverän von Frankreich sind?

HERIBERT.

Diese Frage wäre nicht schwer zu beantworten.

WILIBALD.

Sie wissen aber, wie das Volk ist. Sich in weitläufige und tiefsinnige Untersuchungen, Abstrakzionen und Distinkzionen einzulassen, ist seine Sache nicht. Es giebt einen kürzern Weg ins klare zu kommen. Diogenes führte gegen den Sofisten, der seinen Zuhörern die Unmöglichkeit der Bewegung durch eine Menge spitzfindiger Argumente vordemonstriert hatte, keinen andern Gegenbeweis, als daſs er davon ging. Wie, wenn das Französische Volk, um sich selbst von seiner Suveränität zu überzeugen, plötzlich den Entschluſs nähme sie auszuüben, die Konstituzion von 1795 vollends zu kassieren, seine zeitherigen Vertreter und Agenten nach Cayenne zu deportieren, und das Königthum zurück zu rufen? Gestehen Sie, Freund Heribert, wofern das Französische Volk wirklich so gestimmt ist, wie man mit vieler Wahrscheinlichkeit vermuthet, so könnte kein Tag zu einem solchen Schritte bequemer und schicklicher seyn, als das Fest seiner Suveränität.

HERIBERT.

Da wäre das Direktorium freylich mit seinem vermeinten Präservativ garstig angeführt! — Aber es hat keine Gefahr. Unsre Dreymänner, auf welche doch am Ende alles ankommt, haben zu viele und grofse Proben ihrer Vorsichtigkeit abgelegt, als dafs zu besorgen wäre, sie möchten bey einer so wichtigen Gelegenheit in eine Grube stürzen, die sie sich selbst gegraben hätten. Von den entschiedenen Royalisten gilt gerade das Gegentheil. Wenn hier eine Grube gegraben wird, so däucht mich sie werde den Royalisten gegraben; und die unkluge Voreiligkeit, womit sie bisher noch immer ihre eigenen Plane und Anstalten selbst vereitelt haben, könnte ihnen leicht bey dieser Versuchung, in welche sie (vielleicht absichtlich) geführt werden, abermahl einen schlimmen Streich spielen. Auf alle Fälle werden Sie sehen, dafs die Republik, Dank sey den eben so **kräftigen** als klugen Mafsregeln ihrer Vorsteher, triumfierend aus der Gefahr, wofern hier eine ist, hervorgehen wird.

WILIBALD.

Ich wünsche allen Menschen, und gewifs auch **Ihrer** Nazion, wiewohl sie der meinigen viel Böses gethan hat, zu aufrichtig Gutes, als dafs es mich nicht freuen sollte, wenn der 30. **Ventose** in ganz Frankreich ruhig und fröhlich abläuft. — Aber wenn diefs auch, durch die Mafsregeln des Direktoriums, auf welche Sie so eben deuteten, der Fall seyn dürfte, das heifst, wenn jede zweckmäfsige Anstalt getroffen wird, dafs das Volk seine Suveränität **nicht** ausüben **könne**, wie grofse Lust es auch dazu haben möchte, — kehrt da nicht die alte Frage wieder: Was für ein seltsames Ding ist es um ein Recht, das ich zwar besitze und nie verlieren noch veräufsern kann, aber nur nicht ausüben darf? Wenn der Wille der eminenten Mehrheit für den allgemeinen Willen gilt; wenn dieser das höchste Gesetz im Staat, und die Suveränität das heiligste unverletzlichste Recht des Volkes ist: mit welcher Befugniſs dürfen bloſse Staatsbeamte sich unterfangen, den Willen ihres obersten Gebieters in Fesseln zu legen?

HERIBERT.

Glauben Sie ja nicht, die unsrigen mit dieser Frage in Verlegenheit zu setzen. Wir appellieren von dem **Volke** an die **Nazion**. Das Volk ist veränderlich, leicht zu bewegen, leicht zu täuschen und irre zu führen, leicht von einem Ton in einen andern zu stimmen. Es handelt immer nach fremdem Antrieb und momentanen Eindrücken, ist immer in der Gewalt eines jeden, der sich seiner Leidenschaften zu bemächtigen, oder ihm seine eigenen mitzutheilen weiſs, und Muth genug hat, sich an seine Spitze zu stellen. Nichts ist daher nothwendiger, als seine Aufwallungen und Launen von seinem **festen**, unwandelbaren und **allgemeinen Willen** zu unterscheiden. Dieser ist da, wo die **allgemeine Vernunft** ist; nicht in den einzelnen Departementern, Kommunen und Volksversammlungen, sondern **in der ganzen Nazion**, in so fern sie über ihre eignen Rechte und Vortheile **aufgeklärt** ist, oder (was auf das nehmliche hinaus läuft) in so fern sie durch den aufgeklärtesten und von echtem Gemeingeist beseelten Theil des Volks **reprä-**

sentiert wird. Diesem kommt es alsdann zu, die Bewegungen des Volks zu leiten, es in Übereinstimmung mit sich selbst zu erhalten, es vor den hinterlistigen Künsten seiner verkappten Feinde zu verwahren, und zu Beobachtung der Gesetze, die es einmahl als Aussprüche der Vernunft erkannt hat, anzuhalten, kurz, einer Wankelmüthigkeit Einhalt zu thun, die den Staat in eine ewige Anarchie stürzen würde, wenn der Despotism des Gesetzes (den man den Vollziehern desselben mit Unrecht zur Last legt) ihm nicht einen Damm entgegen thürmte, den sie nicht ungestraft überspringen darf.

WILIBALD lächelnd.

Ich danke Ihnen, lieber Heribert, daſs Sie meinen Begriff von der **Volkssuveränität** so schön rektificiert haben. Denn ich gestehe, daſs ich mir immer keine rechte Vorstellung davon machen konnte, was ihr Republikaner euch dabey denkt. Sie ist also nicht **unverlierbar**, wie wir vorhin annahmen?

HERIBERT.

Dem **Rechte** nach, allerdings; dem **Gebrauch** nach, nicht. Denn das Volk ist ja um seines eignen Bestens willen genöthiget, die Ausübung derselben einem kleinen Ausschufs aus seinem Mittel aufzutragen.

WILIBALD.

Das Volk kann sich also nicht selbst regieren, wiewohl es das vollkommenste Recht dazu hat? kann nicht sein eigner Gesetzgeber noch Richter seyn? seine Finanzen nicht selbst verwalten? seine Kriegsheere nicht in eigner höchster Person anführen? — wie sehr es auch zu allem dem berechtigt ist?

HERIBERT.

Sie scherzen, Wilibald.

WILIBALD.

Um Verzeihung! Ich rede in ganzem Ernst. Das Volk befindet sich also mit seiner Suveränität völlig in dem Fall eines unumschränkten Erb-Monarchen, der noch in der Wiege liegt: es bedarf einer Vormundschaft, die alles, was es als sein eigner Suverän zu thun hat, in seinem Nahmen beobachtet, — kurz, an seiner Statt seine Rechte wahrnimmt und seine Pflichten erfüllt?

HERIBERT.

Die Natur der Sache läfst es nicht anders zu. Nur belieben Sie den Unterschied zu bemerken, dafs der unmündige Monarch sich seine Stellvertreter nicht selbst auslesen kann, das Volk hingegen bereits in dem Alter ist, die seinigen zu wählen.

WILIBALD.

Nehmen Sie Sich in Acht, Heribert! Machten Sie mir nicht eben selbst eine Abschilderung von dem Karakter des Volks, aus welcher ganz geradezu folgt, dafs es, ungeachtet der Volljährigkeit der einzelnen Menschen, woraus seine ganze Masse besteht, eben so wenig zu einer solchen Auswahl taugt, als ein unmündiger Monarch? Das Volk ist ein vielköpfiges, vielsinniges, vielzüngiges Thier, voller Leidenschaften und Vorurtheile; hitzig und brausend, wo es kalt und gelassen seyn, eigenwillig und starrsinnig, wo es auf Vernunft hören, wankelhaft, wo es unbeweglich stehen, unentschlossen, wo es schnellbesonnen und muthvoll seyn sollte. Seine Berathschlagungen sind gewöhnlich tumultuarisch; und je gröfser die Anzahl derjenigen ist, die entweder in ihrer eigenen Einbildung, oder in der Meinung andrer, für vorzügliche Köpfe gelten, in desto mehr kleine Fakzionen wird es sich spalten, desto schwerer wird es seyn, so viele Köpfe unter Einen Hut zu bringen, und desto weniger ist zu erwarten, daſs sie sich in ihren Wahlen, ich will nicht sagen immer, sondern nur meistens, auf die tauglichsten und würdigsten Subjekte vereinigen werden. Lassen Sie es in irgend einem kleinen **Kuhschnappel** nur um die Wahl eines Thorschreibers oder Nachtwächters zu thun seyn, überlassen Sie solche dem Volke, und sehen wie es dabey zugehen wird! In einem gröſsern **Abdera** ists nur desto schlimmer. Doch das müssen Sie selbst bereits aus Erfahrung am besten wissen.

HERIBERT.

Nur allzu wahr! Und dennoch —

WILIBALD ihm in die Rede fallend.

Die groſse Urquelle aller Täuschung euerer republikanischen Dogmatiker ist, daſs sie überall, wo es das Interesse ihres Systems erfordert, sich das Volk nicht so denken, wie es wirklich ist, sondern wie es seyn müſste, wenn es sich der Rechte, die sie ihm einräumen, weislich sollte bedienen können. Dieſs gilt von euerer ganzen Konstituzion. Sie ist in einer Art von profetischem Geiste, für ein anderes Jahrhundert, für ein Volk, das erst noch dazu gebildet werden soll, gemacht, und wird nach aller Wahrscheinlichkeit eine noch so weit entfernte Zukunft nicht erleben. — Doch, diefs nur im Vorbeygehen, und ich bitte um Verzeihung, dafs ich Sie unterbrochen habe. Ich erinnere mich Ihres „**und dennoch!**" sehr wohl, und will Ihnen die Mühe ersparen, Sich näher zu erklären, weil ich Ihre Meinung zu errathen glaube. Da wir gemeinschaftlich **Wahrheit** suchen, so ist nöthig, dafs wir immer so nahe beysammen bleiben, als möglich seyn will. Ich räume Ihnen also zu diesem Behuf ein, dafs ein Volk — es sey nun, dafs es sich bisher noch in einer Art von **Naturstand** befunden, und nun entschlossen sey, künftig eine **bürgerliche Gesellschaft** auszumachen, oder dafs es, wie die Französische Nazion, durch irgend eine Revoluzion, in jenen anarchischen Stand zurück geworfen worden — dafs dieses Volk nicht nur **berechtigt**, sondern (wofern es anders der Würde **vernünftiger Wesen** nicht entsagen will) **verbunden** ist, sich einer gesetzmäfsigen Regierung zu unterwerfen. Ein Volk, es bestehe nun aus dreyfsig tausend oder aus dreyfsig Millionen Menschen, kann vernünftiger Weise seine Suveränität nur zu

einem einzigen Akt gebrauchen, nehmlich
zu demjenigen, wodurch es sich derselben
wieder begiebt, indem es sie entweder mehrern Personen oder einer einzigen zur Verwaltung überträgt.

HERIBERT.

Mit Ihrer Erlaubnifs, das Volk begiebt
sich seiner Suveränität keinesweges, indem
es blofs die Last der **Verwaltung** auf
andre wälzt.

WILIBALD.

Was wollen Sie damit sagen? Sie wollen doch nicht aus dem millionenköpfigen
Suverän eine Art von morgenländischem
Schach machen, der die Regierung blofs
darum auf fremde Schultern legt, um sich
desto gemächlicher und ungestörter einer
wollüstigen Unthätigkeit überlassen zu können? Das Volk begiebt sich der Ausübung
seiner höchsten Gewalt, weil es sie nicht
selbst verwalten **kann**; weil kein anderes
Mittel ist, zu dem Zustand von Ordnung
und Ruhe zu gelangen, ohne welchen es
sich den Genufs der Vortheile des bürgerlichen Lebens nicht verschaffen könnte. Der
wahre Suverän im Staat ist derjenige, der
das **Recht** hat die höchste Gewalt **auszuüben**; und von dem Augenblick an, da

das Volk sich der Ausübung dieses Rechts begeben hat, tritt es, wie grofs auch seine gesetzmäfsige Freyheit immer seyn mag, in das Verhältnifs eines **Unterthans**, und ist seiner sich selbst gegebnen Obrigkeit Gehorsam schuldig. Gegen die Evidenz dieser Grundwahrheit helfen keine Distinkzionen. Auch sehen Sie, dafs Ihre dermahligen Gewalthaber es nicht anders verstehen, und ihren vorgeblichen Suverän sehr gut in der Zucht zu halten wissen; nicht selten mit einer Strenge, die kein Minister Ihrer letzten Könige zu wagen sich getrauet hätte. — Aber, um nicht wieder aus unserm Wege zu kommen, will ich mich über diesen Punkt, was die Theorie betrifft, in keinen Streit mit Ihnen einlassen; zumahl, da ich nicht zu läugnen begehre, dafs es, in dem bestimmten Falle, den wir vorausgesetzt haben, von der Willkühr des Volkes abhängt, unter welchen **Bedingungen** und **Modifikazionen** es seine höchste Gewalt in die Hände seiner Stellvertreter legen will. Bekanntlich bilden diese Modifikazionen die verschiedenen **Formen** der Staatsverfassung, deren weit mehrere sind als man gewöhnlich annimmt. Aber unter allen diesen Formen bleibt das Wesen der Regierung sich selbst gleich; die Bedingungen, unter welchen es möglich ist, ein von Natur freyes Volk zu regieren, sind in allen eben dieselben; die **Rechte dessen** oder **derjenigen, welchem** oder **welchen** die höchste Gewalt anvertraut ist, und die **Pflichten** des Volks, welches zu gehorchen schuldig ist, sind in allen eben dieselben, und umgekehrt. —

HERIBERT.

So daſs es also, Ihrer Meinung nach, einem Volke ganz gleichgültig seyn kann, ob es von einem Monarchen oder von einer demokratischen Obrigkeit regiert werde?

WILIBALD.

Doch nicht ganz gleichgültig. Jede dieser **Formen** hat ihre eigenen Vorzüge und Nachtheile: und wenn sie genau gegen einander abgewogen werden, so dürfte wohl, wie ich mir zu behaupten getraue, der Vorzug auf Seiten der Monarchie seyn.

HERIBERT.

Da kommen wir auf einmahl so weit aus einander, daſs es schwer halten wird, uns wieder zusammen zu finden.

WILIBALD.

Wir wollen also, mit Ihrer Erlaubniſs, diesen letztern Punkt, wenigstens vor der

Hand, unentschieden, oder, wenn Sie wollen, nach Ihrem eigenen Gutdünken entschieden seyn lassen, und blofs bey dem verweilen, was allen Regierungsformen gemein ist. Um desto eher aus der Sache zu kommen, wollen wir nur die uneingeschränkte Monarchie und die vollkommene Demokratie mit repräsentativer Regierung und getheilten Gewalten, als die beiden Äufsersten, zwischen welchen alle andern liegen, gegen einander stellen, um zu sehen, was sie mit einander gemein haben.

HERIBERT.

Ich bins zufrieden. Nur verbitte ich alle kleine optische Kunstgriffchen bey der Zusammenstellung.

WILIBALD.

Besorgen Sie nichts dergleichen; ich werde nicht nöthig haben, der Wahrheit durch Kunst nachzuhelfen. Fürs erste also: In der besagten Demokratie, wie in der uneingeschränktesten Monarchie, hat sich das Volk des Gebrauchs der höchsten Gewalt begeben. Denn wiewohl es in jener den Nahmen des Suveräns beybehält, und in Frankreich künftig sogar ein Fest seiner Suveränität mit allem gebührenden Pompe begehen wird, so wollte ich doch Sr. Popularen Majestät nicht rathen, sich den Verordnungen der Bürger Direktoren, oder den Bajonetten und Kanonen der unter den Befehlen derselben stehenden Bürger Soldaten und Leibgardisten zu widersetzen. Oder glauben Sie etwa —

HERIBERT.

Nein, nein! Über diesen Punkt bin ich völlig Ihres Glaubens. Nur weiter!

WILIBALD.

Zweytens: In beiden ist dem Volke das vor einigen Jahren so hoch gepriesene Maratische Recht der heiligen Insurrekzion niedergelegt.

HERIBERT.

Ohne alle Bedingung?

WILIBALD.

Ohne alle Bedingung.

HERIBERT.

Das ist hart!

WILIBALD.

Es giebt wirklich Fälle, wo es sehr hart ist.

HERIBERT.

In der unumschränkten Monarchie mag das wohl so seyn, wo das Volk in politischem Sinne für **Nichts** gerechnet ist —

WILIBALD.

Das ist nun auch so einer von euern auf gut Glück angenommenen Sätzen, gegen den ich sehr viel einzuwenden hätte. Doch davon ein andermahl! — In der Demokratie also, meinen Sie, wäre es ein andres mit dem Recht der heiligen Insurrekzion?

HERIBERT.

Unläugbar ist das Volk in mehr als Einem Falle dazu berechtigt.

WILIBALD.

Berechtigt? Wenigstens in der Demokratie nicht mehr als in der Monarchie.

HERIBERT.

Zum Beyspiel, wenn die obersten Vollzieher der höchsten Gewalt sich einen wesentlichen Eingriff in die Konstituzion erlauben wollten.

WILIBALD.

Wie, Heribert? Haben Sie vergessen, dafs am 18. Fruktidor der *Casus in terminis* schon da gewesen ist? Kann die Konstituzion wohl gröblicher verletzt werden, als wenn das Direktorium sich einer ihm ausdrücklich untersagten Disposizion über die bewaffnete Macht anmaſst, um einen gewaltsamen Eingriff in die Freyheit des gesetzgebenden Körpers und seiner eigenen Mitglieder zu thun? — Das Miſsfallen aller guten Bürger über diesen ungeheuern Akt von Sultanism war so allgemein als ihr Erstaunen; und doch rührte sich das Volk nicht! — Und warum rührte es sich nicht?

HERIBERT.

Die Überraschung, der Schrecken —

WILIBALD.

Wird vermuthlich in jedem ähnlichen Falle dieselbe Wirkung thun. Aber, was Sie als etwas ganz ausgemachtes annehmen können, ist, daſs das Direktorium, zum Beweise, daſs es dem Volk kein Recht zum Aufstand zugesteht, in jedem Falle, wo es für nöthig halten wird, „die Republik durch einen Bruch in die Konstituzion zu retten," auch die nöthigen Maſsregeln nehmen wird, dem Volke die Ausübung eines solchen Rechts, durch eben dieselben Mittel, deren sich der entschiedenste Despot gegen unruhige Unterthanen bedient, **unmöglich zu machen.** Auch versteht sich von selbst, daſs es das entscheidende Urtheil über die Fälle, wo diese Nothwendigkeit eintreten möchte, jedesmahl sich selbst ausschlieſslich vorbehalten wird. Wo bliebe denn also, was diesen Punkt betrifft, der Unterschied zwischen den Fünfmännern in der Demokratie und dem Einzigen Mann in der unumschränktesten aller Monarchien?

HERIBERT die Achsel zuckend.

Also weiter.

WILIBALD.

Drittens: In beiden ist dem Volke, dem **suveränen** so gut als dem **allerunterthänigsten**, alle Macht benommen, die Staatsverfassung zu **ändern**, wie groſs auch immer seine Lust dazu seyn möchte.

HERIBERT.

Wie wäre das?

WILIBALD.

Zum Beyspiel: Setzen wir den möglichen Fall, das Volk wäre der **quinqueviralischen** Regierung müde und überdrüssig; es finge an zu bemerken, daſs die

Vortheile, die es von seinem einzigen Prärogative, dem Wahlrecht in den Primarversammlungen, zieht, gegen den damit verknüpften Zeitverlust, die Unterbrechung seiner gewöhnlichen Geschäfte, und alle die heillosen Folgen des ewigen Intriguierens, Kabalierens, Aufhetzens, Verführens und Bestechens, das von einer solchen alle Jahre wiederkommenden Wählerey unzertrennlich ist, in gar keiner Proporzion stehen; kurz, gesetzt das Volk überzeugte sich, bey Vergleichung seines gegenwärtigen Zustandes mit den goldnen Zeiten, wozu man ihm Anfangs so grofse und nahe Hoffnung machte, dafs es ihm besser wäre, die dermahlige Ordnung der Dinge mit einem leidlich eingerichteten Königthum zu vertauschen, und es wollte bey den nächsten Urversammlungen seinen suveränen Willen über diesen Punkt kund werden lassen —

HERIBERT.

Das könnte doch wohl nicht ohne Berathschlagung und Debatten geschehen, und diese sind dem Volk bekannter Mafsen durch die Konstituzion untersagt.

WILIBALD.

Das ist es eben, was ich meine. Das Direktorium, dem mit einer solchen Entschliefsung seines Suveräns nicht gedient wäre, wird es nicht an sich fehlen lassen, unter der Ägide der Konstituzion, bey jedem Anschein, dafs das Volk sich eines so sträflichen Gebrauchs seiner Suveränität unterfangen möchte, so kräftige Mafsregeln dagegen zu nehmen, dafs es den heutigen Griechen zehnmahl leichter seyn wird, das Joch der Türken abzuschütteln, als den Franzosen, ihrer Suveränität wieder los zu werden, wie überlästig sie ihnen auch immer seyn möchte.

HERIBERT.

Das glaub' ich selbst.

WILIBALD.

Also viertens: In beiden ist das wesentlichste Interesse des Volks in fremden Händen; in der Monarchie in den Händen des Monarchen und seiner Räthe und Vertrauten; in der Französischen Demokratie in den Händen der beiden gesetzgebenden Räthe und des Direktoriums, welches auch seine Vertrauten, Günstlinge, Helfershelfer und Kreaturen hat, und in ungleich gröfserer Anzahl als irgend ein Monarch. Das suveräne Volk hat hierin im Grunde vor dem allerunterthänigsten nichts voraus. Es mufs z. B. so gut wie dieses, alles, was es hat, hergeben, um die wirklichen und vorgeblichen Staatsausgaben zu bestreiten, ohne daſs weder dem einen noch dem andern darüber Rechnung abgelegt wird; es muſs, so gut wie dieses, seine Söhne an die Schlachtbank führen lassen, sobald es den Wenigen beliebt, in deren Willkühr es den Gebrauch seiner wichtigsten Oberherrlichkeits-Rechte gestellt hat; es muſs der Wohlthaten des Friedens so lange entbehren, als es das Interesse der herrschenden Fakzion ist, Krieg zu haben; und man sieht aus dem ganzen Benehmen dieser Fakzion, wie geflissentlich sie es darauf anlegt, den Janustempel, von dessen Schlieſsung sie sich wenig Gutes zu versprechen scheint, ewig offen zu erhalten.

HERIBERT.

Sehen Sie nicht, mit welchem Enthusiasmus sich die ganze Nazion für die groſse Unternehmung gegen Karthago interessiert?

WILIBALD.

Die ganze Nazion? Daran zweifle ich sehr. Wenn es aber auch wäre, so weiſs man ja, wie gewaltig und unablässig sie seit einiger Zeit wieder elektrisiert und fanatisiert wird. Aber vergessen Sie nicht,

daſs keine Nazion in der Welt leichter in
Feuer zu setzen, leichter zu verführen und
zu miſsbrauchen, leichter von einem Äuſsersten zum andern hinzureiſsen ist, als die
Ihrige. Schon lange ließ sie es deutlich
genug merken, daſs sie den Frieden für ein
Gut halte, das die Aufopferungen, die man
ihm machen müſste, überschwenglich bezahlen würde. Freylich findet zwischen den
unterthänigen Völkern und dem suveränen
auch diese Ähnlichkeit Statt, daſs bey
solchen Gelegenheiten beiden ungefähr die
nehmlichen Komplimente gemacht, beiden
dieselben Trostlieder vorgesungen, beide
durch dieselben Vorspiegelungen zur Geduld
und zur Anstrengung ihrer letzten Kräfte
angefeuert werden: es ist aber auch dieſs-
mahl bloſs von den Ähnlichkeiten die Rede.

HERIBERT
läſst den Kopf ein wenig auf die Seite hängen, zählt seine
Finger und nimmt Tabak.

WILIBALD.

Ich sehe, daſs ich zu lange auf einer so
widerlich schnarrenden Saite verweile. Also
nichts weiter als dieſs einzige. Je genauer
wir die Sache von allen Seiten betrachten,
desto einleuchtender, däucht mir, muſs es
uns werden, daſs nirgends ein rechtmäſsiger

Grund vorhanden ist, warum ein republikanischer Christ dem Königthum, wie dem Teufel und allen seinen Werken und Wesen in seinem Taufbund, entsagen, oder ein atheistischer Republikaner ihm alle Augenblicke eine so häfsliche Leidenschaft, als unversöhnlicher Hafs ist, zuschwören soll. Es lebt sich ganz leidlich in der Republik, wie in der Monarchie, vorausgesetzt, dafs beide mit Gerechtigkeit und Weisheit regiert werden. Wenn der Monarch die Tugenden Mark-Aurels mit der Klugheit Augusts und der Tapferkeit und Mäfsigung Trajans in sich vereiniget; wenn in der Republik das Direktorium und seine Ministerialen, die gesetzgebenden Kollegien, die Gerichtshöfe und die Heerführerstellen mit lauter Männern, wie Aristides, Perikles, Epaminondas, Focion, Timoleon, Paul-Ämil, Regulus, Kato u. s. w. besetzt sind: so werden gute und verständige Menschen (die nicht mehr verlangen als was billig ist) sich unter beiderley Regierungsformen wohl genug befinden, um keine Änderung zu wünschen.

HERIBERT.

Eine bescheidene Forderung, das gesteh' ich! Ungefähr wie wenn Plato die Republik von lauter Filosofen regiert haben will.

WILIBALD.

Kann ich weniger fordern? Damit eine Republik, zumahl eine so grofse wie die Ihrige, gedeihe, ist Tugend, als herrschendes Princip der Regenten sowohl als der Regierten, eine unnachlässige Bedingung: das ist so erweislich als irgend ein Lehrsatz im Euklid. Die Monarchie kann sich, zur Noth, mit weniger behelfen. Wenn der Fürst nur kein Kaligula oder Klaudius, seine Minister keine Tigelline, seine Gemahlin keine Messalina oder Brünchild, seine Mätresse keine Theodora, seine Günstlinge keine Pallasse und Narcissen sind, so können die Unterthanen immer zufrieden seyn, und alles mag, durch den blofsen Mechanism der gewöhnlichen Polizey, Justiz- und Finanzverwaltung, in einem einmahl in sich selbst bestehenden Staate noch ganz erträglich gehen. In der Republik hingegen —

HERIBERT gähnend.

Was geben uns die Schauspieler diesen Abend?

WILIBALD.

Die Zauberflöte.

HERIBERT.

Desto besser. Ich gestehe Ihnen, unser Gespräch hat mich übellaunig gemacht; es braucht nichts geringers als einen Dichter wie Schikaneder und einen Tonkünstler wie Mozart, um mir wieder zu einer leidlichen Stimmung zu verhelfen. Lassen Sie uns aufbrechen.

IV.

Was ist zu thun?

GERON.

So werd' ich denn doch den fatalen Augenblick sehen, da mein armes Vaterland, — dieses einst so mächtige, so ehrwürdige Germanien, das im Stande seiner rohen Freyheit von dem allgewaltigen Rom selbst nicht bezwungen werden konnte, sich von euern noch allgewaltigern Demagogen wie eine Masse Thon behandeln, und nach ihrer Willkühr, weifs der Himmel in welche abenteuerliche Form oder Unform umgestalten lassen mufs! So weit wär' es nun auch mit uns gekommen! Und diefs wäre alles, was wir mit einem Kriege gewonnen hätten, der entweder nie angefangen, oder —

HERIBERT ihm in die Rede fallend.

— sich nie endigen, oder nur mit Deutschlands gänzlichem Umsturz endigen sollte? Das letzte wollen Sie doch nicht? und das erste ist nicht mehr zu ändern. Was ist also zu thun?

GERON.

Wenn wir noch wären, was unsere Vorväter in jenen Zeiten waren, da alle übrige Völker Europens, sogar die auf ihre damahligen Vorzüge in Kultur und Aufklärung stolzen Italiäner, noch mit Achtung von den Deutschen sprachen, — so wäre diese Frage bald beantwortet. Wenn wir noch Energie, noch alten Brudersinn, noch Stolz und Vertrauen auf uns selbst, noch Vaterlandsliebe und Nazionalgeist hätten —

HERIBERT.

Vaterlandsliebe? Nazionalgeist? — Lieber Geron! wozu dieser Eifer? Und wenn Sie ihn sogar in jedem einzelnen Deutschen entzünden könnten, wozu? Was würde, da die Sachen nun einmahl so weit gekommen sind, damit ausgerichtet? Soll die Deutsche Nazion in Masse aufstehen?

GERON tief erseufzend.

Sie haben Recht! Ich vergaſs, daſs wir das nicht können, — nicht dürfen, wenn wirs auch könnten; ich vergaſs, daſs wir keine Nazion sind; daſs wir das ungeheure

Bild sind, das König Nebukadnezar einst im Traume sah, — „dessen Haupt war von feinem Gold, seine Brust und Arme von feinem Silber, sein Bauch von Erz, seine Schenkel von Eisen, seine Füfse halb von Eisen und halb von Thon." 3)

HERIBERT.

Und Sie wundern Sich noch, dafs diese Füfse von dem gewaltigen Stein, der auf sie herab fiel, zerschmettert wurden?

GERON.

Da Sie Sich doch dieses Umstandes so gut erinnern, so wissen Sie wohl auch was weiter erfolgte? — „Da wurden mit einander zermalmet Eisen, Thon, Erz, Silber und Gold, und wurden wie Spreu auf der Sommertenne, und der Wind verwehte sie, dafs man sie nirgends mehr finden konnte."

HERIBERT.

Und Sie, mein Freund, erinnern Sich auch noch, dafs „der Stein, der das Bild schlug, zu einem grofsen Berge ward, und die ganze Welt erfüllte?"

GERON.

Ich bitte Sie, lassen wir den Seher Daniel und den Träumer Nebukadnezar an ihrem

---

3) Daniel 2. V. 31 u. f.

Orte. Mir schaudert vor allen diesen Ähnlichkeiten! O der **Berg**, der **Berg**! der **Berg**! der dreymahl verwünschte Berg! — Es ist schwer, lieber Heribert, den Gedanken zu ertragen, daſs ein Staat, dessen majestätischer Bau, selbst in seinem Verfall, der Welt noch Ehrfurcht gebot, ein Reich, das sowohl durch seine geografische Lage, Gröſse, Fruchtbarkeit und Bevölkerung, als durch das, was seine Bewohner schon **sind**, und unter günstigen Umständen noch **werden** könnten, zur Grundfeste des policierten und aufgeklärten Europa bestimmt ist, daſs ein solches Reich dem Neufränkischen Koloſs, der sich auf einmahl über die ganze Welt erhebt, zu einem bloſsen Fuſsgestell dienen soll! Es ist schwer, den Gedanken zu ertragen, daſs drey oder vier Französische Advokaten das Schicksal von vierzig bis funfzig Millionen Menschen entscheiden, und, weil auch **wir** — wie die **Schweizer** — die gute Zeit, wo wir uns selbst hätten helfen können, verschlummert haben, sich nun ermächtiget finden sollen, uns in unsrer gewohnten Lebensordnung zu stören, und uns, wie jener alte Räuber, mit Gewalt in ihr eisernes Bette zu legen, um so lange an uns zu stümmeln und zu recken, bis wir so kurz oder lang sind als sie uns haben wollen.

HERIBERT.

Hoffentlich ist es so arg nicht, wie Sie Sichs in diesem düstern Augenblick vorstellen. Gesetzt aber, es wäre, wie ist zu helfen?

GERON.

Daſs dieſs noch die Frage ist, das ist es eben, was mich und alle biedere Deutsche so miſsmüthig macht.

HERIBERT.

Aber wie wär' es anders möglich? Ihr Deutschen seyd nun einmahl, im strengen Sinne des Worts, keine Nazion, sondern ein Aggregat von mehr als zwey hundert gröſsern, kleinern, noch kleinern, und unendlich kleinen Völkern und Völkchen. Das gestehen Sie selbst, und dagegen hilft kein Nazionalstolz, keine Selbsttäuschung. Daſs dieses Aggregat sich nun auf einmahl einbilden soll eine Nazion zu seyn; daſs es mit gesammter Kraft, wie Ein Mann, aufstehen, und Vermögen, Leib und Leben aufopfern soll, um die Dauer einer unhaltbar gewordnen Verfassung zu verlängern, und die hohen Vorrechte der Römisch-katholischen Ritterschaft aufrecht zu erhalten, — wer kann das erwarten? Was geht alle diese Menschen die Integrität des Reichs an, und um was wird der Tiroler, der Halberstädter, der Meklenburger, der Wirtemberger u. s. w. unglücklicher seyn, wenn den Abkömmlingen der Altdeutschen Ritter die Gelegenheit benommen wird, Fürsten zu werden?

GERON.

Wenn diese Art zu vernünfteln gälte, wer bliebe bey dem Seinigen? Niemanden kann und darf genommen werden, was er rechtmäfsig hat. Aber Sie berühren da gerade die rechte Saite. Ich will Ihnen zugeben, dafs unserm Volke, wie jedem andern in der Welt, eben nicht sehr viel daran gelegen ist, ob es mit einem krummen oder geraden Stabe geweidet wird. Aber wem ist an der Integrität des Reichs, in so fern sie dermahlen in Gefahr ist, mehr gelegen, als eben dieser so zahlreichen Klasse von Rittern, die, genau zu reden, die eigentlichen Staatsbürger des Deutschen Reichs sind, und, wenn sie für Einen Mann ständen, und der Heldengeist ihrer Vorfahren noch in ihren Busen loderte, so viel zu Vertheidigung ihres Vaterlandes und ihrer Vorzüge vor dem Adel aller andern Völker des Erdbodens thun könnten?

HERIBERT leise vor sich.

Da müfsten sie auch das Mark ihrer Vorfahren in den Knochen haben.

GERON,

ohne darauf zu achten, fortfahrend.

Glauben Sie, daſs ein Franz von Sikkingen, ein Ulrich von Hutten, ein Schärtlin von Burtenbach, den Ereignissen unsrer Tage so gelassen und unthätig zugesehen hätte?

HERIBERT.

Ich bitte Sie, lieber Geron, sehen Sie selbst die Dinge mit etwas mehr Gelassenheit an, und reden Sie nicht, als ob Sie im sechzehnten Jahrhundert lebten! Ich bin überzeugt, daſs es den Abkömmlingen jener Altdeutschen Helden weder an Muth noch gutem Willen fehlt; sie sind zu beklagen, nicht zu tadeln, wenn sie einer alles mit sich fortreiſsenden Gewalt weichen müssen. Was würde Franz Sickingen und Ulrich Hutten selbst, wenn sie in diesem Augenblicke mit ihrer ganzen Kraft aus ihren Gräbern hervor gingen, mehr thun können, als unmuthig ihre zottellockigen Heldenköpfe schütteln, und — in ihre Gräber zurück sinken?

GERON.

Leider ist es, wie Sie sagen. Und so wäre denn die Reihe an mir, Sie zu fragen: was ist zu thun?

HERIBERT.

Sehen Sie Sich nach allen Seiten um, drehen und wenden Sie Sich wie Sie wollen und können, strengen Sie alle Nerven und Sennen Ihrer Erfindungskraft und Überlegung bis zum Reifsen an, Sie werden kein anderes Resultat heraus bringen, als die goldne Maxime, die so lange gegolten hat und gelten wird, als die Welt in ihren alten Angeln geht, „der Nothwendigkeit nachgeben."

GERON.

Darf man fragen, Bürger Heribert, wie viel Sie damit genau sagen wollen?

HERIBERT.

Ich will mich erklären. Setzen Sie den Fall, eine alte Familie hätte von ihren Vorältern eine uralte, ehrwürdige, Gothische Burg mit allen Zubehören, Thürmen und Thürmchen, Zinnen und Schiefsscharten, steilen Wendeltreppen, kleinen Zimmern, grofsen Sählen voll Hirschgeweihen und geharnischter Ahnen, Rüstkammern, Gewölben, Kellern, Wassergräben und Zugbrükken, geerbt, und diese edle Familie hätte sich, mit ihren zahlreichen Dienern und Knechten, seit Jahrhunderten, trotz allen Veränderungen die inzwischen in der Welt vorgegangen, in und mit dieser unbeque-

men, finstern, winklichten, kalten und
muffichten alten Burg beholfen so gut sie
gekonnt und gewufst; hier und da wäre
auch wohl eine Scheidewand durchbrochen,
ein altes Zimmer nach modernem Geschmack
umgestaltet und verziert, oder eine dunkle
Winterstube mit etwas mehr Licht versehen,
die beräucherten Decken neu getüncht und
bemahlt, Kreuzgänge und Vorsähle in eine
Menge kleiner Zimmerchen und *Degagemens*
verwandelt, kurz, von Zeit zu Zeit so viel
in dem alten Wesen verändert und moder-
nisiert worden, dafs das Ganze zuletzt das
Ansehen eines seltsamen und in seiner Art
einzigen Mitteldings von einem Altgothi-
schen Ritter- und Zauberschlofs, und einem,
in verschiedenen Epoken nach verschiedenen
Planen, stückweise zusammengeflickten Ita-
liänisch - Französischen Pallast gewonnen
hätte; alle diese Veränderungen aber hätten
der Festigkeit und dem Zusammenhang dieses weitläufigen Gebäudes unvermerkt grofsen
Abbruch gethan, so dafs es sich hier und
da stark gesenkt, fürchterliche Risse bekommen, mit Einem Worte, so baufällig geworden, dafs endlich den edeln Bewohnern
selbst, (von ihren Dienern und Knechten
nichts zu sagen) ungeachtet ihrer frommen
Anhänglichkeit an die uralte Familienburg
ihrer Vorfahren, nicht sonderlich wohl darin

zu Muth gewesen wäre. — Sie hätten zwar ihr möglichstes gethan dem Übel zu steuern, hätten hier und da frische Balken durchgezogen, Strebpfeiler aufgeführt, Löcher und Risse ausgestopft und zugemauert, im Übrigen die Sache Gott befohlen, sich gute Tage gemacht, und was künftig zu thun seyn möchte, der Zeit und ihrer Nachkommenschaft überlassen; es wäre aber freylich weder mit jener Flickerey, noch mit dieser Resignazion, der Sache geholfen gewesen. Inzwischen wäre in einem benachbarten Land ein schreckliches Erdbeben ausgebrochen, dessen Bewegungen sich weit umher verbreitet, und auch die besagte alte Gothenburg so kräftig erschüttert hätten, daß einige Thürmchen und Angebäude wirklich eingestürzt, und das Hauptgebäude in einen so schadhaften Stand gekommen wäre, daß die Familie es mit Sicherheit nicht länger bewohnen könnte. Gesetzt nun, in dieser Lage der Sachen meldete sich ein fremder Baumeister —

GERON.

O ja, bey Theut und Wodan! ein feiner Baumeister!

HERIBERT.

Und wenn es der leibhafte Satan wäre — man sieht ja mehr als Eine Probe, daß er kein alltäglicher Baumeister ist — wenn er einen Vorschlag zu thun hat, so muſs er gehört werden.

GERON.

Aber ich bitte Sie, welch ein Vorschlag!

HERIBERT.

Nun, nun! der Vorschlag lieſse sich doch immer hören, dächt' ich; oder wissen Sie einen bessern?

GERON.

Freund Heribert, Ihr Gleichniſs ist nicht viel tröstlicher als Nebukadnezars Traum. Ich will nicht läugnen, was nur ein Wahnsinniger läugnen könnte: es steht um das bewuſste Gebäude freylich so so! Es hatte schon in der ersten Anlage wesentliche Fehler, ist schon so oft, immer nach einem andern Plan, verändert worden, hängt so schwach zusammen, hat so wenig Ebenmaſs in den Verhältnissen seiner Theile; — überdieſs wohnen manche Zweige der hohen Familie ziemlich ungemächlich, — mehrere wissen kaum unterzukommen. — Es wäre viel davon zu sagen, wenn die Sache nicht zu notorisch wäre. — Und doch, ohne das verwünschte Erdbeben hätten wir, und sogar unsre Nachkommen, nach Gottes Willen, uns vielleicht noch lange darin behelfen können, bis es uns über den Köpfen zusammen gefallen wäre.

HERIBERT laut auflachend.

Wirklich? Was Sie für ein gutmüthiger Mann sind, Geron! Sie sind wirklich zu bedauern, dafs Ihnen das neidische Schicksal die Glückseligkeit nicht gönnen will, Sich noch länger in einer Wohnung zu behelfen, die Ihnen eine so tröstliche Aussicht giebt. Ich mufs gestehen, Sie haben Sich über grofses Unrecht zu beklagen.

GERON.

Aber was geht unsre Burg euere Baumeister an? Wir können und werden uns schon selber helfen, wenn wirs nöthig finden.

HERIBERT.

Seyn Sie so billig zu bedenken, dafs der fremde Baumeister einer Ihrer nächsten Nachbarn ist, und verlangen Sie nicht, dafs es ihm gleichgültig sey, in was für Umständen ein Gebäude sich befindet, dessen Einsturz seine eigne Wohnung beschädigen könnte. Aber lassen wir alle diese Nebenbetrachtungen! Sie kommen zu spät. Das Erdbeben hat nun einmahl seine fatale Wirkung **gethan**, es mufs für das Unterkommen der dadurch beschädigten gesorgt werden; die Frage ist nur, **wie und woher**?

GERON.

Was wäre Ihr Rath, Heribert, wenn Sie zu rathen hätten?

HERIBERT.

Die ganze Familie ist natürlich in grofser Bewegung. Dafs etwas gethan werden müsse, ist augenscheinlich. Darin stimmen alle überein. Aber was? Da sitzt der Knoten, ein sehr verwickelter, den entweder weise Klugheit auflösen mufs, oder Alexanders Schwert zerhauen wird.

GERON.

Zum letztern soll es hoffentlich nicht kommen, wofern nicht alle über- und unterirdische Mächte sich verschworen haben uns Sinn und Muth zu rauben. Aber lassen wir, ich bitte Sie, die Allegorie fahren, mit der wir nur zu lange gespielt haben, und die, wie passend sie auch in einigen Punkten ist, doch in andern uns nur zu Trugschlüssen verführen würde. So ist es z. B. mit dem Erdbeben, das einige Nebengebäude unsrer alten Gothischen Burg einstürzen machte. Wenn wir die Allegorie aufgeben, und die Thatsachen, wovon die Rede ist, an sich selbst erwägen, so ist klar, dafs es nur auf den freyen Willen des Französischen Direktoriums ankäme, gemäfsigter in seinen Forderungen zu seyn, und von einer so offenbar ungerechten Anmaſsung, als die Vereinigung des linken Rheinufers mit dem Französischen Gebiet ist, abzustehen: so wie es unsrerseits nur Mangel an Energie, Nazionalstolz, Patriotism und Gemeingeist ist, wenn wir uns jemahls bequemen, durch eine so demüthigende Nachgiebigkeit unsre Schwäche und Blöſse vor der ganzen Welt aufzudecken.

HERIBERT.

Ich kann hierin nicht Ihrer Meinung seyn; denn ich glaube, auch der tapferste und biederste Mann könne ohne Schamröthe nachgeben, wo Beharrlichkeit auf dem Gegentheil das ungleich gröſsere Übel wäre. Auf die Frage: „ob die Französische Republik so unrecht daran thue, das eroberte linke Rheinufer, zur Entschädigung fürs Vergangene und Sicherstellung für die Zukunft, zurück zu behalten," wollen wir uns, mit Ihrer Erlaubniſs, nicht einlassen. Sie gehört ungefähr unter eben dieselbe Rubrik, wie die Frage: mit welchem Recht die Republiken Pohlen und Venedig ihrer politischen Existenz beraubt, und unter auswärtige Mächte ausgetheilt worden, die, unter andern Umständen, nie daran gedacht hätten, sich ein Recht an die Beherrschung dieser

Staaten zuzueignen. Aber, wie gesagt, wir wollen jetzt, mit Beseitigung der **Rechtsfrage**, blofs als **Thatsache** zum Grunde legen, dafs die Französische Republik das linke Rheinufer nun einmahl im Besitz hat, und gutwillig nicht wieder hergeben wird.

GERON.

Die erste Frage wäre also: ob dem Deutschen Reiche zugemuthet werden könne, einem so wichtigen **integranten Theil** seines Staatskörpers gutwillig zu entsagen?

HERIBERT.

Lassen Sie uns die Frage lieber **so** stellen: Wäre es wohlgethan, wenn das Deutsche Reich, so wie die Sachen nun einmahl stehen, **sich selbst zumuthen** wollte, die Länder des linken Rheinufers durch Gewalt der Waffen wieder zu erobern?

GERON

macht eine Grimasse, scheint etwas sagen zu wollen, und schweigt mit halb offnem Munde.

HERIBERT.

Ich sagte ausdrücklich: „so wie die Sachen nun einmahl stehen." Ich bitte Sie also, versetzen Sie Sich nicht wieder mit Ihrer Einbildungskraft in die alten Zeiten, die nicht mehr sind und nicht wieder kommen können; lassen Sie die Ritter und Helden des sechzehnten und siebzehnten Jahrhunderts in ihren Gräbern ruhen, und sagen mir nur: Wenn es auf Ihre Meinung ankäme, könnten Sie mit ruhiger Vernunft und gutem Gewissen zu Fortsetzung des Krieges rathen?

GERON die Achseln zuckend.

Da diefs nicht die Meinung der beiden mächtigsten Fürsten zu seyn scheint, und ein hinlänglicher Beystand einer grofsen, aber zu weit entfernten Nordischen Macht weder gewifs, noch, aus sehr wesentlichen Rücksichten, von den Deutschen selbst zu wünschen ist, so bleibt freylich wenig Hoffnung übrig —

HERIBERT.

Ich sage Ihnen, auch wenn die beiden mächtigsten Reichsfürsten sich entschliefsen könnten, Antheil an einem solchen, dem ersten Ansehen nach, sehr patriotischen Kriege, den thätigsten Antheil zu nehmen, so ist doch höchst wahrscheinlich, (um nicht gewifs zu sagen) dafs Deutschlands gänzlicher Untergang die Folge eines solchen Krieges seyn würde. — Es wäre denn, dafs Sie ein Mittel wüfsten, etliche hundert tausend Mann und einige tausend Kanonen mit allem Zubehör auf Feenwagen und Luftschiffen in möglichster Geschwindigkeit an den Rhein zu transportieren, und (was ich nicht zu vergessen bitte) daſs Sie noch überdieſs ein Arkanum hätten, dieses ungeheure Kriegsheer wenigstens ein paar Monate lang von bloſser Luft leben zu lassen.

GERON.

Wir reden von einer sehr ernsthaften Sache, Heribert!

HERIBERT.

Auch spreche ich im höchsten Ernst. Deutschland kann und will keinen Krieg mehr aushalten. Oder meinen Sie, daſs es an dem unsäglichen Elend, das die letzten drey Jahre über eine Hälfte dieses Reichs gebracht haben, nicht schon mehr als genug hätte? Soll die andere Hälfte auch noch zu Grunde gerichtet werden, um etwas zu erhalten, was wahrscheinlich am Ende doch nicht erhalten würde, und woran, die reine Wahrheit zu sagen, dem gröſsten Theile des Deutschen Menschen-Aggregats wenig oder nichts gelegen ist?

GERON.

An der Erhaltung des Ganzen ist allen gelegen, oder sie verkennen ihr wahres Interesse.

HERIBERT.

Da treffen Sie den rechten Fleck, Geron! Die Rede kann jetzt nicht **davon** seyn, was das bisherige Deutsche Staatsrecht zuläfst oder nicht; noch **davon**, was gute Patrioten wohl wünschen möchten und **lieber** sehen würden. Über alles besondere Interesse geht das allgemeine; über allen konvenzionellen Gesetzen steht ein höchstes, allein heiliges und keine Ausnahme gestattendes Grundgesetz, das Heil, die Erhaltung, die Rettung des **Ganzen**. Um sein Leben zu retten, opfert man ein Glied auf: warum sollte das Deutsche Reich nicht einen zwar beträchtlichen, aber verhältnifsmäfsig doch **nicht unentbehrlichen** Theil seines Körpers — **seiner Existenz aufopfern?**

GERON.

Sie setzen aber auch immer den ärgsten Fall auf unsrer Seite voraus. Das Kriegsglück ist veränderlich; es kann sich wenden, und endlich einmahl auch wohl **die gerechte** Sache begünstigen.

HERIBERT.

Victrix causa Diis placuit. Verlassen Sie Sich nicht zu viel, weder auf die Gerechtigkeit Ihrer Sache, noch auf die Veränderlichkeit des Glücks. Aber gesetzt auch, was doch so ganz und gar nicht wahrscheinlich ist, nach einem neuen, vieljährigen, blutigen und zerstörenden Kriege, der gewiſs von beiden Seiten mit kannibalischer Wuth und Grausamkeit geführt würde, der dem Deutschen Reiche das Leben von Myriaden seiner blühenden Jünglinge und zu nöthigern und bessern Geschäften als zum Rauben und Morden brauchbaren Männer kosten, eure Fürsten und Herren ihrer Länder und Besitzungen berauben, eure Städte verwüsten, eure Dörfer und Landschaften in Brand stecken und in Einöden verwandeln, eure Weiber und Kinder den schändlichsten Miſshandlungen, und einem Elend, wovon die bloſse Vorstellung unerträglich ist, preis geben würde, — gesetzt auch, die Wiedereroberung des verwüsteten Bodens der ehemahls so blühenden Länder des linken Rheinufers wäre am Ende der Gewinn dieses Krieges: könnten Sie, als ein redlicher Deutscher Patriot, und als ein M e n s c h — zum Kriege rathen?

GERON

seufzt, hält die Hand vor die Stirn und schweigt.

HERIBERT.

Ich sehe, daſs ich Sie ängstige. Lassen Sie uns die Augen von dieser Seite wegwenden. Die Sache hat mehr als Eine Seite, und alles könnte sehr leicht eine ganz andere Wendung nehmen. Was neuerlich in Italien und in der Schweiz geschehen ist, sollte den Deutschen billig zur Warnung dienen. Der Geist der Freyheit und Gleichheit, den unsre Revoluzion über alles Fleisch ausgegossen zu haben scheint, und der bereits sogar im Reiche der Ottomanen zu gähren beginnt, hat auch in Deutschland eine weit gröfsere Anzahl von Köpfen, als man sich vielleicht vorstellt, schwindeln gemacht; und glauben Sie mir, unser Direktorium weifs es, rechnet darauf, und wird, wenn es zur Fortsetzung des Kriegs käme, seine Mafsregeln darnach nehmen. Sie sehen, wie schnell und leicht es die Demokratisierung des ganzen aristokratischen Theils von Helvezien bewerkstelligt hat; eine Revoluzion, von der, nur noch vor drey Monaten, keine einzige Schweizerseele sich träumen liefs, weder dafs sie so nahe sey, noch dafs sie so leicht, wie man eine Hand umkehrt, zu Stande kommen könnte. Sie dürfen es für gewifs nehmen, dafs unsre Gewalthaber diese Erfahrung nicht angestellt haben, ohne bey Gelegenheit fernern Gebrauch von ihr zu machen. Auch bitte ich Sie, den Umstand nicht zu übersehen, dafs das Helvetische Landvolk gröfstentheils keine, oder verhältnifsmäfsig nur sehr unbedeutende Beschwerden über seine bisherigen Obern zu führen hatte. Ich fürchte, diefs möchte in Deutschland nicht allenthalben der Fall seyn. — Dem Verständigen ist ein Wink genug; und Sie können Sich nun alles weitere selbst sagen.

GERON.

Ich gestehe, diefs verdient von unsern Obern, und vornehmlich von unsrer edeln Ritterschaft, deren Interesse jetzt hauptsächlich auf dem Spiele steht, wohl beherziget zu werden. In der That ist die Geschichte der Berner Revoluzion, mit allen ihren kleinsten Umständen, in Absicht der praktischen Folgerungen, die sich dem Staatsmann, der seine Kunst auf Menschenkenntnifs baut, darbietet, von der höchsten Wichtigkeit; und wenn sie auch sonst nichts lehrte, als wie wenig man sich sogar auf ein treu gesinntes Volk, und wie gar wenig auf sich selbst verlassen darf, so wäre sie wahrlich lehrreich genug für jeden, dem noch zu rathen ist.

HERIBERT.

Setzen Sie auch den Fall, das Deutsche Bürger- und Landvolk sey mit seiner dermahligen Verfassung und Regierung noch so wohl zufrieden —

GERON.

Das können wir auch, glaube ich, von einem ansehnlichen Theile der Deutschen Provinzen sicher voraussetzen.

HERIBERT.

Ich will sogar den gerechten Haſs, der noch immer in den Gemüthern der Einwohner des im Jahre 1796 so übel von uns gemiſshandelten Schwaben- und Frankenlandes gegen die Franzosen kochen muſs, mit in den Anschlag bringen; und gleichwohl behaupte ich, daſs die bloſse Verzweiflung, bey Vorstellung alles Jammers, den die Fortsetzung des Krieges von Feinden und **so genannten Freunden** über sie bringen würde, hinlänglich seyn müſste, im Fall die Unsrigen mit Feuer und Schwert in der einen Hand, und mit Freyheit und Gleichheit in der andern, vor ihre Grenzen rückten, eben dieselbe Wirkung auf diese Menschen zu thun, die in Helvezien der bloſse Gedanke, „**es noch besser zu haben,**" hervorgebracht hat. — Die Folgen einer solchen Revoluzion, — es sey nun, daſs sie gelänge, oder daſs sie allen Jammer eines tödtlichen Kampfes zwischen den gröſsern Mächten und unsrer Republik noch mit den Gräueln eines wüthenden Bürger- und Bauernkrieges in den Eingeweiden Deutschlands vermehrte, überlasse ich Ihnen selbst zu erwägen, oder vielmehr Sich darin zu verlieren; denn sie sind unermefslich.

GERON.

Ich gestehe Ihnen, Heribert, Sie haben mich aus meinem ganzen Widerstandsplan, und sogar aus meinen eifrigsten Wünschen heraus geschreckt; und ehe ich mein Vaterland der Gefahr demokratisiert zu werden aussetzen will, trete ich Ihnen lieber das ganze linke Rheinufer, mit allem seinem Zubehör, auf immer und ewig ab.

HERIBERT.

Ich danke Ihnen herzlich dafür, dafs Sie mich der Nothwendigkeit überheben, zu so scharfen Mafsregeln gegen Sie zu schreiten. Da wir uns nun über diesen Präliminarpunkt in Güte verglichen haben, so wollen wir, wenn es Ihnen gefällt, zum zweyten übergehen, und die Frage in Erwägung nehmen, wie und woher die Fürsten, die durch die Einverleibung ihrer Länder und Besitzungen in die Französische Republik verlieren, entschädiget werden sollen?

GERON.

Wenn ich, was Gott verhüte! ein Republikaner wäre, so würde ich sagen: Müssen denn diese Fürsten entschädigt werden? Und wie kommen die Neufränkischen Demokraten und Demagogen, die vor wenig Jahren noch alle Könige und Fürsten vom ganzen Erdboden wegtilgen wollten, nun auf einmahl zu einer so zärtlichen Theilnahme an dem Interesse der durch sie selbst beschädigten Fürsten?

HERIBERT.

Vermuthlich, weil unsre Machthaber es, vor der Hand, ihren Absichten gemäſs finden, einige groſse Häuser in Deutschland aufrecht zu erhalten. Sie müssen wissen, wenn wir gleich ein wenig Jakobiner sind, so sind wir doch, seit einiger Zeit, gar schlaue und weit sehende Politiker geworden.

GERON.

So scheint es. Aber da ich kein Republikaner, sondern — ein ehrlicher alter Deutscher bin, so hätte ich wohl groſse Lust darauf zu bestehen, daſs Ihre Bürger Direktoren sich um ihre eigenen Angelegenheiten bekümmern, und uns selbst überlassen möchten, wie wir mit den unsrigen fertig werden wollten.

HERIBERT.

Darauf habe ich Ihnen keine andere Antwort zu geben, als die, welche der Bürger

Mengaud den Berner Deputierten gegeben haben soll: „So ist der Wille des Direktoriums."

GERON.

Gestehen Sie, Bürger Heribert, daſs man über eine so arrogante Sprache toll werden könnte.

HERIBERT.

Das wäre nur desto schlimmer für Sie, lieber Geron! denn das Direktorium will nun einmahl was es will, und hat, wie man sagt, nicht nur die Entschädigung der spoliierten Fürsten, sondern sogar seine Antwort auf die Frage woher? zu einer absoluten Bedingung des Friedens gemacht.

GERON.

Bey Gott, das ist hart! Das nenn' ich Gewalthaber! Und den übrigen Erdenbewohnern bleibt also nichts übrig, als zu allem, was diese Mächtigen auf Erden wollen, ein demüthiges Ja zu nicken?

HERIBERT.

Das möchte dermahlen wohl der beste Rath seyn. Aber gedulden Sie Sich! Vermuthlich wird es nicht immer so bleiben. Die Reihe zu wollen wird auch wieder

an andere kommen, und gebe der Himmel,
dafs sie dann die Macht, die in ihren Händen seyn wird, bescheidener gebrauchen
als wir!

GERON.

Es sind schon anderthalb Jahre, dafs ich
von Säkularisazion unsrer geistlichen Fürstenthümer und Reichs-Gotteshäuser, und
von Vertheilung der Reichsstädte unter die
übrig bleibenden weltlichen Fürsten als von
einer beschlossenen Sache hörte. Aber
damahls hing die Ausführung noch von
dem ungewissen Ausgang des Krieges ab;
und so wie dieser beynahe täglich einen
andern Anschein gewann, so sanken und
stiegen wechselsweise die Schalen der Furcht
und der Hoffnung. Jetzt, da die Stunde
der Entscheidung gekommen ist, scheint das
Übergewicht der ersten so grofs zu seyn,
dafs in der andern beynahe nichts übrig
bleibt, als die federleichte Hoffnung, die
Grofsmuth euerer Allgewaltigen zu
rühren.

HERIBERT.

Das erinnert mich an die Mutter, die den
Krokodill durch Bitten und Thränen zu bewegen hoffte, ihr ihren schon in seinem Rachen
steckenden Sohn wiederzugeben. Aber, wie

gesagt, wir wollen nicht nur, was wir wollen, mit eiserner Festigkeit, wir gedenken auch unsern alten Ruf, Meister in der feinsten Politik zu seyn, wieder herzustellen; und, da die reichen Stiftungen der Karolingischen Kaiser und Könige nun einmahl für Nazionalgüter erklärt werden sollen, und wir so grofsmüthig sind, die Ansprüche, die wir in Karls des Grofsen und Ludwigs des Frommen Nahmen geltend machen könnten, aus eigner Bewegung fahren zu lassen, so wollen wir wenigstens ein entscheidendes Wort zu ihrer Vertheilung zu reden haben.

GERON.

Die Sache scheint noch in weitem Felde und grofsen Schwierigkeiten unterworfen zu seyn; zumahl, da niemand Lust bezeigt, sich auf Kosten der Kirche und der Reichsverfassung zu vergröfsern, oder vergröfsern zu lassen.

HERIBERT.

Wenn es jetzt das erste Mahl wäre, da den Fürsten des Kaiserreichs eine solche Mafsregel zu Entschädigung derer, welche Anspruch an Entschädigung zu machen haben, zugemuthet würde, so möchte man sich diese Abgeneigtheit, wenn es anders Ernst damit ist, nicht wundern lassen. Aber da der Fall im **Westfälischen Frieden** schon vorgekommen ist, und Kaiser und Reich sich damahls ermächtiget hielten, zwey ansehnliche Erzbisthümer und mehrere Bisthümer in weltliche Erbfürstenthümer zu verwandeln, als das eiserne Gesetz der Noth und das dringende Bedürfniſs des Friedens dieses Auskunftsmittel unvermeidlich machten: so ist nicht einzusehen, warum ähnliche Umstände und gleiche Beweggründe nicht auch zu gleichen Maſsnehmungen berechtigen sollten; es wäre denn, daſs man in der Meinung stände, ein so verzweifeltes Hülfsmittel könne nur durch einen **dreyſsigjährigen** Krieg einiger Maſsen gerechtfertigt werden.

GERON.

In der That kann ich es niemanden übel nehmen, der in einem solchen Falle keine andre Wahl, als zwischen **Siegen** und **Sterben**, gelten lassen wollte.

HERIBERT.

Um Vergebung, Geron! das möchte doch wohl nur dann angehen, wenn ein Fürst der Kirche, der diesen Spruch zu seinem Wahlspruch machen wollte, wie **Julius II.** oder der berüchtigte Bischof von Münster

Christof von Galen, in eigner Person
für die unverletzlichen Rechte seiner Kirche
zu Felde ziehen wollte; und auch das dürfte,
dem strengen Rechte nach, nur in den alten
Ritterzeiten, mittelst eines Zwey-
kampfs, wobey der infulierte Kämpfer
doch nur sein eignes Leben in die Schanze
geschlagen hätte, Statt gefunden haben.

GERON.

Ich bin versichert, wenn das Französische Direktorium (wie ich nicht hoffen will)
mit diesem fatalen Bruch in die Reichsverfassung am Ende noch durchdringen sollte,
so werden die Bischöfe, die der Rettung
des Ganzen ein so grofses Opfer zu bringen
berufen wären, es auf eine edle und verdienstliche Art thun, und sich dadurch eine
auf Ehrfurcht und Liebe gegründete Art
von Herrschaft über die Herzen aller
guten Menschen erwerben, die sich im
Grunde für Diener und Vorsteher der Kirche
besser schickt, und zu dem grofsen moralischen Zweck ihres ehrwürdigen Amtes besser pafst, als irdische Hoheit und weltliche
Regierungssorgen.

HERIBERT.

Und dieses Opfer wird ihnen um so
leichter werden, da das Haupt der Kirche,

Papst Pius VI. selbst, seinen geliebten Söhnen mit dem rühmlichsten Beyspiele vorleuchtet, und der täglich näher kommenden Demokratisierung der Stadt Rom und dessen, was vom Kirchenstaat noch übrig ist, mit einer Gleichmüthigkeit und Ergebung entgegen sieht, die dem heiligsten und demüthigsten aller seiner Vorfahren auf der *Cathedra Petri* Ehre gemacht hätte. Sie wissen, lieber Geron, wiewohl mich mein Schicksal zu einem Bürger der Fränkischen Republik gemacht hat, so bin ich doch keiner von denen, die das Mahlzeichen des apokalyptischen Thiers an der Stirne tragen: ich bin weder ein Jakobiner, noch ein Antichrist; und ich gestehe Ihnen, daſs ich es unsern Gewalthabern nicht verzeihen kann, daſs sie dem ehrwürdigen Greis, den selbst ein Mahomedaner, ein Hindu, ein Anhänger des Dalay-Lama, aus so vielfacher Rücksicht, oder doch wenigstens seines hohen Alters wegen, mit schonender Ehrfurcht behandeln würde, noch die letzten Tage seines Lebens so unbarmherzig zu verbittern fähig sind.

GERON.

Was sollten Menschen von ihren Gesinnungen und Grundsätzen nicht fähig seyn? Seit dem 18. Fruktidor befremdet mich von ihnen nichts mehr. Bald, ich sag' es mit bittrer Wehmuth, bald wird mich auch kein Unrecht, kein Frevel, keine Abscheulichkeit von den letzten Generazionen dieses so düster und schauderlich zu Ende gehenden Jahrhunderts mehr befremden. Die immer zunehmende Erschlaffung aller Bande, womit die Natur und die bürgerliche Gesellschaft die Menschen zusammen knüpft und einander unentbehrlich macht; die armseligen Wahnbegriffe, die sich, besonders in diesen letzten zehn Jahren, so vieler Köpfe bemächtigt haben, und die Verdorbenheit der Herzen vollständig und unheilbar machen; ein gefühlloser Egoism, der alles nur auf sein individuelles Selbst bezieht, andre Menschen nur als Mittel und Werkzeuge seiner eignen Zwecke behandelt, und, beym Anblick der unglücklichen Opfer seiner selbstsüchtigen Leidenschaften und Plane, das schwache, sich noch entgegen sträubende Menschheitsgefühl durch willkührliche Begriffe und sofistische Vernünfteleyen zu betäuben weiſs; die immer allgemeiner werdende Geringschätzung alles dessen, was den Menschen, wenn sie nicht von Stufe zu Stufe bis zur hassenswürdigen und ekelhaften Unnatur der Swiftischen Yahoos herab sinken sollen, immer heilig und ehrwürdig bleiben muſs; die wilden Leidenschaften und der

wüthende, sich alles erlaubende Haſs, die
kalte Mordlust und die barbarische Zerstö-
rungswuth, womit die kultiviertesten Nazionen in Europa einander den Untergang
geschworen haben und mit blind rasender
Selbstaufopferung zubereiten: alle diese karak-
teristischen Zeichen unsrer Zeit, was für
einen traurigen Anblick geben sie dem, der
einst bessere Zeiten sah, und nun, beynahe
mit völliger Gewiſsheit, daſs seine Enkel
noch schlimmere sehen werden, aus der
Welt geht!

HERIBERT.

Beruhigen Sie Sich, lieber Geron! Alle
diese Übel, an welchen unser seinem Grabe
zueilendes Jahrhundert tödtlich krank liegt,
und aus deren Zusammenstellung Ihre unvermerkt überspannte Einbildungskraft ein so
melankolisches Bild unserer Zeit entworfen
hat, sind im Grunde doch nur Eine Seite
des wirklichen Zustandes der Menschheit in
der wichtigen Epoke, worin wir leben.
Wenn wir beide jetzt dazu gestimmt wären,
so würde wohl Ihnen oder mir nichts leichter seyn, als ein sehr schönes Gegenbild
von der andern Seite zu entwerfen, das
in allen seinen Zügen gleich wahr und tref-
fend wäre, und dessen Anblick nicht fehlen
könnte, die düstern Ahnungen einer noch

schlimmern Zukunft aus Ihrem Gemüthe zu verbannen, und es vielmehr mit wohl gegründeten Hoffnungen und heitern Aussichten auf einen schönen Tag, der nach dem gegenwärtigen Sturme der Welt aufgehen wird, zu erfüllen. Gewiß ist die Krisis, worin Europa sich in diesem Augenblick mit so gräßlichen Zuckungen hin und her wirft, eine der heftigsten, die sich jemahls ereignet haben. Ich betrachte sie als einen furchtbaren Kampf auf Tod und Leben zwischen dem **guten** und **bösen Genius der Menschheit**, in welchen wir alle verflochten sind, weil **beide** Gegenkämpfer in jedem Menschen einen offenbaren oder heimlichen Anhang haben. Daß der Orkan, den ein solcher Kampf erregen muß, die Grundpfeiler der menschlichen Gesellschaft erschüttert, hier und da gräuliche Verwüstungen anrichtet, alte morsche Thronen und nicht länger haltbare Verfassungen umstürzt; daß die aus ihrem Schlaf geschreckten, betäubten, alles für ihre Existenz fürchtenden Menschen die Besonnenheit verlieren, und, indem jeder nur sich selbst retten will, in der allgemeinen Verwirrung wild und sinnlos gegen einander anrennen, und sich selbst mit andern ins Verderben stürzen; daß in einem solchen Sturm alles fallen mußte, was nur noch auf schwachen Stützen

stand; daſs unter so vielen über einander
stürzenden Ruinen unvermeidlicher Weise
Schuldige und Unschuldige begraben wurden, und, dem Anschein nach, Gutes und
Böses, Unbrauchbares und Erhaltungswür-
diges zugleich zertrümmert wird: — das
alles sind die natürlichen und nothwendigen Folgen einer so heftigen, tiefen und
weit verbreiteten Erschütterung. Aber nichts
wirklich Gutes, nichts in sich selbst Beste-
hendes, kann zertrümmert werden. Während
das Böse sich selbst zerstört, wird das Gute
sich durch eigne Kraft aus den Trümmern
empor arbeiten, und der gute Genius der
Menschheit, von allen Redlichen, denen das
allgemeine Beste wirklich am Herzen liegt,
kräftig unterstützt, wird eher als wir glauben den Sieg davon tragen, wenn nur wir
nicht den Kopf verlieren, uns nicht selbst
verlassen, sondern uns fest an einander
schlieſsen, und mit gutem Willen und ruhiger Besonnenheit uns um alle noch stehende Pfeiler der bürgerlichen und sittlichen Ordnung versammeln und vereinigen.
Nur der wahre Weltbürger kann ein
guter Staatsbürger seyn, — gleich viel
unter welcher Form und Verfassung. —
Nur die weise Thätigkeit und Beharrlichkeit
aller, die dieses edeln Nahmens würdig sind,
kann und wird die Wunden und Gebrechen

der Menschheit heilen, alles Zerstörte, ungleich besser als es war, wieder herstellen, dem Bestehenden Dauer verschaffen, und so stufenweise, nicht durch unnatürliche Sprünge, das grofse Werk, wozu wir berufen sind, die Kultur, Aufklärung und Veredlung des Menschengeschlechts, bewirken, deren Frucht die öffentliche und allgemeine Glückseligkeit ist.

GERON.

Hier, Freund, ist meine Hand! — Ein einzelner, im verborgnen lebender Mann vermag wenig; aber alles, was ich vermag, sey diesem Zwecke gewidmet! — Lassen Sie uns, ohne Rücksicht auf Verschiedenheit unsrer Lage, oder der Art, wie wir über besondere, nie ganz rein auflösbare politische Probleme denken, Sie als Republikaner, Ich als Freund der Monarchie, mit allen Kräften unsers Geistes und Willens, das Wahre, das ewig wahr bleibt, das Gute, das Allen gut ist, befördern helfen. Diefs ist es, was wir zu thun haben: für alles übrige wird der Himmel sorgen.

V.

Entscheidung des Rechtshandels zwischen Demokratie und Monarchie.

GISMUND.

Sie sind, wie ich höre, ein ganz entschiedner Royalist?

OTTOBERT.

Wenn Sie es nicht übel nehmen wollen; zwar mit einigen Bedingungen, wie billig, und übrigens jeder andern ehrsamen Verfassung unbeschadet.

GISMUND.

Ich gestehe Ihnen, daſs ich nicht begreife, wie man, in unsern Tagen, wenigstens den Gesinnungen und Wünschen nach, etwas andres als R e p u b l i k a n e r seyn kann.

OTTOBERT.

Und mir fällt es eben so schwer, zu begreifen, wie jemand, wenn er sich auch im Jahre 1791 oder 92 von diesen trügerischen Sirenen, **Freyheit** und **Gleichheit**, hätte locken lassen, in unsern gegenwärtigen Tagen noch im Ernst von ihnen eingenommen seyn könnte.

GISMUND.

Ist's möglich, daß **Freyheit** und **Gleichheit** keinen höhern Werth in Ihren Augen haben?

OTTOBERT.

Keinen so hohen als **Sicherheit** und **Ordnung**.

GISMUND.

Ob wir einander auch wohl recht verstehen?

OTTOBERT.

Ich zweifle selbst.

GISMUND.

Es wäre um eine Erklärung zu thun. Ihrer Meinung nach ist die monarchische Verfassung die **beste**?

OTTOBERT.

Für den wesentlichsten Zweck der bürgerlichen Gesellschaft, Sicherheit und Ordnung. Und nach Ihrer Meinung —

GISMUND.

— ist die demokratische die beste unter allen, wenn anders Freyheit und Gleichheit zum Glücke der Menschen wesentlich sind.

OTTOBERT.

Wenn nun gerade jetzt, da wir von diesen Dingen sprechen, jemand käme, der sich anheischig machen wollte, Ihnen zu beweisen, oder (was noch ärger ist) Sie zu überweisen, daſs die demokratische Regierungsform mit dem letzten Zweck der bürgerlichen Gesellschaft in geradem Widerspruch steht; daſs sie ferner, weit entfernt, die einzige zu seyn, worin ein Volk von einiger Gröſse und Kultur zum Genuſs der Freyheit und Gleichheit, der Ihnen so sehr am Herzen liegt, gelangen kann, vielmehr diejenige ist, worin die wenigste Freyheit und Gleichheit Statt findet; daſs sie also, anstatt die vollkommenste Staatsverfassung zu seyn, die schlechteste und verwerflichste von allen, und die Idee eines grofsen demokratischen Reichs, als Resultat einer politischen Theorie betrachtet, eines der hohlsten Hirngespenster ist, die der Miſsbrauch der Vernunft jemahls ausgedacht hat: — was würden Sie dazu sagen?

GISMUND.

— Ich? Ich würde sagen, daſs er — mich eben so leicht überzeugen könnte, daß der Schnee schwarz, die Sonne ein Ziegelofen, und der Mond eine papierne Laterne sey.

OTTOBERT.

Nehmen Sie Sich in Acht! Er könnte Sie beym Worte nehmen. Er ist Ihnen näher als Sie denken. Denn, um Sie nicht länger aufzuziehen, der Mann, der sich dessen, wenn Sie wollen, unterfangen wird, — bin ich selbst.

GISMUND.

Sie? — Nun gut! So bin ich es jetzt, der Sie beym Worte nimmt. — Und was soll es gelten, wenn Sie mich nicht überzeugen? Was wollen Sie verloren haben?

OTTOBERT.

Sie werden mir erlauben vorauszusetzen, daß Sie weder ein Schwärmer,
    Den alle Niesewurz von drey Anticyren
    Nicht heilen könnte —
noch ein *Familiare* des grofsen Triumvirats sind, dessen sich täglich mehr enthüllender Plan nichts geringeres zu seyn scheint, als nach und nach, von Volk zu Volk, in möglichst kürzester Zeit, den ganzen Erdboden zu demokratisieren. Wären Sie das erste, so würden vernünftige Gründe

wenig über Sie vermögen; wären Sie das andere, so könnten Sie in Ihrer innersten Seele überzeugt seyn, daſs ich Recht habe, und würden Sich dennoch keinen Augenblick bedenken, so zu reden und zu handeln als ob ich Unrecht hätte. Aber, diese beiden hier nicht zu besorgenden Fälle ausgenommen, unterwerfe ich mich, wofern ich Sie nicht überweise, jeder Bedingung, die Sie mir auferlegen wollen.

GISMUND.

Z. B. auf der Stelle Demokrat zu werden?

OTTOBERT.

Zu werden? Das ist viel begehrt! Wenn Sie noch sagten, „es zu scheinen," es wäre noch immer hart genug. — Aber, wenn ich Weib und Kinder durch kein ander Mittel vom Schicksal des Ugolino retten könnte, als durch eine solche Heucheley, so müſst' ich ja wohl wider Willen mit den Wölfen heulen. Denn so weit hab' ich es in der Tugend nicht gebracht, daſs ich der Wahrheit ein solches Opfer zu bringen vermögend wäre.

GISMUND.

Ohne Zweifel würden auch die allgewaltigen Koryfäen der groſsen Nazion, auf dem Gipfel, von dessen Spitze herab sie der Welt Gesetze geben, zu großmüthig seyn, Ihre Tugend auf eine solche Probe zu setzen. Hoffentlich kämen Sie mit der Deportazion nach Cayenne davon.

OTTOBERT.

Wenn Sie, etwa in der Meinung meine Strafe dadurch zu schärfen, mich zu Barthelemy und Pichegru in Eine Hütte sperrten, so wollte ich Ihrer Großmuth wirklich noch eine schöne Lobrede halten. — Aber unser Geschäft ist ernsthaft, und wir müssen uns in einen andern Ton stimmen, wenn Sie wirklich Lust haben, das gefährliche Abenteuer zu wagen.

GISMUND.

Das beste ist, daß ich weder ein Neufränkischer, noch Batavischer, noch Cisalpinischer, noch Helvetischer Republikaner bin, und also nichts weiter dabey wage, als entweder in meinem Glauben bestärkt, oder von einem Wahn geheilt zu werden, der, wofern er als solcher befunden werden sollte, gewiß keiner der unbedeutenden wäre.

OTTOBERT.

Das Einzige, was ich mir vorläufig ausbedingen müßte, wenn es sich nicht unter

Männern wie wir von selbst verstände, ist, daſs wir uns beide des gemeinen Disputantenrechts begeben, unsern Schulsack gegen einander auszuleeren, und einander mit luftigen Abstrakzionen, idealischen Meteoren und **gehörnten Syllogismen** auf den Leib zu rücken. Wir gehen von Begriffen und Grundsätzen aus, die von jeher bey allen gesunden Menschen gegolten haben, stützen uns auf Thatsachen, die kein Vernünftiger läugnen kann, und erschrecken vor keinem Resultat, das uns auf diesem Weg' entgegen kommt.

GISMUND.

Nehmen Sie kühnlich an, daſs wir über diese Präliminarien einverstanden sind.

OTTOBERT.

Darf ich, ehe wir vorwärts gehen, fragen, ob Sie die Nachrichten von Neuseeland kennen, die wir den Entdeckungsreisen des berühmten Kapitän Cook zu danken haben?

GISMUND.

Ich kenne sie aus der Hawkesworthischen Sammlung und Forsters Beschreibung seiner Reise um die Welt.

OTTOBERT.

Sie wissen also, daſs die Einwohner dieser groſsen Südseeinsel sich noch auf einer so niedern Stufe der Kultur befinden, daſs wir ihren Zustand, ohne Gefahr zu irren, für den rohen Naturstand des Menschen annehmen können. Gewiſs ist wenigstens, daſs sie zwar in einer Art von kleinern oder gröſsern Horden leben, aber das Bedürfniſs in eine **bürgerliche** Gesellschaft zusammen zu treten, noch so wenig fühlen, daſs sie nicht einmahl einen Begriff von ihr zu haben scheinen.

GISMUND.

Ich ahne den Gebrauch, den Sie von diesen Wilden machen wollen. Wir würden vielleicht in dem nordwestlichen und südlichen Theil jener Hälfte der Erdkugel noch andere Halbmenschen finden, die uns eben dieselben Dienste thun könnten; aber, wenn Sie wollen, mag es bey den Neuseeländern bleiben.

OTTOBERT.

Ich wählte sie bloſs darum zu Repräsentanten des **rohen Naturstandes**, weil mich dünkt, daſs sie nur wenig Schritte zu thun hätten, um zur bürgerlichen Verfassung zu gelangen, welche (wie Sie mit mir überzeugt sind) der **eigentliche wahre Naturstand** des Menschen ist.

GISMUND.

Unstreitig. Aber zur Sache, wenn ich bitten darf.

OTTOBERT.

Wenn sich nun unsere Neuseeländer einmahl einfallen liefsen, die wenigen Schritte, die sie noch zu thun haben, um zu den Vortheilen der bürgerlichen Gesellschaft zu gelangen, wirklich zu thun, wie müfsten sie es anfangen?

GISMUND.

Das ist bald gesagt. Das ganze Volk, falls es zu zahlreich ist um sich auf einem einzigen Platze zu versammeln, erwählt vor allen Dingen eine Anzahl Repräsentanten, und bekleidet sie mit der Vollmacht, in seinem Nahmen eine auf Freyheit und Gleichheit gegründete Konstituzion zu entwerfen, um sie dem ganzen Volke, als dem einzigen rechtmäfsigen Suverän des neuen Staats, zur Annahme oder Verwerfung vorzulegen.

OTTOBERT.

Wozu wäre denn eine solche Konstituzion nöthig?

GISMUND.

Welche Frage! Wie könnten die neuen Verhältnisse, die durch Einführung der Agrikultur und des Landeigenthums unter ihnen entstehen würden, ohne positive Gesetze Statt finden? Und sollten etwa die vielen gemeinsamen Geschäfte, die eine Verbindung dieser Art nothwendig macht, sich von selbst abthun? Wenn unsre neuen Bürger Gesetze haben sollen, müssen sie doch wohl eine **gesetzgebende Gewalt**, wenn die Gesetze angewandt werden sollen, eine **richterliche**, und wenn beide gegen einheimische und auswärtige Kollisionen, Anmafsungen und Eingriffe geschützt, und die Geschäfte der Republik besorgt werden sollen, eine **vollziehende Gewalt** haben, und die Rechte, Pflichten und Grenzen dieser Gewalten müssen genau bestimmt und geschickt in einander gefügt seyn.

OTTOBERT.

Da hätten unsere Neuseeländer ein hübsches Stück Arbeit vor sich.

GISMUND.

Warum nehmen Sie aber auch eine noch so rohe und von der vollkommensten Art der Civilisierung noch so weit entfernte Nazion dazu?

OTTOBERT.

Der blofsen Bequemlichkeit wegen.

GISMUND.

Wie viele Stufen der Kultur hat sie noch erst zu ersteigen, bis es nöthig, oder der Mühe werth ist, ihr eine so künstlich organisierte Verfassung zu geben!

OTTOBERT.

Eine so **künstliche** Verfassung? Ich dächte, Ihren Grundsätzen nach, gäbe es keine **einfachere**, der Natur nähere und gemäfsere, als die, worin das Volk der Suverän, und Freyheit und Gleichheit die Grundlage des allgemeinen Zustandes desselben ist?

GISMUND.

Das ist sie auch bey einem noch kleinen, armen, unwissenden, auf die blofsen unentbehrlichen Bedürfnisse des thierischen Lebens eingeschränkten Volke. Aber kein Volk, das in der Kultur bereits einige Fortschritte gethan und Raum sich auszubreiten hat, wird lange innerhalb so enger Grenzen stehen bleiben. Es wird nach und nach zu einer grofsen Menge anwachsen, durch Betriebsamkeit und Kunstfleifs sich ausbilden, bereichern, verfeinern, kurz, in einen Zustand übergehen, wo ihm eine künstlicher organisierte Konstituzion nöthig ist.

OTTOBERT.

Das ist keine Frage. Der Fehler lag also, mit Ihrer Erlaubnifs, darin, dafs Sie unsre rohen Neuseeländer, die weder schreiben noch lesen, noch räsonieren können, zusammen treten liefsen, um sich eine **Konstituzion** zu geben. Denn ich setze tausend gegen eins, dafs sie das **nicht** thun würden. Sie kämen zusammen, wählten den stattlichsten und tapfersten Mann aus ihrem Mittel, ohne an eine Kapitulazion mit ihm zu denken, zum König, gäben ihm die erfahrensten und verständigsten unter den Alten als Räthe und Richter über die vorfallenden Streitigkeiten zu, und das Volk behielte sich das Recht vor, in allen die ganze Gemeinheit betreffenden Sachen die entscheidende Stimme zu haben. Das ginge so eine Zeit lang fort, bis die Könige, denen es weder an Versuchungen noch an Mitteln, ihre willkührliche Gewalt zu mifsbrauchen, fehlen könnte, es endlich so arg machten, dafs das Volk sich empörte, das Königthum abschaffte, und, weil es nun einmahl gewohnt wäre, von Leuten aus gewissen um den Staat verdienten Familien regiert zu werden, diesen die Führung der öffentlichen Geschäfte überliefse. Die neue **Aristokratie** ginge nun wieder eine Zeit lang wie sie gehen könnte, bis sie sich aus ähnlicher Veranlassung wie oben, je nachdem die Umstände es mit sich brächten, aber immer mehr auf eine **tumultuarische** Art als mit kaltblütiger Besonnenheit, bald in eine mehr oder weniger mit Aristokratie vermischte **Demokratie**, bald in usurpierte oder aufgetragene **Herrschaft eines Einzigen**, endlich in eine **regelmäſsige Monarchie** verwandelte, und, wenn auch diese zuletzt, aus welcher Ursache und Veranlassung es sey, zusammen stürzte, sich wieder in die **Anarchie der ursprünglichen Freyheit und Gleichheit** zurück geworfen fände. Alle diese Abhäutungen und Umwandlungen wollen wir also unsere Neuseeländer auf einmahl überspringen lassen, und sie, in dem eben besagten Zustande von Anarchie, jedoch auf der Stufe von Kultur nehmen, welche, wie Sie sagten, zu einer künstlich organisierten **repräsentativen Demokratie** vorausgesetzt werden muſs. Aber meine vorige Frage kommt auch hier wieder. Was wäre denn die eigentliche Ursache, warum eine solche Organisazion unentbehrlich wäre? Sie erwähnten vorhin **neue Verhältnisse**. Worin könnten diese unter **freyen und gleichen** Menschen bestehen?

GISMUND.

Schon die blofse Ungleichheit des Vermögens, die, unter jeder Verfassung, eine natürliche Folge der fortschreitenden Kultur und vieler zufälliger Ursachen ist, mufs endlich **Verhältnisse** und **Mifsverhältnisse** hervorbringen, die denjenigen, für welche sie drückend sind, desto unleidlicher vorkommen müssen, je häufiger sie in einer populären Verfassung daran erinnert werden, dafs Freyheit und Gleichheit unverlierbare Menschenrechte sind. Aber so ist nun einmahl die Unvollkommenheit der menschlichen Dinge. In einem policierten Staate kann, vermöge der Natur der Sache, nur der kleinste Theil des Volks sich in einem grofsen Wohlstande befinden, und zu einem vorzüglichen Grade von Einflufs und Ansehen gelangen. Aber die Gesetze der Demokratie leisten doch allen übrigen die Gewähr für so viel Gleichheit und Freyheit, als vermöge der menschlichen Natur und der Natur eines Staats überhaupt nur immer denkbar ist.

OTTOBERT.

Freylich, die Natur! die Natur! die böse menschliche Natur, und ihre widerspenstigen Bedürfnisse, Leidenschaften, Unarten und Laster werden den guten **Gesetzen**, wiewohl sie (wie Sofokles sagt) des Himmels leibliche Töchter sind, immer grofse Schwierigkeiten und Hindernisse entgegen setzen! Und die blofs moralischen Mittel, dem Übel abzuhelfen oder wenigstens Einhalt zu thun, wollen leider! immer nicht zureichen! — Aber, da hier gerade der Knoten sitzt, so werden Sie mir erlauben, ein wenig genauer nachzufragen, was es mit der besagten Gewährleistung der Gesetze für eine Bewandtnifs hat. Das Volk ist doch der wahre und einzige Suverän im Staate, nicht so?

GISMUND.

Allerdings.

OTTOBERT.

Und giebt sich selbst Gesetze?

GISMUND.

Durch seine Repräsentanten.

OTTOBERT.

Und wählt seine Repräsentanten selbst?

GISMUND.

Es ernennet wenigstens die Wähler derselben aus seinem Mittel.

OTTOBERT.

Und die Repräsentanten erhalten ihre Vollmachten vom Volke?

GISMUND.

Wenigstens die allgemeinen, kein Gesetz zu geben, das nicht dem höchsten über alle, der Wohlfahrt des Volks, gemäfs sey.

OTTOBERT.

Und sind für die Art und Weise, wie sie ein so wichtiges Amt geführt haben, ihrem Suverän, dem Volke, verantwortlich?

GISMUND.

Eigentlich nicht. Wie sollte das möglich seyn? Bedenken Sie selbst, wer würde mit der Last einer solchen Verantwortlichkeit Gesetzgeber seyn wollen?

OTTOBERT.

Also, um Sie nicht mit längern Fragen zu ermüden, das Volk giebt sich, theils mittelbar theils unmittelbar, seine Gesetze und alle seine obrigkeitlichen Personen selbst, und darin besteht die Gewähr für seine Rechte?

GISMUND.

Wie meinen Sie das?

OTTOBERT.

Das Volk hat keinen Gewährsmann seiner Suveränität, Freyheit und Gleichheit, als das Gesetz und die Geber, Handhaber und Vollzieher desselben. Oder kennen Sie noch einen anderen?

GISMUND nachdenkend und etwas verlegen.

Ich weiſs keinen.

OTTOBERT.

Es müſste nur die heilige Insurrekzion seyn; ein Vorrecht, dessen Ausübung so schwer zu bestimmen und von so miſsbeliebigen Folgen ist, daſs die Bürger, in deren Händen die höchste vollziehende Gewalt liegt, nicht zu verdenken wären, wenn sie alles in der Welt versuchten, um ihrem launischen Suverän den Gebrauch eines so gefährlichen Vorrechts unmöglich zu machen.

GISMUND.

Wenn Direktoren, Gesetzgeber und Richter ihre Schuldigkeit thun, so bedarf es dessen nicht, und die Gesetze sind hinlänglich, jedem sein Recht zu verschaffen.

OTTOBERT.

Sie wissen aber, lieber Gismund, wie es leider! mit der menschlichen Natur beschaf-

fen ist, und in welchem ewigen Kriege das
Privatinteresse, der Durst nach Gewalt und
Gold, der Ehrgeitz, der Neid, die Rachsucht,
die Eitelkeit, Trägheit und Wollust, kurz,
alle Leidenschaften und Unarten des menschlichen Herzens mit unsern Pflichten zu Felde
liegen. Nun haben aber alle unsre Gesetzmacher, Direktoren, Minister, Kommissäre,
Departements- und Municipalitätsverwalter,
und Magistratspersonen aller Gattung, den
grofsen Fehler, dafs sie Menschen sind.
Sie werden also ihre Schuldigkeit n i c h t
thun —

GISMUND.

Dafür werden Sie doch die Demokratie nicht
verantwortlich machen wollen, Ottobert?

OTTOBERT.

Nicht dafür, sondern dafs sie alle diese
Menschen so behandelt, als ob sie mehr
als Menschen wären; dafs sie ein Vertrauen
in sie setzt, dessen nur die wenigsten würdig sind; eine Macht in ihre Hände legt,
deren sie sich, so oft es ihnen beliebt, zur
Entkräftung oder Ausweichung des Gesetzes,
und zum Vortheil ihrer Privatabsichten und
Leidenschaften, so willkührlich als möglich
bedienen werden.

GISMUND.

Giebt es denn unter so vielen nicht auch weise und tugendhafte Männer? und wo könnten wir sie zu finden hoffen, wenn sie nicht in einer frey und gleich konstituierten Republik zu finden wären?

OTTOBERT.

Nur machen sie allenthalben eine gar winzige Minorität aus, und euere grofse Demokratie braucht eine so ungeheure Menge Staatsdiener! — Gesetzt aber, es wären der verständigen, tauglichen und guten Menschen gerade so viel, als zu Besetzung aller, oder doch der wichtigern Staatsbedienungen vonnöthen wären: werden die Wähler sichs auch immer Ernst seyn lassen sie zu s u c h e n? Werden sie auch das bescheidene wahre Verdienst vom Scheinverdienst, das oft weit besser in die Augen fällt, und den rechtschaffnen Mann, der sich eher verbirgt als anbietet, von dem zudringlichen verschmitzten Heuchler, der alle Rollen mit Gewandtheit und Anstand zu spielen gelernt hat, immer zu unterscheiden wissen? — Haben Sie wohl, lieber Gismund, jemahls genauer erwogen, was es auf sich hat, dem Volk die Wahl seiner Gesetzgeber und Regenten zu überlassen? Der weise Mann wird nicht leicht von einem andern erkannt als von einem

weisen, der redliche von einem andern als
einem redlichen Manne. Wenn das Volk
über die Fähigkeiten, Talente und sittlichen
Eigenschaften andrer Menschen, zumahl solcher die durch Glücksumstände, Erziehung
und andere Verhältnisse zu einer ihm fremden Klasse gehören, richtig sollte urtheilen
können, müfste es dazu nicht nur einen
Mafsstab haben, den es weder hat noch
haben kann; es müfste auch von Vorurtheilen, Leidenschaften, persönlichem Interesse
und fremdem Einflufs frey seyn. Können
Sie aber glauben, dafs die eigentlichen Gewalthaber in der Republik, die Männer,
die über den Nazionalschatz und die Armeen
schalten, und einen grofsen und wichtigen
Theil der öffentlichen und einträglichsten
Bedienungen nach Willkühr zu vergeben
haben, es jemahls bey den Volkswahlen
darauf ankommen lassen werden, was für
Männer das Volk zu seinen Repräsentanten
und obrigkeitlichen Personen ernennen
möchte? Rechnen Sie darauf, dafs diese Herren ihr eigenes Interesse zu gut verstehen,
um nicht alle dienlichen (erlaubten und
unerlaubten) Mafsregeln zu nehmen, dafs
wenigstens die Mehrheit der Erwählten aus
Männern nach ihrem Herzen bestehe. Oder,
wofern es auch, wie in Frankreich bey der
Wahl des neuen Drittels der gesetzgebenden

Räthe von 1797, anders ausgefallen wäre, so werden sie bald genug Vorwände zu einem **achtzehnten Fruktidor** finden, und dann für die Zukunft sich besser vorzusehen wissen. — Die Republikaner breiten sich so gern über den alten Gemeinplatz, wie schädlich dem Staat schwache Fürsten sind, aus. Ich kenne keinen schwächern und untauglichern Suverän, keinen der mit weniger Kenntniſs der Sachen urtheilt und mit weniger Besonnenheit handelt, keinen der mehr in den Händen seiner Diener ist, und durch Schmeicheley und verstellte Wärme für sein Interesse leichter gewonnen, durch Furcht oder Hoffnung leichter an der Nase geführt werden kann, **als das Volk**. — Aber wie könnte auch ein demokratisches Volk sich selbst lange verbergen, daſs die lächerliche Titularsuveränität, womit man seiner unter verstellten Kniebeugungen spottet, eine bloſse Schaukel ist, vermittelst deren Leute, die in einer andern Ordnung der Dinge nicht einmahl bemerkt worden wären, sich zu den höchsten Stellen empor schwingen, und daſs es sich in seinen Repräsentanten und den Depositarien seiner höchsten Gewalt **Oberherren** gegeben hat, von deren **Meinungen, Willkühr und persönlichem Interesse** sein ganzes Schicksal abhängt? Wie blind das Volk auch gewöhnlich zu seyn pflegt, wo ihm gesunde Augen am nöthigsten wären, so einfältig ist es nicht, sich durch die lächerliche Affektazion des Bürgertitels täuschen zu lassen, und nicht zu sehen, was die Herren Bürger unter dieser durchsichtigen Hülle zu verbergen glauben. Wenn Ihr demokratisches Volk sich auch in allem andern irrte, darin allein wird es bald ins klare kommen; denn die Thatsachen, die ihm die Augen öffnen müssen, werden bald genug handgreiflich seyn. Oder wie lange wird es wohl von dem Tage an, da drey oder fünf Obergewalthaber (gleich viel unter welcher Benennung) den ersten Zug aus dem Zauberbecher der Hoheit und Gewalt gethan haben, wie lange, meinen Sie, wird es währen, bis sie entschlossen sind, ihn, wo möglich, nie wieder aus den Händen zu geben? Und, wofern ihnen hierin ein Ziel gesetzt ist, werden sie, die so viele Mittel dazu in den Händen haben, sich nicht in Zeiten im gesetzgebenden Senat, unter den Armeen, unter dem Volk, unter allen, die sie durch Interesse oder Hoffnung an sich zu fesseln wissen, einen so starken Anhang machen, daſs sie entweder (unter dem gewöhnlichen Vorwand) eine Abänderung des Gesetzes zu ihrem Vortheil bewirken können, oder, wenn sie auch von ihrem

Posten abtreten müssen, noch immer im
Besitz eines Ansehens und Einflusses bleiben, der sie ihren Nachfolgern furchtbar
machen wird?

GISMUND.

Vergessen Sie nicht, Freund Ottobert,
dafs die Gewalten in der repräsentativen Demokratie so genau von einander geschieden,
und durch eine lange Stufenfolge von Sub-
ordinazion so gut gegen einander abgewogen sind, dafs es unmöglich ist, die Rechte
des Volks — die unter der Herrschaft eines
Einzigen keine andere Sicherheit haben als
den Karakter und guten Willen dieses Einzigen — mit gröfsrer Behutsamkeit und
Weisheit sicher zu stellen.

OTTOBERT.

Und ich bitte Sie dagegen, nicht zu vergessen, dafs, da die Gesetze zum Besten des
Volks, und vornehmlich zu seiner Sicherheit
gegen jene lange Hierarchie von hohen und
niedern Staatsbeamten, da sind, das persönliche Interesse dieser letztern nothwendig
erfordern mufs, die Porzion von Gewalt, die
jeder in den Händen hat, auf alle mögliche
Weise in ihren eignen Nutzen zu verwenden, und, indem sie das Gesetz gegen alle,
die ihnen nichts zu dieser Absicht helfen

können oder wollen, mit Strenge geltend machen, sich selbst und ihre Freunde so viel und oft davon zu dispensieren, als nur immer möglich ist. Weil diefs aber nur alsdann mit Sicherheit geschehen kann, wenn sie sich zu Werkzeugen ihrer Obern und der herrschenden Fakzion gebrauchen lassen: so wird das letzte Resultat hiervon seyn, dafs das vorgebliche Gleichgewicht, worin die Gewalten einander halten, nichts als ein täuschendes Blendwerk ist; dafs, anstatt einander einzuschränken, vielmehr eine Art von stillschweigender Zusammenverschwörung zwischen ihnen Statt findet, und dafs am Ende die oberste Gewalt, welche alle Zügel und Stränge in den Händen hält und nach Belieben anziehen oder nachlassen kann, kein andres Gesetz befolgt als ihren Willen, so wie sie keinen festern Willen hat, als in jedem Kollisionsfall ihrem persönlichen Interesse alles aufzuopfern. Sollten Sie, mein Freund, etwa noch zweifeln können, dafs diefs der natürliche Gang der Sachen in der repräsentativen Demokratie sey, so erinnern Sie Sich an alles, was seit zwey Jahren, besonders seit dem 18. Fruktidor, in Frankreich vorgegangen ist, und Sie werden eine Übereinstimmung zwischen meiner Theorie und der republikanischen Praxis finden, die, wie mich däucht, für die zuverlässigste Probe gelten kann, daſs ich recht gerechnet habe.

GISMUND etwas miſsmüthig.

In einem so düstern Lichte hab' ich die Sachen freylich nie gesehen.

OTTOBERT.

Wenn der Anblick nicht sehr fröhlich ist, so kann das Licht nichts dafür. Ich habe die Sache in das helle Sonnenlicht gestellt.

GISMUND.

Aber was kann die demokratische Verfassung für den Miſsbrauch, den verkehrte Menschen von ihr machen? Oder geht es in der monarchischen etwa anders her?

OTTOBERT.

Sehen Sie nicht, wie viel ich schon über Sie gewonnen habe, wenn es in der demokratischen nicht um sehr viel **besser** geht? — Aber lassen wir jetzt die Monarchie an ihrem Ort, um nicht zu weit aus unserm Wege zu kommen. Ich sage also, die demokratische Verfassung kann sehr viel für den Miſsbrauch, der von ihr gemacht wird. Denn darin liegt eben ihr wesentlichster Fehler, daſs sie nicht auf die wirkliche Beschaffenheit der Menschen, und auf das was diese in der bürgerlichen Gesellschaft suchen und von ihr erwarten, berechnet ist. Oder, noch richtiger zu reden, der gröfste und gröbste Mifsbrauch, der von der demokratischen Form gemacht werden kann, ist, wenn man einen einer andern Form gewohnten Staat, zumahl ein grofses Reich, mit Gewalt in sie hinein zwängt. Als Übergang aus dem rohen Naturstand, als eine der untersten Stufen der Civilisierung, mag sie eine Zeit lang gelten, und dann einer den Fortschritten in der Kultur angemefsnern Einrichtung Platz machen. Eine gute Art von einem Hirtenvolke von wenigen Tausenden, ein Völkchen, das, von der übrigen Welt abgeschieden, in unzugangbaren Bergen lebt, und sich von der ursprünglichen Einfalt der Natur nur wenig entfernt, könnte sich Jahrtausende lang ganz gut mit ihr behelfen. Aber in einem grofsen Reiche, das mehrere Jahrhunderte lang einen hohen Rang unter den ersten Mächten des Erdbodens behauptet hat, eine repräsentative Volksregierung an die Stelle der Monarchie zu setzen, würde, sogar in dem unmöglichen Falle, dafs die Umgestaltung ohne die geringste Erschütterung, während eines magischen Schlafs der ganzen Nazion, hätte bewerkstelligt werden können, ein thörichtes und frevelhaftes Unternehmen gewesen seyn: thöricht, wenn die Leute nicht wufsten was sie thaten; frevelhaft, wenn sie es wufsten. Denn es ist nun einmahl Natur der Sache, dafs diefs Unternehmen sich über lang oder kurz entweder in einer ungeheuren Anarchie, oder in einer militärischen Despotie hinter einer republikanischen Maske, endigen mufs: in j e n e r , sobald das Volk sich seiner ihm vorgespiegelten Suveränität in Ernst bedienen, die Oberaufsicht über seine Diener selbst führen, und, wenn sie die ihnen anvertraute Gewalt überschreiten, sich selbst Recht gegen sie schaffen will; in d i e s e r, wenn es, im Vertrauen auf die Konstituzion , seinen Repräsentanten und Staatsdienern eine so ungemefsne Macht überläfst, dafs die V e r s u c h u n g und die L e i c h t i g k e i t sie zu mifsbrauchen zu grofs ist, als dafs ehrgeitzige und habsüchtige Menschen der Gelegenheit widerstehen sollten. Je feiner in diesem letzten Falle das Gewebe des Gesetzes ist, wodurch man ihnen die Hände gebunden zu haben glaubt, je leichter werden sie sich, so oft es ihre Absichten erfordern, davon los zu wickeln wissen; je künstlicher die Maschine ist, die den Staat im Gang erhalten soll, je eher wird man Mittel finden, sie zu vereinfachen, und an die Stelle eines verwickelten, schwer gehenden, alle Augenblicke stockenden Druckwerks, das rasche und mächtige Triebrad der willkührlichen Gewalt zu setzen. — Und was hätten nun unsre Neuseeländer, die, nach unsrer Voraussetzung, aus ihrem rohen Naturstande, wo sie sich im wirklichen Besitz der unbeschränktesten Freyheit und vollkommensten Gleichheit befanden, heraus gegangen, und nach Jahrhunderten von Kultur endlich so weit gekommen wären, für eines der policiertesten, ausgebildetsten und aufgeklärtesten Völker der Erde zu gelten, und in allem, was zur Verfeinerung des Geschmacks, der Sitten und der Lebensweise gehört, die Gesetzgeber aller übrigen zu seyn, — was hätten sie damit gewonnen, sich mit plützlicher Begebung aller Vortheile der Policierung, die sie in so langer Zeit errungen hätten, auf einmahl wieder in den nehmlichen Stand der Freyheit und Gleichheit zurück schleudern zu lassen, aus welchem sie, um sich besser zu befinden, vor ein paar tausend Jahren heraus getreten wären?

GISMUND.

Sehr wenig, wenn diefs wirklich der Fall wäre. Aber wie können Sie nur einen Augenblick vergessen, welch ein unendlicher Unterschied zwischen einem solchen Rückfall in den Neuseeländischen Naturstand, und zwischen dem Unternehmen ist, einer sehr gebildeten Nazion, mit der Befreyung von einer unwürdigen und nicht länger erträglichen Unterdrückung, den Genuſs aller Vortheile ihrer Lage, ihrer Kultur und ihres Kunstfleiſses mit dem freyen Gebrauch aller ihrer Kräfte zu ihrer möglichsten Vervollkommnung, durch eine auf die ersten und wesentlichsten Menschheitsrechte gegründete Konstituzion auf ewig zu versichern?

OTTOBERT.

Sie haben wohl gethan, sich des Wortes Unternehmen zu bedienen. Ob nicht, indem man einen so groſsen Zweck durch ein so widersinniges Mittel bewirken wollte, etwas unternommen wurde, das aus dem ganz einfältigen Grunde, weil es unmöglich ist, nie zu Stande kommen wird, — das war eben die Frage, die ich durch alles bisher gesagte beantwortet zu haben glaubte. Die Freyheit und Gleichheit des rohen Naturstandes mit den Vortheilen der Policierung und Kultur zu vereinigen, ist eine Aufgabe, deren Bestandtheile und Bedingungen einander offenbar vernichten.

GISMUND.

Nach Ihrer Theorie müſsten wir unsern wesentlichsten Menschenrechten entsagen, um der zweydeutigen Vortheile der Kultur habhaft zu werden. Wahrlich, eines solchen Opfers sind diese nicht werth! Lieber mit Hans Jakob Rousseau auf allen Vieren in die Wälder zurück!

OTTOBERT.

Wer fordert denn aber ein solches Opfer, als — eben der demokratische Despotism, der einen verworrnen, unbestimmten, vieldeutigen Begriff von Freyheit und Gleichheit, und ein ganzes Wörterbuch voll neuer, hoch tönender, halb Griechischer und von niemand, aufser ihm selbst, recht verstandner Wörter zu eben so vielen mit Vulkanischer Kunst geschmiedeten Fesseln zu machen weifs, womit er euch an Händen und Füfsen verstrickt, und zu allem zwingt was ihm beliebt? Wer fordert diefs Opfer, als der demokratische Despotism, der die Gesetze selbst, die euch euere Freyheit gewähren sollen, in Werkzeuge der unleidlichsten Unterdrückung verwandelt, und unter dem Vorwand, „dafs die Rettung der Republik das höchste Gesetz sey," so oft es sein persönliches Interesse erfordert, alle Schranken durchbricht, hinter welchen ihr euere Personen und euer Eigenthum in Sicherheit gebracht zu haben glaubtet; und dem es an diesem Vorwande, vor welchem alle Gesetze schweigen müssen, nie fehlen kann, da es blofs von ihm abhängt, das Heil der Republik so oft und so lange es ihm beliebt in Gefahr zu setzen? — Die bürgerliche Gesellschaft verlangt von dem rohen Naturmenschen, der sich in ihren Schutz begeben will, nichts, als was vermöge der Natur der Sache nothwendige Bedingung des Zwecks der Gesellschaft ist. „Du willst, spricht sie zu ihm, deiner Person, deiner Familie, dem Eigenthum, das du bereits besitzest oder durch den Gebrauch deiner Kräfte zu erwerben gedenkst, eine Sicherheit verschaffen, die dir dein bisheriger Stand nicht geben konnte. Ich verspreche sie dir. Ich gewähre dir Schutz gegen jede Beleidigung: aber du begreifst, dafs ich auch vor dir, vor den Aufwallungen deiner Leidenschaften, vor jeder Art von Beeinträchtigung, die ich von dir zu besorgen haben könnte, sicher seyn will. Du entsagst also deinem natürlichen Recht an Unabhängigkeit, aber nur so weit es zu diesem Zweck unumgänglich nöthig ist; du hörst auf, dein eigner unumschränkter Herr, Gesetzgeber und Richter zu seyn, und unterwirfst dich allen Gesetzen, die ich zu Bewirkung der allgemeinen Sicherheit gegeben habe, weil sie allein dir für deine Sicherheit Gewähr leisten. Du wünschest

aber auch an den Vortheilen und Genüssen
Antheil zu haben, die uns Policierung und
Kultur verschaffen. Diefs ist unmöglich,
wofern du dich nicht in eine dir ungewohnte
Ordnung einschränken lässest, und dich allen
den Gesetzen unterwirfst, ohne welche die
mannigfaltigen Verhältnisse, in die du zu
Erreichung jener Absicht verflochten werden
wirst, alle Augenblicke zu Kollisionen An-
lafs geben würden, die deine eigne Sicherheit in Gefahr setzen und die öffentliche
Ruhe stören würden. Lafs dich die neuen
Wörter, „Gesetz, Pflicht, Einschränkung, — unterwerfen, gehorchen,
sollen, müssen," an die dein Ohr sich
nun gewöhnen mufs, nicht erschrecken. Sie
bezeichnen lauter unnachläfsliche Bedingungen deiner Sicherheit, des freyen, aber der
Gesellschaft unschädlichen Gebrauchs deiner
Kräfte, und des Wohlstandes, der die Frucht
desselben seyn wird. Du unterwirfst dich
blofs den Gesetzen der Vernunft; du gehorchst
blofs denen, die zu Handhabung dieser Gesetze bestimmt sind; du erfüllst keine Pflicht,
die dir nicht mittelbar oder geradezu nützlich ist, mufst nichts, als was du sollst,
und sollst nichts, als was die Gesellschaft,
deren Mitglied du wirst, rechtmäfsig an
dich zu fordern hat. Noch bist du dein
eigner Herr; es hängt von dir ab, ob du

dich mit mir auf diese Bedingungen einlassen willst oder nicht: ist aber der Vertrag einmahl zwischen uns geschlossen, so steht er fest, und ich bin berechtigt, dich zu Erfüllung aller Bedingungen, die du eingegangen bist, zu zwingen, wiewohl du mich nicht zur Erfüllung der meinigen zwingen kannst."

GISMUND.

Das alles, sollt' ich denken, spricht die demokratische Republik von Wort zu Wort zu jedem ihrer Mitglieder —

OTTOBERT.

Wie könnte sie anders? Das Übel ist nur, dafs sie auch sonst noch etwas spricht, das mit dieser Grundsprache aller bürgerlichen Gesellschaften in geradem Widerspruch steht, und dafs gerade dieser Widerspruch das ist, was sie zur Demokratie macht. Indem sie die Suveränität des Volks proklamiert, giebt sie dem Staat eine unsichre betrügliche Grundlage, und vergifst absichtlich, dafs unabhängige Naturmenschen eben dazu in bürgerliche Gesellschaft treten, um ihrer bisherigen persönlichen Suveränität zu ihrem eignen Besten zu entsagen. Indem sie unbestimmte Freyheit und Gleichheit proklamiert, sie überall als Schild und Wahrzeichen aushängt, und zum ewigen Losungswort ihrer Bürger macht, erweckt sie in dem unverständigen grofsen Haufen Erwartungen, die sie weder zu erfüllen gedenkt, noch erfüllen könnte, wenn sie auch wollte. Ginge sie ehrlich und redlich zu Werke, so sagte sie den Leuten gerade heraus, wessen sie sich zu ihr zu versehen hätten. — Soll ich Ihnen sagen, Gismund, wie Ihre geliebte Demokratie in diesem Falle sprechen müfste?

GISMUND.

Lassen Sie hören.

OTTOBERT.

So stellen Sie Sich denn den Genius der Demokratie mit seinen gewöhnlichen Attributen vor, einen Eichenkranz um die Stirn, die Konstituzion in der einen Hand, und eine Pike, so grofs wie ein Lärchenbaum, mit dem Freyheitshut auf ihrer Spitze, in der andern, wie er auf dem höchsten Gipfel des zum Altar der Freyheit und Gleichheit geweihten Montblank stehend, den ringsum versammelten, mit gespitzten Ohren und gaffenden Mäulern aufhorchenden Völkern Europens zuruft: Ihr Völker Europens, höret meine Rede und nehmet den Sinn meiner Worte wohl zu Herzen! Eine neue Ordnung der Dinge ist im Werk, eine lange Reihe goldner Jahrhunderte rückt heran. Hand in Hand steigt die strenge **Nemesis** mit der heilbringenden **Asträa** vom Himmel herab, die Ketten der Völker zu zerbrechen, alle Gebrechen der Menschheit zu heilen, und allen ihren Beschwerden abzuhelfen. Alle selbstsüchtigen und menschenfeindlichen Leidenschaften, alle verderblichen Ausgeburten der falschen Staatskunst, alle schwarzen Erfindungen des fanatischen Aberglaubens, alle Gesetze, womit eine betrügerische und bestochene Rechtsgelehrsamkeit dem tyrannischen Mißbrauch der Gewalt einen Anstrich von Recht und Gemeinnützigkeit zu geben suchte, mit allen andern Ungeheuern der Hölle, die seit Jahrtausenden den Erdboden verwüsten, und die wohlthätigen Verhältnisse des bürgerlichen Lebens zu Mitteln der Erniedrigung und Unterdrückung des Menschengeschlechts und zu Quellen seines bittersten Elends gemacht haben, werden in den Abgrund zurück stürzen. Allgemeines Wohlwollen wird ein unauflösliches Bruderband um alle Kinder der Erde schlingen, ewiger Friede die Völker aller Zonen zu einer einzigen Familie machen. Das lieblichste, schönste und erhabenste, was begeisterte Profeten und Dichter in herzerhebenden Gesängen von einer Zukunft, welche niemand zu sehen hoffte, geweissagt haben, wird vor euern Augen in Erfüllung gehen. Denn ich biete euch allen in dieser Hand **Freyheit** und **Gleichheit** an, die einzigen Mächte, die alle diese Wunderdinge, diese neue Schöpfung glücklicher Menschen und goldner Zeiten, diesen Himmel auf Erden, wirklich machen können. — Aber höret auch die unnachläfslichen einzigen **Bedingungen**, unter welchen euch diese Glückseligkeit angeboten wird. Von der Stunde an, da ihr von Freyheit und Gleichheit Besitz nehmet, erkennet ihr alle die **Vernunft für euere oberste Regentin**, und schwöret ihr für jeden Augenblick euers Lebens unbedingten Gehorsam und unverbrüchliche Treue. Von dieser Stunde an entsagt ihr jedem eigennützigen Triebe, der mit der allgemeinen Wohlfahrt streitet. Alle euere Leidenschaften und Wünsche schweigen vor dem heiligen Gesetze des gemeinen Besten, und ihr suchet euern höchsten Ruhm, euer höchstes Glück in der pünktlichsten Erfüllung aller euerer Pflichten. Ihr seyd alle frey und gleich, aber keinen Augenblick länger als ihr der Vernunft gehorcht. Sie, und die mit ihr gleich ewige Nothwendigkeit, sind nun euere einzigen Gebieterinnen, und der blofse Gedanke, euch von ihrer Herrschaft los zu machen, würde Freyheit

und Gleichheit in eine Quelle des bittersten
Elends verwandeln. Da nichts ohne Form
bestehen kann, so bringe ich euch diejenige,
unter welcher diese Töchter des Himmels
das Glück euers Lebens machen sollen, in
dieser Konstituzion. Aber vergesset
keinen Augenblick, daſs sie kein magischer Talisman ist; daſs die Bedingungen, unter welchen allein sie ein Gut für
euch ist, immer in euern eignen Händen
bleiben. Ihr zu Folge werdet ihr künftig
euere Obrigkeiten selbst erwählen. Hütet
euch in der Ausübung dieses groſsen, aber
gefährlichen Vorrechts, unbedachtsam und
nachlässig, oder unlauter und parteyisch zu
verfahren. Jeder gebe seine Stimme, mit
der gewissenhaftesten Redlichkeit gegen das
Vaterland und sich selbst, dem Manne, den
er unter allen seinen Mitbürgern für den
tauglichsten und rechtschaffensten hält, ohne
auch nur ein Wort mit andern deſswegen
abgeredet zu haben, oder den geringsten
Einfluſs von auſsen auf sich wirken zu
lassen. — Diejenigen, die ihr durch diese
freye Wahl bevollmächtigt habt, in der
Versammlung der Gesetzgeber, in den Ge-
richtshöfen und im obersten Vollziehungs-
rath euern allgemeinen Willen, der niemahls etwas andres als der Ausspruch der
Vernunft selbst seyn kann, auszusprechen,

anzuwenden und zur Vollziehung zu bringen, betrachten sich von Stunde an als Menschen, die, mit den schwersten Pflichten belastet, dem Volke, dem sie angehören, der Nachwelt und der ganzen Menschheit von jedem ihrer Schritte Rechenschaft schuldig sind. Sie vergessen sich selbst, und kennen kein anderes Interesse als das allgemeine. Keine Leidenschaft trübt jemahls die Heiterkeit ihres Verstandes oder die reine Lauterkeit ihres Willens. Ehrgeitz, Eifersucht, Parteylichkeit, Ränke, Kabalen, Fakzionen sind etwas unerhörtes unter ihnen; sie würden das Licht der Sonne durch ihren Anblick zu beflecken und die Luft mit ihrem Athem zu verpesten glauben, wenn sie jemahls fähig wären, das Gesetz zu verdrehen, das Recht zu beugen, nach Gunst oder Ungunst zu sprechen, sich auf Unkosten ihrer Mitbürger zu bereichern, vom gemeinen Gut, das ihrer Verwaltung anvertraut ist, das geringste in ihren Privatnutzen zu verwenden, und überhaupt in ihrem öffentlichen Karakter leichtsinnig, launisch, leidenschaftlich und selbstsüchtig zu verfahren. Keiner, wie hoch sein Posten, wie groſs seine Gewalt und die durch seine Hände gehenden Summen des Nazionalschatzes waren, verläſst seine Stelle reicher als er sie angetreten; und derjenige, der mehrere Jahre lang mit der höchsten Würde in der Republik bekleidet war, setzt seinen größten Ruhm darein, arm in seinen vorigen Privatstand zurück zu treten. Jeder, der vermöge seines Amtes um eine oder mehrere Stufen höher als andere steht, erkennt es für seine Pflicht, in Edelmuth, Mäſsigung, Nüchternheit, Genügsamkeit, Bescheidenheit und jeder andern häuslichen, bürgerlichen und politischen Tugend den übrigen zum Beyspiel und Vorbild zu dienen, und erfüllt diese Pflicht mit desto gröſserer Strenge, weil er weiſs, daſs der Staat nur so lange glücklich seyn und bestehen kann, als diese Tugenden den allgemeinen Volkskarakter ausmachen. Das Volk ehrt seine Vorsteher durch Vertrauen und Gehorsam, und beweiset ihnen beides, auch wenn es die Weisheit ihrer Maſsregeln und Verordnungen nicht sogleich einzusehen vermag. Die Vorsteher hingegen ehren die Würde der menschlichen Natur in jedem ihrer Mitbürger; der fleiſsige und redliche Tagelöhner dünkt sie ihrer aufmerksamsten Vorsorge eben so werth als der reichste Eigenthümer, und der Bürger, dem ihre Hülfe am nöthigsten ist, ist der erste, der Gehör erhält. Ein allgemeiner Geist der Ordnung, der Billigkeit, der Mäſsigung, der Vaterlandsliebe und der Humanität athmet durch alle Glieder des Staats, giebt ihm wahre und ewige Einheit und Untheilbarkeit, und indem jeder Einzelne mit allen andern wetteifert der beste Bürger zu seyn, glaubt er in jedem andern einen bessern und würdigern zu sehen als er selbst ist. — Diefs, ihr Völker, sind die Bedingungen, unter welchen Freyheit und Gleichheit euch glücklich machen werden! Dünken sie euch schwer? — vielleicht wohl gar unmöglich zu erfüllen? — desto schlimmer für euch! Denn ich habe euch **keine andere** zu geben, und kann von **diesen** keine Sylbe nachlassen. Aber höret nun auch, was die Folgen seyn werden, wenn ihr das gefährliche Geschenk aus meinen Händen annähmet, ohne weder Willen noch Vermögen zu haben, diese Bedingungen zu erfüllen —

GISMUND.

Ich bitte Sie, Ottobert, lassen Sie Ihren demokratischen Genius kein Wort weiter sagen! Nach der **indirekten Satire**, die er von der Spitze des Montblank auf die armen Demokratien herab deklamiert hat, indem er ihnen sagte, was sie seyn **sollten und nicht sind**, wäre es zu grausam, die Unglücklichen noch zu nöthigen, in einem Spiegel, dessen wenig schmeichelhafte Wahrheit ihr zartes Auge zu sehr belei-

digen würde, auch noch sehen zu müssen,
was sie **sind**. Lassen Sie ihn immerhin
wieder verschwinden; ich werde ihn nicht
zurück rufen; denn durch ihn sind auch
meine schönen wonniglichen Träume von
Freyheit und Gleichheit, auf Ordnung und
Sittlichkeit gegründet, mit Unschuld und
Güte gepaart, von Musen und Grazien verschönert, — wie leichte Wolkengebilde und
Luftschlösser der **Fee Morgana** in nichts
dahin geschwunden.

OTTOBERT.

Es wäre doch wirklich sonderbar, wenn
Sie jemahls an die Möglichkeit geglaubt
hätten, solche Ideale — an Menschen —
durch Menschen realisiert zu sehen.

GISMUND.

Gutmüthige Herzen haben Augenblicke,
wo sie so leicht glauben, was sie wünschen!
Und daſs es **nie** besser mit dem Menschengeschlechte werden, daſs es sogar immer
sinken und sinken, und ein verderbtes Geschlecht immer ein noch verderbteres zeugen
soll, ist ein so niederschlagender trostloser
Gedanke, daſs ich ihn nicht ertragen kann.—
Ich gestehe Ihnen unverhohlen, daſs die verschiedenen Ansichten, unter welchen die
Französische Republik seit den fünf bis sechs

Jahren, die sie zählt, sich der Welt darstellt, mich öfters in meinem Glauben irre gemacht haben. Aber, wie oft auch mein Herz und meine Vernunft sich gegen sie auflehnten, immer kam ich doch auf den Gedanken zurück: die **Französische Republik** kann wenigstens nicht **mehr** gegen die **Demokratie überhaupt** beweisen, als die Regierung eines Kaligula oder Nero, eines Königs Heinrichs VIII. von England oder Karls IX. von Frankreich gegen die **Monarchie**; und noch in diesem Augenblick, nachdem Sie mich mit Gründen, die ich nur durch Sofistereyen und Schikanen anfechten könnte, überwiesen haben, daſs die Demokratie, die ich zu sehen wünsche, nur in **Utopien** zu suchen sey, kann ich eine Stimme nicht zum Schweigen bringen, die in meiner innersten Seele für sie spricht; und ob ich schon Ihren Einwürfen keine, auch nur mir selbst genügende, Vernunftschlüsse entgegen setzen kann, so nöthigt mich doch ein nicht übertäubliches Gefühl, an meinem alten Glauben fest zu halten, „daſs ohne Freyheit und Gleichheit der Rechte kein Heil für die Menschheit sey."

OTTOBERT.

Wir sind dem Punkte, der uns vereinigen wird, unvermerkt ganz nahe gekommen.

Die stolzen herrischen Anmaſsungen der
Französischen Gewalthaber, die zu unsrer
heutigen Unterredung Gelegenheit gaben,
werden mich allemahl, so oft die Rede von
Staatsformen ist, reitzen, jeder andern, selbst
dem wenig anlockenden Despotism der hohen
Pforte zu Stambul, den Vorzug vor der Demokratie einzuräumen. Daſs sie diese Anmaſsungen bis zur **politischen Intoleranz** treiben, und die Form ihrer noch
immer in sich selbst zwischen Seyn und
Nichtseyn schwankenden Republik, als das
vollkommenste Modell aller möglichen Verfassungen, der ganzen Welt, wie es scheint,
aufzwingen wollen, das ist es eben, was
jeden gesunden Kopf gegen sie aufbringen,
und Untersuchungen veranlassen muſs, die,
je schärfer und kaltblütiger dabey verfahren
wird, desto weniger zu ihrem Vortheil ausfallen können. Wahrlich, eine Republik,
die schon, da sie gepflanzt wurde, nur
durch Ausrottung einer unendlichen Menge
schöner und nützlicher Gewächse Wurzel
fassen konnte; die schon in ihrem ersten
Keim und in ihrer frühesten Entfaltung mit
dem Blut eines schuldlosen und guten Königs und einer ungeheuern Anzahl der vorzüglichsten Menschen genährt werden muſste,
um unter den düstern verpesteten Einflüssen der Atheisterey und Ruchlosigkeit, und

unter allen Gräueln der Anarchie und Barbarey des schmählichsten Sanskülotism und der unmenschlichsten Fakzionswuth, durch eine zwar wunderähnliche, aber nur zu sehr begreifliche Kombinazion von innern und äufsern Ursachen, mit fürchterlicher Geschwindigkeit zu einem Baum heran zu wachsen, dessen schwarzer Todesschatten die halbe Erde bedeckt, und alles, was unter und neben ihm steht, schmachten, hinwelken und verdorren macht; — eine solche Republik hat wahrlich kein Recht zu verlangen, dafs alle Völker der Erde sich freywillig nach ihrem Bilde umgestalten, und ihre Grundsätze zu den ihrigen machen sollen; und es ist die unerträglichste Tyranney, Millionen friedfertiger und bey ihrer bisherigen Verfassung sich wohl befindender Menschen mit Gewalt zu einer Veränderung zu zwingen, von welcher sich vermuthen, und zum Theil mit Gewifsheit voraus sehen läfst, dafs sie eine Quelle von unzähligen Übeln und unabschlichem Elend für sie werden wird. — Und gleichwohl, so grofs ist der Hang der Menschen zur Veränderung, so mächtig wirkt in den einen der Gedanke, dafs sie bey einer allgemeinen Umwälzung wenig oder nichts verlieren und vielleicht sehr viel gewinnen könnten, in andern ein dunkles Vorgefühl, vielleicht auch eine

Rolle dabey zu spielen, — und so verblendend ist der Glanz, den eine Reihe glücklicher Erfolge auf diese politischen in einem selbstgemachten Chaos arbeitenden **Demiurgen** wirft, daſs in den noch stehenden Staaten die Zahl der Menschen nicht unbedeutend ist, die den Fortschritten des Jakobinischen Revoluzionsgeistes nicht bloſs mit der gröſsten Gleichgültigkeit, sondern zum Theil mit Freude und übel verhehlter Sehnsucht entgegen sehen, bereitwillig alles mögliche zu ihrer Beschleunigung beyzutragen, und inzwischen, bis es in ihrer Gewalt seyn wird ein Mehreres zu thun, wenigstens die Neufränkischen Revoluzions-Maximen zu verbreiten, und den zerstörenden Planen jener neuen **Leveller** dadurch den Weg zu bahnen, daſs sie den bestehenden Staatsformen und Regierungen alles Vertrauen und alle Achtung zu entziehen suchen, ihre Mängel und Miſsbräuche in das gehässigste Licht stellen, das Gute an ihnen verkennen, und dagegen die Neufränkische Demokratie für das höchste Meisterstück des menschlichen Verstandes und die einzige Staatsverfassung, die sich mit den Rechten der Menschen vertrage, ausgeben. Diese Lage der Dinge, und dieser böse Genius unsrer Zeit, drang mich in diesen letzten Jahren, genauer nachzuforschen, wie die verschiedenen Staatsformen sich gegen den Zweck der bürgerlichen Gesellschaft und das allgemeine Beste der Menschheit verhalten. Wie einleuchtend auch die Behauptung des Englischen Dichters Pope,

For forms of Government let Fools contest,
Whate'er is best administerd, is best, [1])

beym ersten Anblick scheinen mag, so kann sie doch vor einer scharfen Prüfung nicht bestehen. Denn die beste Staatsverwaltung kann zwar die einer fehlerhaften Verfassung beywohnenden Radikalgebrechen mildern und überpflastern, aber niemahls aus dem Grunde heilen; und die schlechteste kann das wesentliche Gute einer weisen und wohl berechneten Konstituzion nicht anders als durch ihre völlige Vernichtung gänzlich unwirksam machen. Das Resultat, das, wie ich glaube, eine unbefangene Untersuchung jedem Wahrheitsforscher, so gut wie mir, geben wird, ist dieses: die monarchische Regierungsform ist mehr auf Sicherheit und Ordnung, die demokratische mehr auf Freyheit und Gleichheit berechnet; jene ist dem Menschen, der erst noch gebildet werden soll, diese dem bereits gebildeten natürlicher und ange-

---

1) Laſs Thoren über Form des Staats sich zanken,
   Die beste ist die best verwaltete.

meſsner. Indessen waltet der groſse Unterschied vor, daſs, sobald beide Formen auf wirkliche Staaten und Menschen, wie sie nun einmahl sind, angewandt werden, die Monarchie den Hauptzweck, für den sie berechnet ist, Sicherheit und Ordnung, wirklich erreicht, die Demokratie hingegen immer weit hinter dem ihrigen zurück bleibt, weil Freyheit und Gleichheit in ihr immer mit Ordnung und Sicherheit im Streit liegt, und die Regierung jene nur auf Kosten **dieser**, oder diese auf Kosten **jener** gewähren kann. Übrigens tragen **beide** ein sehr wirksames Princip der Verderbniſs in sich, nur mit dem Unterschiede, daſs, wenn **jene** Jahrhunderte dauern kann, bis sie in einen unterdrückenden **Despotism** ausartet, **diese** kaum so viele Jahrzehnde dauert, bis sie, um der **Anarchie** zuvorzukommen, die immer wie an einem dünnen Faden über ihrer Scheitel schwebt, sich in eine noch härter drückende **Oligarchie** verwandeln muſs. In **jener** erhält schon allein der festgesetzte Unterschied der Stände, Klassen und Unterabtheilungen, bey der offen gelaſsnen Möglichkeit sich durch Glück oder Verdienste höher hinauf schwingen zu können, durch bloſsen, aus Gewohnheit beynahe unbemerkten Druck und Gegendruck das Ganze in Ordnung; in **dieser** unterhalten die rastlosesten aller Leidenschaften, Ambizion, Eifersucht und Begierde immer mehr zu haben, und die Parteyen und Fakzionen, deren Triebräder sie sind, den Staat in immer währender Gährung. Die Demokratie gleicht einer am Fuſs eines unruhigen Vulkans liegenden Stadt, welche zwar der Erschütterungen und Ausbrüche desselben endlich so gewohnt wird, daſs sie ihren Untergang zu fürchten aufhört, aber keinen Tag vor ihm sicher ist. In der Monarchie kann ein einziger weiser Regent wieder gut machen, was mehrere unkluge, schwache oder verkehrte Vorfahrer verdorben haben; in der Demokratie kommen die Weisen und Guten entweder gar nicht, oder in so geringer Anzahl empor, daſs die sogleich gegen sie gekehrte, allgemeine und keiner Abrede benöthigte Zusammenverschwörung der Bösen es ihnen beynahe unmöglich macht, etwas beträchtlich Gutes zu wirken.

GISMUND.

Dieſs letztere ist, wie ich sehr besorge, oder vielmehr, wie Geschichte und tägliche Erfahrung lehrt, eben so sehr der Fall in der Monarchie, sogar unter den weisesten und besten Regenten.

OTTOBERT.

Leider nur zu wahr! Ich will aber auch von allen diesen, in Theorie und Erfahrung

gleich gegründeten Unterscheidungspunkten,
die ich noch mit vielen andern nicht minder wichtigen vermehren könnte, für jetzt
keinen andern Gebrauch machen als diesen:
dafs weder die Vorzüge, noch die Gebrechen
dieser an beiden äufsersten Enden der Linie
liegenden Staatsverfassungen ein so grofses
Übergewicht haben, dafs der Vortheil, der
zu erwarten wäre, wenn eine von beiden
mit Gewalt aus der Welt geschafft werden
sollte, die Kosten der Operazion nur zum
zehnten Theil vergüten könnte; und dafs
also unter allen vernünftigen und rechtschaffnen Menschen als eine ewig feststehende
Maxime anerkannt werden müsse: dafs jede
Regierung schuldig sey, die hergebrachte
und bestehende Verfassung aller andern Völker zu respektieren; und dafs jede Anmafsung,
einen monarchischen oder aristokratischen
Staat, unter dem illusorischen Vorwand, das
Volk in Freyheit und Gleichheit zu setzen,
mit Gewalt der Waffen zu demokratisieren, ein höchst ungerechter und unerträglicher Eingriff in die allgemeinen Rechte
der Völker sey, welchem alle übrigen sich
mit vereinten Kräften zu widersetzen nicht
nur berechtigt, sondern (wenigstens ihrer
eigenen Sicherheit wegen) sogar verbunden
sind. Wenn unser Nachbar Belieben trägt,
sein Haus einzureifsen, um ein besseres oder

schlechteres aus den Trümmern aufzubauen, das mag er! Wir haben kein Recht, es ihm zu wehren. Aber wenn er nun käme und wollte uns, unter dem Vorwand der Nachbarschaft und seines guten Willens gegen uns, unsre Häuser ebenfalls niederreifsen, und uns nöthigen, neue nach dem Modell des seinigen zu bauen, so könnte uns doch wohl niemand verdenken, wenn wir uns einer so unziemlichen und ungelegnen Anmafsung mit Fäusten und Fersen entgegen setzten.

GISMUND.

Der Himmel bewahre uns und alle ehrliche friedfertige Leute vor solchen Nachbarn! — Wir sind nun, denke ich, über alle diese Dinge ziemlich Einer Meinung, lieber Ottobert. Aber vermuthlich wollten Sie, da Sie vorhin sagten, wir wären dem Punkte, worin wir völlig zusammen treffen würden, unvermerkt ganz nahe gekommen, noch etwas andres damit sagen.

OTTOBERT.

Sie gestanden mir, Ihr Glaube, dafs ohne Freyheit und Gleichheit kein Heil für das Menschengeschlecht sey, beruhe mehr auf einem unübertäublichen Gefühl, als auf deutlichen Vorstellungen. Ich glaube mir dieses

Gefühl deutlich genug entwickelt zu haben, um Ihnen sagen zu können, in wie fern es Stimme der Wahrheit ist. Unläugbar ist **Freyheit** ein natürliches, rechtmäfsiges und durch keine Verjährung verlierbares **Eigenthum** des Menschen, in so fern er durch seine Vernunftfähigkeit dem allgemeinen System der vernünftigen Wesen angehört. Als ein solches hat ihm die Natur ein hohes Ziel vorgesteckt, zu dessen Erreichung er alle seine Kräfte zu gebrauchen schuldig ist, und kein Wesen im Weltall kann ihn im vernunftmäfsigen Gebrauch seiner Kräfte hindern, ohne sich an den ersten und heiligsten Gesetzen der Stadt Gottes gröblich zu vergreifen. Einen Menschen zum Sklaven machen, d. i. ihn wider seinen Willen als blofses thierisches oder mechanisches **Werkzeug** gebrauchen, ist daher (den einzigen Fall, wo es zur Sicherheit und Erhaltung der Gesellschaft nöthig ist, mit den gehörigen Einschränkungen ausgenommen) unmittelbares Verbrechen gegen die menschliche Natur, und der schändlichste, ungeheuerste aller Frevel.

Was die **Gleichheit** betrifft, so ist klar, dafs, wenn wir von einer Anzahl Menschen alles abziehen, worin sie verschieden sind, und wodurch sie zu **einzelnen Personen** werden, etwas übrig bleibt, worin sie alle einander gleichen, nehmlich die der Menschheit eigene Art der Organisierung unsers animalischen Theils, und die Vernunftfähigkeit. Eine natürliche Folge dieser Gleichheit ist, daſs jeder Mensch verbunden ist, in jedem andern seine eigene Natur, seinen Bruder in der Schöpfung, anzuerkennen, und sich jeder Art von Verletzung des Rechts desselben an Selbsterhaltung und freyen Gebrauch seiner Kräfte zu enthalten. Man kann daher sehr richtig sagen, daſs die Gleichheit, an welche alle Menschen gleichen Anspruch haben, in der Freyheit schon enthalten sey; und das groſse Losungswort der Jakobiner, Sanskülotten und Anarchisten, Freyheit und Gleichheit, ist ein ganz unnöthiger, oder vielmehr ein bloſs zu ihren geheimen Fakzionsabsichten nöthiger Pleonasmus; denn mit dem Worte Freyheit ist schon alles gesagt.

Eigentlich zu reden wird kein Mensch frey geboren; oder giebt es etwa in der ganzen Natur ein abhängigeres Geschöpf als ein neugebornes Kind? Eben so gewiſs ist, daſs unsre Vernunftfähigkeit sich auſser dem Stande der Gesellschaft nie entwickeln würde, und daſs die sehr unvollkommne Art von Entwicklung, die der rohe Naturmensch auf den untersten Stufen des gesellschaftlichen Standes erhalten kann, dem Zweck der Natur kein Genüge thut. Der unpolicierte Mensch ist nur so lange gut, bis eine Leidenschaft in ihm erregt wird; und alle seine Leidenschaften sind gewaltthätig, stürmisch und unbändig; seine Vernunft vermag wenig und meistens nichts über seine animalischen Triebe,

Jura negat sibi nata, —
und er lebt daher in immer währender Unsicherheit und offner Fehde mit andern seines gleichen. Diefs treibt ihn zuletzt, früher oder später, in den Stand der policierten Gesellschaft; den einzigen der seiner Natur und Bestimmung gemäfs ist, und aufserhalb dessen er schlechterdings nicht werden kann, was er in dem allgemeinen System der Wesen seyn soll. Er entsagt in diesem neuen Stande keinem seiner unverlierbaren Naturrechte, und erhält für das traurige Recht der Selbsthülfe, dessen er sich vermöge der Natur dieses Standes begeben mufs, in der Garantie seiner Sicherheit, die der Staat auf sich nimmt, mehr als Ersatz. Er unterwirft sich, um seines eigenen Besten willen, einer Regierung nach Gesetzen; er soll und darf aber keinem andern gehorchen, als dem ewigen Gesetz der Vernunft, und solchen positiven Gesetzen, die mit jenem in keinerley Widerspruch stehen.

Kein Volk ist daher berechtigt, sich, weder für sich selbst, noch viel weniger für seine Nachkommen, der **blofsen Willkühr** andrer Menschen zu unterwerfen. Absolute, oder despotische Demokratie, Aristokratie und Monarchie sind also drey gleich fehlerhafte und verwerfliche Regierungsformen, und würden, eben darum weil sie der menschlichen Natur Gewalt anthun, von keiner Dauer seyn können, wenn sie sich nicht, in ihrer innern Organisazion sowohl als in der Regierungsverwaltung, mehr oder weniger einer **vermischten Form** näherten; wenn die Gewalthaber sich nicht selbst die Hände bänden, und sich gefallen liefsen, dafs ihrer willkührlichen Macht durch Religion, altes Herkommen und Sitte, Rechte gewisser Korporazionen, und festgesetzte Ordnung in der Justizpflege und Staatswirthschaft, Grenzen gesetzt würden, und das Ganze dadurch einige Selbstständigkeit erhielte. Da aber die Nothwendigkeit, zu Verhütung eines gröfsern Übels ein kleineres, so lange bis es ganz unerträglich wird, zu ertragen, von Seiten des **Volks**, und ein an blinden Gehorsam gewöhntes, gänzlich von ihm abhängendes Kriegsheer, von Seiten des **Despoten**, beynahe das Einzige sind, was in solchen Staaten die Sicherheit des **Volkes** sowohl als der **Regierung** ausmacht, und die **Aufhaltung** der furchtbaren Katastrofe gröfsten Theils von der unbestimmbaren Wirkung nicht immer hinlänglicher moralischer Ursachen ²) abhängt, die **Beschleunigung** derselben hingegen durch einen alles mit sich fortreifsenden Strom zufälliger Ereignisse bewirkt werden kann: so dringt uns schon die blofse **Staatsklugheit** mächtige und gebieterische Bewegungsgründe auf, **solchen Möglichkeiten zuvorzukommen, und freywillig zu thun, was zu spät ist, wenn man es gezwungen thun mufs.** Ich weifs wohl, dafs Staaten so wenig als andre einzelne Körper ewig dauern können: aber es bleibt darum nicht weniger wahr, dafs manche grofse Monarchie, die seit vier tausend Jahren aus der Reihe der Dinge verschwunden ist, durch Anwendung der gehörigen Mittel ihre Existenz um Jahrhunderte hätte verlängern können; und dafs nur ein Staat, worin die persönliche Freyheit des Bürgers und die Sicherheit seiner Person und seines Eigenthums mit dem unverletzlichen und unbestrittnen Ansehen der Regierung

2) Z. B. von der Religiosität des Volks, seiner Liebe zu der Person des Fürsten, der Sorgfalt des Hofes, immer für *Panem et Circenses* zu sorgen, u. dergl.

durch ein unzertrennliches Band verknüpft, durch weise Grundgesetze hinlänglich bestimmt, und durch eine wohl berechnete Vertheilung der höchsten Gewalt gesichert sind, auf innere und äufsere Ruhe, allgemeinen Wohlstand, Respekt gebietendes Ansehen unter den übrigen Mächten, und langwierige Dauer mit einem hohen Grade von Gewifsheit rechnen kann. Der Ruhm, aus eigner Bewegung der Stifter einer solchen Statsverfassung zu seyn, ist, wenn mich meine Ahndung nicht trügt, irgend einem weisen und grofsmüthigen Könige in dem nächst kommenden Jahrhundert aufbehalten. Denn wie viele Ursache auch die Britten haben mögen, in dieser Hinsicht auf die ihrige stolz zu seyn, so zeigt doch ihr gegenwärtiges augenscheinliches Sinken, dafs sie wesentliche Fehler in ihrer Anlage haben müsse, welche der verbessernden Hand der weisesten Klugheit bedürfen. Indessen könnte sie immer, da sie doch die einzige in dieser Art ist, einem künftigen Lykurg zum Muster dienen, sowohl dessen, was nachzuahmen, als was zu vermeiden oder besser zu machen wäre.

GISMUND.

Sie haben Ihr Wort gehalten, mein Freund. Möchte doch Ihnen und mir die Freude werden, den Tag, sollt' es auch der letzte unsers Lebens seyn, zu sehen, da ein grofser Fürst — der durch eine solche That alle Trajane und Mark-Aurele weit hinter sich liefse — Göttern und Menschen diefs herrliche Schauspiel zu geben grofsherzig genug wäre! Wie wohl getröstet könnten wir dann dieses Leben verlassen, um unsern Vätern die frohe Nachricht zu bringen, dafs es einen Staat in Europa gebe, wo es ihren Enkeln erlaubt und möglich sey, im sichern Schatten eines ewig feststehenden Throns als freye, gute und glückliche Menschen zu leben!

VI.

Die Universal-Demokratie.

FRANKGALL.

Nun, Holger, was sagst du zu der neuen Europäischen Demokratie?

HOLGER.

Was für einer neuen Demokratie? Wo wäre die? Wie hiefse sie?

FRANKGALL.

Du hörst ja, Europa.

HOLGER.

Europa eine Demokratie?

FRANKGALL.

Sie liegt zwar noch auf dem Ambofs; aber unsre Cyklopen sind scharf darüber her, und gedenken, noch ehe man 1800 zählt, damit zu Stande zu kommen.

HOLGER.

Da müſsten sie hurtig arbeiten.

FRANKGALL.

Dünkt dich die Zeit zu kurz? Bedenke daſs es nur einen Tag brauchte, um den vierzehnhundertjährigen Französischen Königsthron umzuwerfen; nur einen Tag, um dem alten Bräutigam der Adriatischen See sein einst so mächtiges Horn abzustoſsen; nur einen Tag, um die dreyfache Krone des Halbgottes, der einst die gröſsten Monarchen zu seinen Füſsen sah, in eine Freyheitsmütze zu verwandeln! Glaube mir, das Wenige, was noch zu thun ist, dünkt uns die leichteste Sache von der Welt.

HOLGER.

Wohl nicht ganz so leicht, als die Herren Bürger sichs einbilden. — Wenn ihr euch doch die lächerliche Kinderey abgewöhnen wolltet, von den Hühnern, die aus noch ungelegten Eyern kriechen sollen, zu reden als ob sie schon da wären, und die Haut des Bären zu verhandeln, den ihr erst noch zu schieſsen gedenkt!

FRANKGALL.

Das nennst du Kinderey? Da irrest du dich mächtig, mein guter Holger! Diese vermeinte Kinderey ist einer von den politischen Handgriffen, womit man bey einem Volke, wie das unsrige, Wunder thut. Wir haben ihn den alten Römern abgelernt. Indem wir uns das, was noch zu thun ist, so leicht vorstellen, und den glücklichen Erfolg so gewiſs nehmen als ob er schon da wäre, so ist nicht nur die Arbeit selbst, durch den guten Muth womit wir sie angreifen, schon halb gethan, sondern eben darum, weil wir uns nicht auslachen lassen wollen, weil wir unsre Ehre für den Ausgang verpfändet haben, und entweder siegen oder uns selbst für Gecken erklären müssen, so ist Sieg oder Tod immer unser Losungswort, und wir siegen, weil wir keinen Augenblick daran zweifelten, daſs wir siegen würden.

HOLGER.

Ihr seyd gefährliche Leute, das ist gewiſs; und daher kann es auch nicht anders kommen, als daſs endlich die ganze Welt wie ein einziger Mann gegen euch aufstehen wird.

FRANKGALL.

Die ganze Welt? Davon geht nun gleich fürs erste manches groſse Stück ab. Du meinst doch nicht, daſs wir uns vor den Türken, Persern und Mongolen, oder vor den Kaisern von Siam, Japan und Monomotapa fürchten sollen?

HOLGER.

Als ob nicht in Europa selbst noch Mächte wären, die bis jetzt eben keine große Lust zeigen, sich von euch demokratisieren zu lassen!

FRANKGALL.

Ob sie Lust dazu haben oder nicht, gilt uns gleich viel. Wir haben schon manches durchgesetzt, wozu sie eben so wenig Lust hatten.

HOLGER.

Ihr habt freylich noch vier bis fünf Millionen Knaben, Jünglinge und Männer, die ihr an die Schlachtbank führen könnt, wenn euch nichts daran gelegen ist, am Ende eine blofse Amazonen-Republik übrig zu behalten, mit der wir wohl auf die eine oder andre Art fertig werden wollen.

FRANKGALL.

Du vergissest, lieber Holger, dafs die vier oder fünf Millionen, die du uns todt machen willst, nicht aus Papierschnitzeln zusammen geleimt sind. Bis es so weit kommt, dafs unsre Eleganten, Inkroyabeln und Mervelliösen mit dem Bajonet arbeiten lernen müssen, werden eure Sechskreuzerhelden wohl auch sehr zusammen geschmolzen seyn. Aber dahin soll es nicht kommen, mein Freund! Siehst du denn nicht, wie einige unsrer furchtbarsten Feinde — oder Freunde, denn das sagt ungefähr gleich viel, wie du weifst — uns selbst in die Hand arbeiten? Meinst du, wir hätten ihre blinde Seite nicht schon längst ausfindig gemacht, und wüfsten nicht wie es im Inwendigen dieser prächtigen Kolossen aussieht? wir sähen nicht wie sehr sie sich fürchten, wie schwankend ihre Meinungen, wie ungewifs ihre Entschliefsungen, wie planlos ihre Mafsregeln sind? wie wenig einer dem andern traut, und, was noch schlimmer für sie ist, wie wenig Vertrauen sie in sich selbst setzen?

HOLGER.

Was du nicht alles siehst!

L'homme de bien, qui voyez tant de choses,
Voyez-vous point mon veau?

In der That, mein lieber Seher, liegt es nur an dir, wenn du nicht noch weit mehr siehst. Ich, zum Exempel, sehe Monarchien, die noch ihre ganze Stärke ungeschwächt beysammen haben; andere, deren

Hülfsquellen zwar angegriffen, aber so unermeßlich sind, daß es nur auf die Kunst sie recht zu benutzen ankommt: noch andre die nur aus ihrem tiefen Schlaf zu erwachen brauchen, um zu fühlen, daß sie Kräfte genug haben, sich für ihr Leben zu wehren. Ich sehe die große Beherrscherin der Meere, mit dem Reichthum der ganzen Welt in ihrem unerschöpflichen Füllhorn, euern ungeheuern Anstalten und noch ungeheurern Rodomontaden einen unbeweglichen Muth entgegen stellen, und, euerer Deklamazionen und Trugschlüsse und falschen Ausrechnungen des Interesse der Nazionen spottend, die übrigen großen Mächte Europens durch das stärkste aller Bande, den Trieb der Selbsterhaltung, an ihr Interesse fesseln, und sie zu einer Vereinigung ihrer Kräfte vermögen, die einen gewaltigen Strich durch euere Rechnungen machen wird. Ich sehe Völker, die noch fest an ihren glücklichen Vorurtheilen, an der Religion ihrer Väter und an der Treue gegen ihre Erbfürsten hangen, und sich durch die schalen Blendwerke, Wortspiele und Sirenentöne, womit es euern Rednern eine Zeit lang gelungen ist, euer eignes Volk und etliche andere zu täuschen, nie bethören lassen werden; am wenigsten seitdem euere Gewalthaber aller Klassen die ganze Welt durch ihre Handlungen unterrichtet haben, daſs die Freyheit, die ihr uns aufdringt, Sklaverey, euere Gleichheit Anarchie, und eure Freundschaft eine Braut von Korinth ist, die nicht eher abläſst, bis sie dem Unglücklichen, den sie mit ihren kalten Armen umschlungen hält, alles Blut aus den Adern und alles Mark aus den Knochen gesogen hat.

FRANKGALL.

Ich bitte dich, alter Freund, laſs es an dem, was du da gesehen hast, genug seyn, und erlaube mir, bevor du dich in eine völlige Fieberhitze hinein deklamierst, dich, wo möglich, durch eine ganz gelassene Übersicht dessen, was zunächst vor uns liegt, wieder so viel abzukühlen, daſs dir auch das entferntere etwas deutlicher erscheine, als es deine gegenwärtige Erhitzung zuläſst. Denke nicht, daſs uns die neue Koalizion, womit du uns bedrohest, verborgen seyn könne. Wir haben, bey allem unserm anscheinenden Leichtsinn und Übermuth, einen scharfen Blick; und wenn wir uns nicht fürchten, so kommt es bloſs daher, weil wir auf alles gefaſst sind. Soll ich dir unser groſses Geheimniſs verrathen? Ich darf es, weil meine Verrätherey euch nichts helfen wird, und uns also nicht schaden kann. Simsons Stärke bestand in seinen

Haaren; wurden ihm diese abgeschnitten, so war er nichts als ein gemeiner Mensch: daher hätte er sein Geheimniſs niemand, am allerwenigsten der schönen Delila, entdekken sollen. Aber **unser** Geheimniſs gleicht den Sprüchen der **Sieben Weisen**,[1] die jedermann auswendig weiſs, und darum doch nicht weiser ist, wiewohl die Quintessenz aller praktischen Weisheit in ihnen verborgen liegt. Also kurz und gut, unser Geheimniſs ist, daſs wir den Werth und die Wichtigkeit der **moralischen Ursachen** kennen, und ihre Wirkung immer mit dem Stoſs der mechanischen Kraft gehörig zu kombinieren wissen. Damit allein haben wir die Dinge gethan, die ihr als Wunder anstauntet und euch nicht erklären konntet, wiewohl nichts begreiflicher ist. — Warum z. B. fürchten wir uns wenig vor einer neuen Koalizion? Vermöge einer ganz einfachen Ausrechnung, von deren Richtigkeit wir gewiſs sind. Wir rechnen mit ruhiger Sicherheit darauf, daſs jeder sich selbst der nächste ist; daſs niemand, ohne dringendste Noth seine eigene Existenz daran setzt, einem entfernten Freunde zu helfen, der durch die

---

[1] Z. B. Kenne dich selbst — Nichts zu viel — Alles zur gelegnen Zeit — Sieh aufs Ende, u. s. w.

kleinste Veränderung der Umstände ein Feind werden kann. Wir rechnen darauf, dafs das eigene Interesse jeder einzelnen Macht einer solchen Vereinigung Schwierigkeiten entgegen setzt, welche, wenn sie auch endlich auf die Seite geschafft würden, immer, als verborgene Gewichte und Hemmketten, die volle Wirkung derselben zurück halten würden. Wir rechnen darauf, dafs unter allen unsern falschen Freunden keiner ist, der des Friedens nicht so bedürftig wäre, dafs das dringende Gefühl dieses Bedürfnisses die entfernten und ungewissen Betrachtungen, die ihn zu Erneuerung des Kriegs bewegen könnten, weit überwiegen mufs; und dafs diejenigen, die uns als Feinde am gefährlichsten wären, da sie entweder ihre eigenen Plane zu verfolgen, oder fremde zu vereiteln haben, immer mehr Vortheil dabey sehen, unsre Freundschaft zu suchen, als unsere Rache zu reitzen. Gesetzt aber auch, es gelänge der Politik und dem Golde unsers einzigen noch übrigen Feindes, alle diese Hindernisse zu heben, so rechnen wir darauf, dafs unser Geschäft schon gethan seyn wird, ehe jene mit den Anstalten, uns daran zu hindern, fertig sind. Überdiefs sind wir sicher, dafs uns niemand, ohne zu Schanden dabey zu werden, auf unserm eigenen Grund und Boden angreifen kann; und damit diefs gar nicht mehr möglich sey, haben wir uns mit neuen Barrieren umgeben, an welchen unsre künftigen Feinde sich die Zähne schon lange zuvor stumpf gebissen haben werden, ehe sie unsre alte Grenze erreichen, wo ein neuer, sehr ungleicher Kampf erst von vorn angehen würde. Auch will ich dir nicht verbergen, guter Holger, dafs wir ein wenig **darauf** rechnen, dafs, wenn man uns dazu reitzen sollte, wenigstens zwey Drittel von Germanien in eben so kurzer Zeit demokratisiert seyn sollen als Helvezien und der Kirchenstaat, die sich vor etlichen Monaten noch so wenig, als ihr in diesem Augenblicke, davon träumen liefsen, dafs der jüngste Tag ihnen so schnell, wie ein Dieb in der Nacht, über den Hals kommen würde. Hast du an dem allen genug, alter Freund, oder soll ich dir noch mehr sagen?

HOLGER.

Gesetzt also, dafs eure politischen Rechnungen richtiger kalkuliert wären, als man es von euern ökonomischen glaubt, was wäre denn also euer Plan, wenn man fragen darf?

FRANKGALL.

Warum nicht? Das ist gerade eines unsrer gröfsten Geheimnisse, dafs wir kein Geheimnifs aus unsern Planen machen; wiewohl ich eben nicht jedem rathen möchte, es uns nachzuthun. Unsre Meinung ist, auf dem festen Lande mit der ganzen Welt Frieden zu machen; zwar auf unsre eigenen Bedingungen, doch so, dafs jeder, an dem uns etwas gelegen ist, seine Rechnung dabey finde. Weil nicht alle Leute so hurtig sind wie wir, so werden wir, indessen dafs an besagtem Frieden gearbeitet wird, unser Landungsprojekt —

HOLGER ihm in die Rede fallend.

Das scheint in der That jetzt die Lieblingsunterhaltung euerer ganzen Nazion zu seyn, wie ehemahls die Eroberung Siciliens das einzige war, woran die Athener wachend und schlafend dachten, wovon sie sprachen, wovon sie alle Vortheile ausgerechnet hatten, worauf sie tausend glänzende Spekulazionen gründeten, und was sie für so unfehlbar hielten, dafs, wer sich unterstanden hätte, den geringsten Zweifel in den Erfolg zu setzen, seines Lebens nicht sicher unter ihnen gewesen wäre. Wenn es euch nun mit euerm Lieblingsprojekte ginge wie den Athenern mit dem ihrigen?

FRANKGALL.

So hätten wir einen Gelust gebüfst, und doch immer, mit einem etwas starken, aber

einen Staatskörper wie der unsrige noch bey
weitem nicht erschöpfenden Aderlafs, unserm
ohnehin schon durch überspannte Anstrengungen entkräfteten Erbfeind Wunden geschlagen, wovon er sich so bald nicht wieder erhohlen würde. Aber sey versichert,
Holger, wenn wir nur einmahl auf Engli-
schem oder Irischem Boden stehen, so wollen wir der Welt bald zeigen, dafs wir
etwas mehr als Athener sind.

HOLGER.

Wenigstens werdet ihr **darin** weiser als
sie seyn, dafs ihr euern **Buonaparte**,
wenn er auch beschuldiget würde, allen
Marienbildern, die noch in Frankreich übrig
seyn mögen, die Nasen abgeschnitten zu
haben, nicht defswegen vorladen und zurück
berufen würdet, wie die Athener dem **Alci-
biades** thaten; wiewohl nur **Er** allein ihren
Lieblingsplan auszuführen im Stande war.
Gesetzt aber, es gelänge euch, England,
Schottland und Irland zu erobern, und in
eine, zwey, oder drey **Republiken nach
euerm Bilde** umzuschaffen: so fehlten denn
doch wenigstens noch zwey gute Drittel, bis
ihr ganz Europa demokratisiert hättet.

FRANKGALL.

Ich verlange auch eben nicht, dafs du
mir meine Worte so gar buchstäblich ausle-

gest; wiewohl mit Hülfe der Zeit viel geschehen wird, was sich nicht auf einmahl bewerkstelligen läfst. Genug, dafs wir bereits hinlängliche Beweise gegeben haben, dafs das berühmte

Tu regere imperio populos, Romane, memento!

das lange zuvor, eh' es dem Virgil einfiel einen Hexameter daraus zu machen, mit Flammenzügen in die Seele eines jeden Römers geschrieben war, das grofse Geschäft ist, wozu wir uns berufen fühlen, und das wir, auf eben dem Wege und durch eben dieselben Mittel, wie die Römer, auszuführen wissen werden.

HOLGER.

Auf die neuen Römer werdet ihr euch dabey wohl keine grofse Rechnung machen?

FRANKGALL.

Schwerlich! wiewohl sie uns gute Dienste thun können, um den Rest von Italien vollends demokratisieren zu helfen. Denn wir tragen kein Bedenken, die ganze Welt wissen zu lassen, dafs wir mit unsern Freunden und Alliierten auf keinen andern Fufs zu leben gedenken, als die alten Römer mit den ihrigen. Die Natur unsrer Revoluzion

und unsre ganze Stellung gegen die übrige
Welt erfordert nun einmahl, daſs unsre Republik eine **militarische** sey. Sie ist
eine Tochter der Gewalt, und kann sich nur
durch Gewalt erhalten. Aber eben das, was
eine nothwendige Bedingung ihres Daseyns
ist, wird, durch eine natürliche und unfehlbare Folge, die Quelle einer Obermacht seyn,
welcher alle andre Völker werden huldigen
müssen. Eine groſse Nazion, die immer in
Waffen ist, den Krieg als ihr eigenes Handwerk treibt, und immer Krieg führen **kann**,
weil sie ihn bloſs auf Kosten ihrer **Feinde**
und **Freunde** führt, muſs nothwendig endlich alle übrigen zu ihren Füſsen sehen.
Und mit welchem Grunde könnten sich
unsre Freunde und Verbündeten darüber
beklagen, daſs sie zu unsrer Gröſse beyzutragen verbunden sind? Da wir ihnen gern
erlauben werden, von ihren Naturprodukten, ihrem Kunstfleiſs und ihrer Lage zur
Handlung, unter unserm Schutz, alle nur
mögliche Vortheile zu ziehen; da wir ihnen
alle Quellen des Reichthums, die wir selbst
vernachlässigen, zu benutzen überlassen,
weil bey uns alles, sogar die Künste und
Wissenschaften, bloſs **militarisch** seyn
wird: so ist nicht mehr als billig, daſs sie
unsre Armeen unterhalten, und so oft wir
Geld brauchen, unsre Schatzmeister sind.

Wenn wir nun vollends, durch Demüthigung oder gänzliche Vertilgung unsrer grofsen Nebenbuhlerin, den **Erderschütternden Dreyzack** in die Hand bekommen haben werden, wo wäre denn noch die Monarchie, die nicht unsre **Freundschaft** auf jede leidliche Bedingung suchen müfste? Wo die Macht, die uns zum Kampf heraus fordern dürfte? Sind wir aber erst so weit, so können wir das übrige, was an der vollständigen Ausführung unsers Hauptplans noch fehlt, den Rathgebern, Günstlingen und Höflingen der Könige ruhig überlassen; sicher, dafs sie, wie gewöhnlich, (wiewohl ganz gegen ihre Meinung und Absicht) mehr für uns thun werden, als wir verlangen könnten, wenn wir sie mit schwerem Gelde dafür bezahlten.

HOLGER.

Auf das alles habe ich zwey Dinge zu antworten, mein lieber Projektmacher. Fürs erste hat, glücklicher Weise, die Natur selbst dafür gesorgt, dafs ihr, wenn ein so ausschweifender Plan auch wirklich der eurige wäre, in dem Nazionalkarakter eures eignen Volkes ein Hindernifs finden werdet, das euch mehr zu schaffen geben und weniger überwindlich seyn wird, als alle äufserlichen zusammen genommen. Wenn ihr der

Beweise dieser Wahrheit nicht schon so viele
hättet, bedürfte es wohl eines stärkern, als
die unbegreifliche Gleichgültigkeit ist, womit
der gröfste Theil euerer Bürger die Fakzionen entscheiden läfst, wer die Nazion reprä-
sentieren soll? Könnte etwas ungereimter
seyn, als auf die Grundsätze und Gesinnungen eines Volks, das sein wesentlichstes
Interesse mit einem solchen Leichtsinn behandelt, Staat zu machen, und ihm alle die
Festigkeit, Energie und Beharrlichkeit zuzutrauen, die ein solcher Plan bey ihm
voraussetzt? Ihr seyd so wenig zu Republikanern und Nachfolgern der alten
Romuliden gemacht, dafs, wenn ein paar
Armeen sich morgen für einen König erklärten, euer ganzes Volk, die Jakobiner und
Terroristen abgerechnet, *vive le Roi* schreyen
würde, so lange noch ein Laut aus ihrer
Kehle ginge.

FRANKGALL.

Das könnte möglich seyn; aber dafs
es nicht wirklich werde, dafür, glaube
mir, ist vor der Hand gesorgt. Wer kennt
unser Volk besser als wir selbst? Sey versichert, mein guter Holger, dafs die zum
Theil sehr hellen Köpfe, die an der Spitze
unsrer Republik stehen, genau wissen, wie
das Volk manipuliert werden mufs, und

auf welche von seinen Eigenschaften sich rechnen läfst. Sie wissen sehr gut, ob sie schon in ihren **Adressen an die Franzosen** das Gegentheil zeigen, dafs die grofse Mehrheit der Nazion im Herzen königisch gesinnt ist: aber was liegt daran, so lange die Armeen aus eifrigen Republikanern zusammen gesetzt sind, und unsre Regenten, um sie immer in dieser guten Stimmung zu erhalten, auch immer dafür sorgen werden, dafs es ihnen an Gelegenheit sich um das Vaterland verdient zu machen (wie wir's nennen) nie fehle! So lange diefs geschieht, wird unser Volk, das sein grofses Bedürfnifs, regiert und sogar despotisiert zu werden, lebhafter fühlt als irgend ein anderes, sich vermöge eben dieser leichtsinnigen Apathie, die du ihm mit Recht vorwirfst, auch der republikanischen Regierung so lange geduldig unterwerfen, als das Direktorium die Bedingungen auch nur halbweg erfüllt oder nur erfüllen zu wollen scheint, unter welchen jedes Volk in der Welt sich von einem jeden beherrschen läfst, der die Zügel einmahl in den Händen hat.

HOLGER.

Ich bitte dich, nicht zu vergessen, dafs euer Volk ein wenig veränderlich, muckisch und wetterlaunisch ist, und bey der geringsten Veranlassung eben so schnell aus der gedankenlosesten Schlaffheit zur leidenschaftlichsten Schwärmerey überspringt, als es aus dieser, wenn sie vertobt hat, in jene zurück sinkt.

FRANKGALL.

Daher ist freylich auf Seiten derer, die uns regieren wollen, Kunst, Vorsicht und Festigkeit nöthig; und auch damit würden unsre Fünfmänner nicht auslangen, wenn sie nicht die Klugheit hätten, den übrigen Ingredienzien ihrer Staatsverwaltung immer noch ein wenig Terrorism beyzumischen. Unser Volk muſs behandelt werden wie ein stolzes und rasches Pferd, dem man immer schmeicheln und liebkosen, aber auch immer den Schatten der Gerte zeigen muſs.

HOLGER.

Und so hättest du mir also alle Auswege abgeschnitten, und die Universal-Demokratie wird, alles Einwendens und Sträubens ungeachtet, über kurz oder lang in euern Händen seyn? — Nun, wenn es denn so seyn muſs, was bleibt mir übrig, als den heiligen Anker auszuwerfen, und —

FRANKGALL.

— wie die Solothurner, zu hoffen, daſs der heilige Sankt Urs mit einer Halbbrigade Engel vom Himmel herab stürzen, und die verruchten Feinde der Götter und der Menschen mit seinem flammenden Morgenstern zu Boden schlagen werde? Sey ein Mann, alter Freund, spare deinen heiligen Anker auf irgend einen verzweifelten Nothfall, und nimm deine Zuflucht nicht eher zu den Zaubermitteln der Einbildungskraft und des Glaubens, bis die Natur keine Hülfsquelle mehr hat, und die Vernunft wirklich keine Möglichkeit entdecken kann, dem gefürchteten Unglück zu entgehen. Aufrichtig gegen dich zu seyn, lieber Holger, ich selbst, wiewohl ich, der Pflicht eines guten Bürgers zu Folge, mit der gegenwärtigen Verfassung und Regierung meines Vaterlandes zufrieden bin, — weil es nicht in meiner Macht steht ihm eine bessere zu geben, — bin kein so abgöttischer Verehrer unsrer Konstituzion, daſs ich glauben sollte, es sey auſser ihr kein Heil für die Menschheit; oder daſs ich die Universal-Demokratie, womit ich dich erschreckt habe, nicht für den letzten Schritt zu einer allgemeinen Barbarey und Verwilderung ansehen sollte. Aber ehe es mit dem bereits so aufgeklärten und durch eigene und fremde Erfahrungen so sehr gewitzigten Europa zu dieser Extremität kommen müſste, giebt es wohl noch mehr als Einen Ausweg, und ich selbst — dem

du es wohl nicht angesehen hättest — weifs
dir ein sehr einfaches, der Stufe unsrer Kultur würdiges, leicht auszuführendes, und,
wie mich dünkt, **unfehlbares** Mittel,
dem Übel zuvorzukommen.

HOLGER.

O du grofser und gebenedeyeter Helfer
in der Noth, sage an, was hast du uns noch
für ein **Arkanum** im Rückhalt, welches,
wenn es diese Eigenschaften hätte, dem
Stein der Weisen selbst an Werth gleich zu
schätzen wäre?

FRANKGALL.

Rathe.

HOLGER.

Davus sum, non Oedipus.

FRANKGALL.

Im Ernst, du kannst es nicht errathen?

HOLGER.

In ganzem Ernst, nein!

FRANKGALL.

Es kann nichts leichteres und einfacheres
erdacht werden.

HOLGER.

Du machst mich ungeduldig.

FRANKGALL.

Wenn ich dirs gesagt habe, so wird mirs damit gehen, wie dem Entdecker der neuen Welt mit dem Geheimniſs, ein Ey auf die Spitze zu stellen: du wirst lachen und sagen, ists nichts als das?

HOLGER.

Ich bitte dich, laſs es gut seyn, und quäle mich nicht länger.

FRANKGALL.

Nun so wisse denn, Freund Holger, es ist nicht mehr und nicht weniger, als der einfältige wohlgemeinte Gedanke: die noch übrigen unumschränkten Könige sollten freywillig und aus eigner Bewegung —

HOLGER.

— von ihren Thronen herab steigen und ihre Suveränität dem Volk überlassen?

FRANKGALL.

Nein! nur — die Verfassung von **Groſsbritannien** in ihren Reichen einführen.

HOLGER.

Und dadurch, glaubst du, würden sie und ihre Unterthanen glücklicher seyn, und der Katastrofe, die du nur erst als unvermeidlich zeigtest, entgehen? Soll etwa die beneidenswürdige **Glückseligkeit** der Britten, ihre **Zufriedenheit** mit ihrer gegenwärtigen Regierung, der **blühende Zustand** ihrer **Finanzen** und ihrer **Staatsschuld**, und ihre **tiefe Sicherheit** vor den Folgen der ihnen angedrohten Landung, unsre Monarchen zu einem so beyspiellosen Schritte reitzen?

FRANKGALL.

Die Brittische Konstituzion ist vortrefflich; darin stimmten die gröfsten Denker und Staatskundigen unsers Jahrhunderts immer überein: aber sie war das Werk des Moments, und sie hat (wie unsre Konstituzion von 1795) Fehler, deren Wichtigkeit nur die Erfahrung entdecken konnte, und für deren natürliche Folgen sie jetzt büfsen. Natürlicher Weise müfsten alle diese Mängel und Gebrechen vermieden werden. So ist, z. B. das **Parlament in England nicht frey genug**; denn der Einflufs des Hofes neutralisiert beynahe alles, was auch eine wirklich vaterländisch gesinnte Opposizion zum Besten der Nazion wirken könnte. **Unsre Konstituzion von 1791 setzte die königliche Würde viel zu tief herab**, so tief, dafs der Thron, und sie mit ihm, fallen mufste: hingegen ist die Macht der Brittischen Krone so grofs, dafs sie ihre unbestimmten Grenzen, auf Unkosten der Volksrechte, so lange erweitern kann, bis für diese gar kein Raum mehr übrig bleibt. Der König also, der den grofsen und wohlthätigen Gedanken fafste, seinem Volke **aus eigner Bewegung** eine Konstituzion zu geben, worin Freyheit mit Ordnung und Sicherheit unzertrennlich verbunden wäre, müfste Einsicht und Seelengröfse genug haben, um sich selbst, und denen, die entweder als seine Rathgeber und Vollzicher seines Willens an der Regierung Theil haben, oder deren Werkzeug er, ohne es gewahr zu werden, selber ist, die zur Sicherheit und zum Glück des Staats nöthigen Schranken zu setzen, ohne darum die Majestät des Throns zu verletzen, und das königliche Ansehen den Eingriffen herrschsüchtiger und eigennütziger Volksvertreter preis zu geben.

HOLGER.

Hierin die richtige Mittelstrafse zu treffen, dürfte schon in der blofsen Theorie weit schwerer seyn als du dir vorstellst.

FRANKGALL.

Ganz und gar nicht: im **Wollen** allein liegt die Schwierigkeit. Dafs sich für uns Adamskinder keine ganz vollkommene, alle Knoten rein auflösende, alle Forderungen der

Vernunft erfüllende, keiner Reibung, keiner Schwächung ihrer Springfedern unterworfene, mit Einem Worte keine **ewige und unvergängliche** Staatsverfassung erdenken lasse, versteht sich von selbst. Die **beste ist** — die mit den wenigsten Gebrechen behaftete. Um die Brittische Konstituzion so fehlerfrey zu machen als irgend ein Menschenwerk seyn kann, bedürfte sie nur weniger Modifikazionen. — Mehr Gleichheit in der Repräsentazion — eine kürzere Dauer jeder Parlamentssitzung — eine bessere Polizey bey der Wahl der Repräsentanten — und eine Einschränkung des königlichen Vorrechts, so viel Mitglieder des Oberhauses zu machen, als dem König oder den Ministern beliebt; — schon allein diese Verbesserungen würden eine treffliche Wirkung thun.

HOLGER.

Wenn du etwa einen König finden solltest, der deinem Rathe Gehör gäbe, so bitte ich dich, auch eine kleine Einschränkung des Rechts, **nach Willkühr** mit andern Mächten Händel anzufangen, oder Verbindungen einzugehen, wovon sein unschuldiges Volk am Ende das Opfer wird, nicht zu vergessen. Die Billigkeit, daß die Nazion zu einer sie so nahe betreffenden Sache auch ein Wort zu reden habe, leuchtet, hoffentlich, von selbst in die Augen —

FRANKGALL.

Erinnere dich, lieber Freund, daſs hier nichts zu rathen ist, und daſs mein Arkanum nur dann helfen kann, wenn man aus eigner Bewegung Gebrauch davon machen wollte.

HOLGER.

So besorge ich sehr —

FRANKGALL.

Besorge lieber nichts. Wir haben seit zehn Jahren noch weit unwahrscheinlichere Dinge erlebt. Laſs uns vielmehr hoffen, was wir wünschen; und da wir doch wenig mehr als nichts zum Besten der Welt zu thun vermögen, wenigstens nicht verzweifeln daſs alles noch besser werden könne;

Et vogue la galére
Tant que pourra voguer!

VII.

Würdigung der Neufränkischen Republik aus zweyerley Gesichtspunkten.

RAYMUND.

Glauben Sie mir, Wilibald, so lang' es zwischen dem Atlantischen Meer und dem Rhein noch Männer giebt, die, von einem tiefen mit ihrem Selbstbewufstseyn verschmolzenen Gefühl der Würde des Menschen durchdrungen, die Freyheit, als nothwendige Bedingung derselben, und die Republik, als die einzige Regierungsform, die ihr angemessen ist, über alles lieben, kein Interesse kennen, das sich nicht in dem Interesse derselben verlieren müfste, keinen Gedanken, keine Sorgen, keine Wünsche haben als für die Republik, und in jedem Augenblicke bereit sind, ihr, die ihnen Alles ist, ihr ganzes Selbst aufzuopfern, — so lang' es noch solche Menschen unter uns giebt, wie klein auch ihre Anzahl seyn mag, so lange wird die Republik bestehen, und wenn gleich die halbe Welt sich gegen sie verschwüre. Sie hat keine Feinde zu fürchten als die **innern**. Aber, wenn auch unser böser Genius neue **Marat** und **Robespierre**, neue **Collot d'Herbois**, **Saintjüst** und **Lebon** gegen sie aufstehen liefse; wenn ein neuer 31. May alle wahren Republikaner an Einem Tage schlachtete: so wird ihr Blut, wie man ehemahls von dem Blute der Märtyrer sagte, unsern der Freyheit auf ewig geweihten Boden mit neuen Helden befruchten; ihr Geist wird in ihre Gebeine wehen; sie werden unter andern Nahmen wieder aufleben, und den schönen Kampf mit der Tyranney und den Lastern von neuem beginnen, um ihn so lange fortzusetzen, bis ihr letzter Sieg alle Feinde der Freyheit, der Tugend und der Menschheit ausgerottet haben wird.

WILIBALD kalt und ruhig.

Ich begreife, mein lieber Raymund, wie man mit einem solchen Glauben **Wunder** thun kann; und, wiewohl mich die Natur auf dieser Seite etwas stiefmütterlich behandelt hat, so fühle ich doch die Achtung, die diesem hohen Enthusiasmus gebührt, und betrachte es als die schönste Wirkung der Revoluzion, dafs sie **solche Menschen** aus der Dunkelheit hervor gezogen, und ihnen Gelegenheit gegeben hat, die Stelle einzunehmen, und die Rolle zu spielen, die so erhabenen Naturen zukommt.

RAYMUND.

Sie mögen diefs aus Ironie oder im Ernst sagen, so haben Sie die Wahrheit gesagt.

WILIBALD.

Und gleichwohl, weil weder uns noch der Republik mit Selbsttäuschung gedient seyn kann, dürfte nöthig seyn, die reine Begeisterung der Wahrheit und Tugend von dem Fanatismus gewisser mit zu viel brennbarem Stoff angefüllter Imaginazions-Menschen (wenn mir dieses Wort erlaubt ist) wohl zu unterscheiden, welche von den blofsen in Rauch und Dampf gehüllten Idolen jener Gottheiten so heftig begeistert und in so stürmische Leidenschaften gesetzt werden, dafs ihre Vernunft unmöglich frey und heiter genug seyn kann, um gewahr zu werden, dafs ihre Leidenschaft einem blofsen Truggespenst nachjagt, welches sie selbst, und alle die ihnen folgen, auf Irrwege verleitet, und vielleicht zuletzt in grundlose Sümpfe oder halsbrechende Abgründe stürzen wird.

RAYMUND.

Ich zweifle ob ich Sie recht verstehe. Ich bitte, erklären Sie Sich deutlicher.

WILIBALD.

Sehr gern. Da ich Ihre Revoluzion vom Anfang an mit dem ganzen Interesse eines unbefangenen Weltbürgers, so gut als mir möglich war, beobachtet habe, so hätte ich blind seyn müssen, wenn ich unter denen, die für die gute Sache der Freyheit am meisten gethan und gelitten haben, nicht zwey, bey aller ihrer Ähnlichkeit sehr wesentlich verschiedene Arten von Menschen unterschieden hätte: wovon die einen, wenn ihre Grundsätze und Maſsregeln hätten durchdringen können, die Revoluzion zu einer unermeſslichen Wohlthat für Frankreich gemacht haben würden; die andern hingegen, weil sie mit den ihrigen durchdrangen, die Nazion in einen Abgrund von Jammer mit sich hinab zogen, woraus sie sich zwar seit Einführung der Konstituzion von 1795 allmählich wieder empor arbeitet, aber mit so vielen Wunden und Geschwüren, daſs, ohne eine nochmahlige schmerzliche Wiedergeburt, wenig Hoffnung da zu seyn scheint, sie jemahls in den Zustand einer blühenden und dauerhaften Gesundheit hergestellt zu sehen.

RAYMUND.

Ich merke, wo Sie hinaus wollen und was für Männer Sie meinen. Aber, ich bitte Sie, welch ein armseliges Resultat wäre aus der Kapitulazion heraus gekommen, die Ihre wohlmeinenden Allerweltsfreunde zwischen Licht und Finsterniſs, Filosofie und Fanatism, Freyheit und Knechtschaft, Volksrechten und aristokratischen Usurpazionen, stiften wollten? Ich räume Ihnen willig ein, daſs ein Bailly, ein Malouet, ein Roland, ein Andreas Chenier, und die Wenigen, die man ihres gleichen nennen kann, tugendhafte, aufgeklärte und das Vaterland redlich liebende Männer waren: aber ihre Seele, wie groſs und thätig sie auch innerhalb der Grenzen ihres Gesichtskreises seyn mochte, hatte nicht Energie und Freyheit genug, sich bis zur Idee der reinen Demokratie zu erheben, auſser welcher keine Freyheit, keine wirkliche Einsetzung der Menschheit in den Genuſs aller ihrer Rechte und ihrer ganzen Würde, denkbar ist. Hätten sie durchdringen können, so wäre wahrscheinlich ein Mittelding von einer Regierungsform, wie die Brittische, das höchste gewesen, was wir mit allen den gräſslichen Erschütterungen und Konvulsionen der Jahre 89, 90 und 91 gewonnen hätten.

WILIBALD.

Damit wäre sehr viel gewonnen gewesen, mein Freund, und daran hätte sich auch Ihr Volk, wenn es seinen eigenen Gefühlen überlassen, und nicht täglich und stündlich von Schwindlern, Brauseköpfen und ehrgeitzigen Bösewichtern auf alle nur ersinnliche Art fanatisiert worden wäre, herzlich gern genügen lassen.

RAYMUND.

O das glaub' ich selbst. Woran läfst sich aber auch ein von Aberglauben und Despotism Jahrhunderte lang zusammen gedrücktes, tief erniedrigtes Volk nicht genügen? Auf diesem Wege würde uns nie geholfen worden seyn. Wer es mit dem Volk ernstlich gut meint, mufs es, so zu sagen, bey den Haaren aus seiner Dumpfheit und Verblendung heraus ziehen, mufs es lieb genug haben, um es mit Gewalt glücklich zu machen. Diefs zu unternehmen und auszuführen, wurden solche Feuerseelen erfordert, wie die Brissot, die Guadet, die Barbaroux, die Louvet, und alle diese entschiedenen Republikaner, die an der Spitze der Girondisten standen, und, wiewohl sie die wahren Stifter der Republik sind, von der undankbaren Nazion bereits vergessen zu seyn scheinen.

WILIBALD.

Vermuthlich aus dem ganz einfachen Grunde, weil die Nazion von der Größe der Wohlthat nicht überzeugt genug ist, um zu wissen, ob sie Dankes werth sey. — Sie waren vorhin so billig gegen meine Protegierten, daß es unartig von mir wäre, wenn ich den Ihrigen nicht gleiches Recht widerfahren ließe. Ich will also glauben, daß **Brissot** und seine Partey es eben so redlich mit dem Vaterlande meinten als jene: aber wie weit, wie unendlich weit waren sie entfernt, den Nahmen **weiser** und **tugendhafter** Männer zu verdienen! Um sie und ihre Thaten zu würdigen, muß man nicht künstlich zusammen gesetzte **Lobreden**, worin der Leser bald durch die feinsten Taschenspielerkniffe der Redekunst **getäuscht**, bald durch die stärksten Anfälle auf sein Gefühl, durch affektvolle Schilderungen und herzrührende Ergießung der wirklichen oder angenommenen Empfindungen des Redners **bestochen** wird, sondern die Annalen und öffentlichen Verhandlungen der Jahre 91 und 92 zu Rathe ziehen, — und ein unparteyischer Weltbürger wird Mühe haben, diese, wenn Sie wollen, edlern und bessern Freyheitsschwärmer, aber doch Schwärmer, die immer bereit waren, ihrem angebeteten Götzen **Alles**, auch Pflicht, auch Wahrheit, Vernunft, Recht und Humanität aufzuopfern, von den Robespierre, Marat, Danton und ihres gleichen, anders als dem Grade nach, zu unterscheiden.

RAYMUND.

Ehe ich Ihnen diefs zugeben könnte, müfsten wir in Umständlichkeiten und Untersuchungen eingehen, worüber wir uns in dem unermefslichen Ocean unsrer Revoluzionsgeschichte verlieren würden.

WILIBALD.

Ich denke nicht dafs diefs nöthig sey, und glaube vielmehr, es genüge an dem, was sich von dieser Geschichte in dem Gedächtnifs eines jeden nahen oder entfernten Zuschauers erhalten hat, um behaupten zu können, dafs gerechte und tugendhafte Menschen vor den Mitteln mit Scham und Abscheu zurück schaudern, die man sich erlaubt hat, um die Republik auf die Ruinen des Throns zu gründen.

RAYMUND.

Bedenken Sie aber auch, dafs die Revoluzion ein Orkan war, dem weder einzelne Personen, noch selbst eine ganze Partey gebieten konnte; dafs es fast immer blofs darauf ankam, den Staat unter dem wüthend-

sten Sturm zwischen Strömen, Klippen und
Sandbänken ohne Zahl, bey unaufhörlicher
Gefahr eines plötzlichen Schiffbruchs, durch-
zuführen, und daſs die Noth oft zu dringend war, als daſs man sich lange hätte
bedenken können, was man zuerst über Bord
werfen müsse, oder womit man jeden neuen
Leck, den das Schiff bekam, in der Eile
mit dem wenigsten Schaden stopfen könne.

WILIBALD.

Gewiſs bedenke ich das alles; aber ich
bedenke auch, daſs der Orkan, der die Führung des Schiffs so gefährlich und so ver-
zweifelte Rettungsmittel nothwendig machte,
nicht ein Werk der Natur, sondern ein
magischer Sturm war, den eine Rotte
von Schwarzkünstlern, in der Absicht sich
des Schiffes zu bemächtigen, erregt hatte.

RAYMUND.

Da sind wir wieder in unserm vorigen
Zirkel, und werden uns ewig darin herum
drehen, so lange wir über das, was durch
die Revoluzion bewirkt werden sollte, so
verschiedner Meinung sind.

WILIBALD.

Lassen Sie mich versuchen, ob nicht vielleicht eine deutlichere Entwicklung der Mei-

nungen schon hinlänglich ist, uns aus diesem Zirkel heraus zu helfen. Soll ich Ihnen die erste Quelle nennen, aus welcher jene schwärmerischen Liebhaber der Republik ihre Selbsttäuschungen geschöpft haben? Höchst wahrscheinlich sind Nepos und Plutarch unschuldiger Weise an allen ihren Irrthümern und Mifsgriffen Schuld. Die besten und gebildetsten unter ihnen wurden, so zu sagen, von Kindheit an in den Republiken des Alterthums erzogen. In dem Alter, wo gefühlvolle Seelen einen noch ungeschwächten Sinn für das sittlich Schöne und Grofse haben, machten sie Bekanntschaft mit den ausgezeichnetsten Republikanern Griechenlandes und Roms, und sogen mit der enthusiastischen Bewunderung und Liebe eines Leonidas, Themistokles, Epaminondas, Timoleon, Brutus, Fabricius, Regulus, Kato und ihres gleichen, unvermerkt auch die Gesinnungen derselben, ihre Liebe zur republikanischen Freyheit, ihren Hafs gegen Tyranney und Königthum, und ihre Anhänglichkeit an populare Regierungsformen ein. In einem Alter, worin sie von der Welt, von den Menschen mit welchen sie künftig leben sollten, und von den tausendfach in einander geschlungnen Verhältnissen und Interessen der unzähligen Klassen und Abstufungen, die den ungeheuern Zwischenraum vom Monarchen bis zum Bettler in einem grofsen Staate ausfüllen, nur sehr mangelhafte und verworrene Begriffe, ohne Überblick des wahren Zusammenhangs dieser Dinge haben konnten, in diesem Alter, das gewöhnlicher Weise für das ganze Leben eines jeden Menschen entscheidend ist, gewöhnten sie sich an die **grofsen und schönen Formen**, unter welchen, in den glücklichsten Perioden jener alten Freystaaten, die menschliche Natur einer noch unverdorbenen Seele erscheint. Aber, indem sie die Verfassung von **Sparta**, **Athen** und **Rom**, in den Zeiten, wo Liebe zur Freyheit und zum Vaterlande noch mit Gerechtigkeit, Edelmuth, Verachtung des Reichthums und äufserst einfachen Sitten gepaart waren, nicht nur für den **glücklichsten** Zustand, worin Menschen leben könnten, sondern in Vergleichung mit dem, was ihnen Geschichte und Augenschein von der monarchischen Verfassung zeigte, für den **einzigen**, worin der Mensch die Würde seiner Natur behaupten könne, ansahen, liefsen sie sich wenig davon träumen, dafs diese bewunderten **alten Republiken** und diese angebeteten **grofsen Männer** — zuerst unter den Meisterhänden der Geschichtsmahler des Alterthums, und dann in ihrer eignen Einbildungskraft ihre Individualität verloren hatten, und zu Idealen und schönen Traumbildern erhoben worden waren, von welchen sie unschuldiger Weise übel getäuscht werden mußten, sobald sie solche nicht nur in die wirkliche Welt, sondern sogar, aus ihrem natürlichen Zusammenhang heraus gehoben, in eine ganz andere Ordnung der Dinge, und in einen Boden, wo sie unmöglich gedeihen konnten, versetzen wollten. Gleichwohl war es dieß, was sie unternahmen, als ihnen die in ihrem Vaterlande ausgebrochne Revoluzion Gelegenheit und Hoffnung machte, ihre immer im Verborgnen genährten, zum Theil auch schon in Schriften geäußerten Lieblingsideen realisieren zu können. — Diese Hypothese, als Thatsache angenommen, verbreitet, däucht mich, ein starkes Licht über die merkwürdige Rolle, welche diese kleine Schaar echter Republikaner in der Revoluzion gespielt hat; sie macht aber auch begreiflich, warum sie, ohne ihr großes Unternehmen ausführen zu können, in dem Strudel, der sie mit immer zunehmender Gewalt in sich hinein zog, nothwendig zu Grunde gehen mußten. Um der guten Sache willen (wie sie glaubten) genöthigt, mit Menschen, die zwar eben dasselbe Ziel, aber mit ganz andern Absichten und Gesinnungen, verfolgten, gemeine Sache zu machen; immer in ihrer Hoffnung betrogen, diesen so ungleichartigen Mitverschwornen ihre eigene Vorstellungsart beyzubringen; immer bald genöthigt nachzugeben, um nicht alles zu verlieren, bald durch die wilden Fluten des Bürgerkriegs, und den hartnäckigen Widerstand der ehemahls herrschenden, nun um Leben oder Tod kämpfenden **Aristokratie**, aus ihrem eigenen Wege heraus geworfen und fortgerissen; mitten in einem gestaltlosen brausenden Chaos, dessen Gährung die Hefen der Nazion aufgewühlt und empor geschäumt hatte; wo die unbändigsten Leidenschaften, von den Banden der Religion und Sittlichkeit entfesselt, wüthend gegen einander rannten; wo die verworfensten aller Menschen, weil sie für die Sache der Freyheit fochten oder zu fechten vorgaben, die Straflosigkeit ihrer Verbrechen als einen verdienten Sold forderten; wo so vielerley Fakzionen, deren jede Männer von großen Talenten, oder ungewöhnlichen Naturgaben, oder grenzenloser Verwegenheit und Verruchtheit, an ihrer Spitze hatte, ihre besondern Absichten mit einer das gewöhnliche Maß der Natur weit übersteigenden Energie betrieben; — kurz, in Umständen, wo nur ein kaltblütiger, gefühlloser, in sich selbst hinein geschrobner, vor keinem zu seinem Zweck führenden Bubenstück erschreckender Bösewicht sich selbst immer gleich bleiben, und, wie ein übelthätiger aber mächtiger Genius, über dem allgemeinen Aufruhr der Elemente oben schweben konnte; — wie wär' es anders möglich gewesen, als daſs jenes kleine Häufchen, mit seinen schimmernden Träumen von einer Art Platonischer Republik und republikanischer Tugend, für welche, auſser ihnen selbst, niemand einen Sinn hatte, nicht nur nicht durchdringen, sondern in sehr kurzer Zeit, nach einem allzu ungleichen Kampfe mit den verruchtesten unter seinen ehemahligen Freunden und Brüdern, seine hohe Schwärmerey, seinen feurigen Patriotism, seine zweydeutige Tugend, und seinen Mangel an Muth, so oft es auf rasche Entschlieſsung zu einem **nützlichen Verbrechen** ankam, kurz, eine falsche Berechnung sowohl seiner eignen Kräfte, als dessen was unter den gegebenen Umständen möglich war, mit dem Leben büſsen muſste?

RAYMUND.

Was Sie Mangel an Muth und Entschlossenheit nennen, war vielmehr echte republikanische Tugend, Anhänglichkeit an gesetzmäſsige Ordnung, Abscheu vor gewaltthätigen Handlungen die vielleicht noch vermeidlich waren, und edelmüthiges Vergessen ihrer persönlichen Gefahr beym Gedanken des Unheils, das ein besorglicher, aus dem Schoofse des Konvents selbst ausbrechender Bürgerkrieg über die Nazion und die gute Sache bringen würde.

WILIBALD.

Ich kann Ihnen das eingestehen, ohne dafs ich mein Urtheil von den enthusiastischen Stiftern Ihrer Republik zurück zu nehmen Ursache hätte. Es war ein **schöner Irrthum**, der diese gröfsten Theils noch jungen, von den erhabnen Maximen und Gesinnungen einiger alten Griechischen und Römischen Republikaner erhitzten Männer täuschte. Wer wird ihnen läugnen wollen, dafs Freyheit und Gleichheit, wenn sie bey einem aufgeklärten und tugendhaften Volke, vermittelst einer weisen Gesetzgebung, durch eine kluge und patriotische Regierung zu möglichster Veredlung der Menschheit angewandt würden, die wohlthätigsten Früchte nicht nur für dieses einzelne Volk, sondern mit der Zeit für die ganze Menschheit tragen müfsten? Welcher Mensch von feurigem Kopf und gefühlvollem Herzen wird nicht von der Idee einer solchen Republik bezaubert? Der grofse Irrthum euerer Enthusiasten, der Vater aller übrigen in welche sie folgerechter Weise verfallen mufsten, war, dafs sie dieses Ideal von Republik aus der intelligibeln Welt in die Sinnenwelt versetzen wollten, ohne zu sehen, daſs die nothwendigen Bedingungen, unter welchen allein ihr Unternehmen gelingen konnte, nicht vorhanden waren; daſs sie die ihnen so mächtig entgegen wirkenden zahllosen Hindernisse für überwindlich hielten; und daſs sie sich selbst, zu Bestehung dieses gröſsten aller Abenteuer, mehr Weisheit, Tugend und Energie zutrauten, als sie wirklich hatten.

RAYMUND.

Ey, ey, mein lieber Wilibald! Sehen Sie nicht, daſs es mir, um alle diese Vorwürfe in die Luft zu sprengen, nur ein einziges Wort kostet? Das Unternehmen, das Sie unausführbar nennen, wurde ausgeführt. Die Republik ist da, und hat, denke ich, ihr Daseyn seit zwey Jahren dem ganzen Europa, und vorzüglich euch Deutschen, so fühlbar manifestiert, daſs ihr eben so leicht an euerm eigenen Daseyn, als an dem ihrigen zweifeln könntet.

WILIBALD.

Was nennen Sie Republik, Freund Raymund? Ich bitte Sie, schieben Sie mir nicht statt des schönen Ideals unsrer wackern platonisierenden Schwärmer ein Götzenbild unter, an welchem nichts republikanisches ist als Nahme, Gewand und Verzierung. Frankreich ist da, die Französische Nazion ist da, eine Art von republikanischer Konstituzion ist da; kurz, nicht nur der erste Stoff zu einer künftigen Republik ist vorhanden; er ist sogar bereits organisiert und zu einem ziemlich wohlgestalteten Körper ausgebildet. Aber wo ist die Seele, die ihn beleben, wo der Geist, der ihn regieren soll? Wo ist die unverletzliche Heiligkeit des Gesetzes? wo die Garantie, die einem jeden die Rechte des Menschen und des Bürgers sichert? wo die Freyheit, seine eigene Meinung, sein eignes Urtheil zu haben, und beide ungescheut laut werden zu lassen? wo die allgemeine unparteyische Gerechtigkeitspflege? wo der Gemeingeist, die Vaterlandsliebe, die gewissenhafte Erfüllung jeder Bürgerpflicht, die Verachtung des Reichthums und der Wollüste, die Mäſsigung, die Frugalität, mit Einem Worte, die Tugenden, die den wahren Karakter einer republikanischen Regierung und eines republikanischen Volkes ausmachen? Die Französische Nazion, sagt man, hat, seitdem sie sich zu einer Republik konstituiert hat, erstaunliche Dinge gethan. Unläugbar! Aber war es der republikanische Geist und Karakter, in dessen Kraft sie diese Groſsthaten verrichtete? In der Lage, worin sie sich im Jahre 1792 befand, wäre die Verzweiflung allein hinlänglich gewesen, ein Volk, das von jeher feurig, stolz und muthvoll war, unüberwindlich zu machen. Aber die Franzosen wurden noch zum Überflufs an ihrem empfindlichsten Theil, an ihrem Ehrgefühl, angegriffen. Stolz auf ihre neu erworbene Freyheit, und mit grenzenloser Verachtung gegen alles, was monarchisch und aristokratisch hiefs, angefüllt, sahen sie auf ihre Feinde als auf armselige Lohnknechte tyrannischer Usurpatoren herab, und siegten, weil ihnen nichts unerträglicher schien, als die Schmach, solchen Feinden zu unterliegen. Aber auch diefs war noch nicht alles. Eine der natürlichsten Folgen einer allgemeinen Umkehrung grofser Staaten ist, dafs eine Menge neuer Menschen aus ihrer bisherigen Dunkelheit hervor gerüttelt werden, und auf ihrem rechten Platz zu stehen kommen, wo sie Talente zeigen können, die ihnen selbst vielleicht unbekannt waren. Was für Nahmen traten jetzt an die Stelle der Montmorency, der Türenne, der Catinat, Gassion, Villars, Villeroy u. s. w. die den Regierungen des 13. und 14. Ludewigs ihren Glanz geliehen hatten! Die Revoluzion förderte die Dumouriez, die Pichegru, die Marceau, die Jourdan, die Moreau, die Hoche, die Augerau, u. s. w. zu Tage; und welch ein Geschenk hat euch das Schicksal an dem einzigen Buonaparte gemacht! einem Manne, der sich schon vor seinem acht und zwanzigsten Jahre eine Stelle unter den gröſsten aller Zeiten erwarb, und alles, was einen Epaminondas und Agesilaus, Scipio und Paul-Ämil, Sertorius und Hannibal bewundernswürdig macht, in sich vereiniget! Die Französischen Kriegsheere haben unter diesen Anführern glänzende Siege erfochten, groſse Eroberungen gemacht, und den unermeſslichen Vortheil über alle ihre gegenwärtigen und künftigen Feinde gewonnen, unüberwindlich zu seyn, weil sie sich unüberwindlich glauben, und das Leben gegen den Ruhm für nichts achten. Alle Welt wünscht daher Friede mit der groſsen Nazion, und wer Friede von ihr haben will, muſs sich die Bedingungen gefallen lassen, die ihm ihre Gewalthaber vorschreiben oder zugestehen wollen. Aber alles das macht Frankreich zu keiner Republik.

RAYMUND.

Nun das ist lustig genug! Das fehlte noch, daſs Sie unsrer Republik, nachdem sie beynahe von allen Europäischen Mächten

anerkannt wird, noch gar den Nahmen einer
Republik streitig machen wollen!

WILIBALD.

Den Nahmen nicht. Nahmen gelten wie
Münzen. Man erkennt euere dermahlige
Übermacht weil man muſs, und nennt euch
wie ihr genennt seyn wollt. Man würde
euch eben sowohl für eine Pentarchie
oder Pentakratie erkennen, wenn ihr
darauf beständet. Aber weder Nahme, noch
Sprache und Fraseologie, noch Zuschnitt
und äuſserliche Form können Frankreich zu
einer Republik machen, so lange die groſse
Nazion in allen wesentlichen Zügen ihres
Karakters eben dieselbe ist und bleibt, die
sie ehemahls war. Die Menschen machen
die Republik, nicht die Konstituzion. Einem
Menschen, dessen ganze Naturanlage, Erziehung, Sitten und gewohnte Lebensweise mit
dem Karakter eines wahren Republikaners
in offenbarem Widerspruch steht, zu befehlen, daſs er sich plötzlich in einen Republikaner verwandle, heiſst einem Invaliden mit
hölzernem Beine zumuthen, daſs er ein *Pas
de deux* mit Vestris tanze. Euer Volk ist
nicht zur republikanischen Sofrosyne gemacht; es kennt keine Mittellinie zwischen
dem Äuſsersten zu beiden Seiten: es muſs
despotisch regiert werden, oder es

ist gar nicht zu regieren. Was ists nun, daſs ihr die Benennungen geändert habt? Ihr hattet Herren, die nicht mehr sind, weil ihr euch in einer Anwandlung von Freyheitsdrang in den Kopf setztet, keine mehr haben zu wollen; und ihr habt euch andere gegeben, die sich Bürger nennen lassen. Ehemahls war euere Regierung despotisch unter einer monarchisch - aristokratischen Form; jetzt ist sie despotisch unter einer pentarchisch-demokratischen. Der Unterschied ist wahrlich des groſsen Aufhebens nicht werth, das man davon macht. Unglücklich genug für die Menschen, daſs es nun einmahl ihr Loos ist, immer mit Worten zu spielen und immer durch Worte getäuscht zu werden: aber die Natur bleibt darum nicht weniger was sie ist. So ist es z. B. bloſser Miſsbrauch der Worte, wenn man Despotism mit Tyranney für gleichbedeutend nimmt. Trajan, Mark-Aurel, Friedrich der Einzige, Josef der Zweyte, waren Despoten, und werden ewig Muster trefflicher Regenten bleiben; wohl dem Volke, dem alle hundert Jahre einer ihres gleichen zu Theil wird! Ich bin also weit entfernt, euerer dermahligen Regierung die Verdienste, die sie sich in mehrern Hinsichten um Frankreich erworben hat, abzusprechen, indem ich sie despotisch nenne: ich läugne nur, daſs sie republikanisch ist, und berufe mich der Kürze halben auf den 18. Fruktidor und das ganze Benehmen euerer Regierung seit dieser Epoke.

RAYMUND.

Der 18. Fruktidor war der zweyte Geburtstag der Republik: ohne ihn wäre sie nicht mehr; ohne ihn würde Frankreich in alle Gräuel der Anarchie, des Terrorism und des wüthendsten Bürgerkriegs zurück geworfen worden seyn. Die Konstituzion muſste verletzt werden, weil kein anderes Mittel da war sie zu retten. Wenn das weltbekannte Triumvirat unsers Direktoriums sich jemahls ein Recht erworben hat, ewig als die Erhalter des Vaterlands und der Republik gefeiert zu werden, so wars am 18. Fruktidor.

WILIBALD.

Ich würde selbst nicht ermangeln, ihre Büsten in meinem Lararium aufzustellen, wenn sie durch einen nothwendigen Bruch in die Konstituzion eine wirklich bestehende und rechtmäſsig bestehende Republik gerettet hätten. Aber Frankreich ist keines von beiden: jenes soll sie erst durch eine künftige Erziehung werden, die euere eifrigsten Republikaner selbst kaum für möglich halten; **dieses** kann sie niemahls, oder, wenn Sie es schlechterdings wollen, beides nur durch ein doppeltes Wunder werden.

RAYMUND.

Was für ein Wunder, wenn ich bitten darf?

WILIBALD.

Um wirklich Republik zu werden, müfste der Karakter der Nazion eine Verwandlung erleiden, gegen welche alle Ovidischen nur Kinderspiel wären: um rechtmäfsig zu werden, müfste sich der ganze **Lethe** über Frankreich ergiefsen, und alle Erinnerungen an die letzten neun Jahre so rein aus allen Gemüthern auswaschen, dafs alle Franzosen in dem nehmlichen Augenblicke, da sie sich einhellig zu einer Republik konstituieren würden, aus dem Nichts hervorgegangen zu seyn glaubten.

RAYMUND.

Sie nehmen es sehr scharf mit uns, Wilibald. Wer könnte bestehen, wenn er nach einem so strengen Gesetz gerichtet würde? Unsre Republik **war**, als die Konstituzion von 1795 von dem ungleich gröfsten Theil der Nazion angenommen wurde; und wäre sie es auch nur einen Tag gewesen, so war dieser Tag hinlänglich, um das, was damahls **Wille der Nazion** war, für ihren **unveränderlichen** Willen zu erklären, und dem zu Folge Frankreich auf ewig zur Republik zu machen. Und, was die Rechtmäfsigkeit betrifft, brauchte es denn mehr, als eben diesen Willen der Nazion, um jede Staatsverfassung, die sie sich für die zuträglichste hielt, rechtmäfsig zu machen?

WILIBALD.

Unglücklicher Weise für die Sache der Republikstifter galt diefs alles eben so gut für die Rechtmäfsigkeit und ewige Dauer des Königthums. Welche Nazion in der Welt war wegen ihrer schwärmerischen Anhänglichkeit an ihre Erbfürsten so berühmt als die Französische? Rief nicht ehemahls alles Volk, wenn es bey irgend einer festlichen Gelegenheit vom Könige gegrüfst und von der Königin mit einem unsichtbaren Lächeln beseliget wurde, wenigstens eben so anhaltend *vive le Roi, vive la Reine*, als es am 10. August *vive la Republique* rief? Wenn der vorgebliche Anschlag einiger Glieder der gesetzgebenden Räthe und des Direktoriums, die Republik wieder in eine monarchische Form zu giefsen, am 18. Fruktidor unrechtmäfsig war, wie konnt' es am 10. May rechtmäfsig seyn, die Monarchie zu zerstören, um eine Republik an ihre Stelle zu setzen? Doch, was bedarf es mehr, als einen bloſsen Überblick der Geschichte des Jakobinerklubs und seiner Heldenthaten, um sich durch lauter beurkundete notorische Thatsachen zu überzeugen, daſs die Französische Republik nicht einem mit ruhiger Überlegung abgefaſsten allgemeinen Beschluſs der Nazion, sondern einer langen Reihe der gesetzwidrigsten Anmaſsungen, Kabalen, Ränke, Betrügereyen und Unthaten solcher politischer Fanatiker und moralischer Bösewichter, wofür Marat, Robespierre, Manuel, Pethion, Santerre, Danton, Camille des Moulins und so viele andere jetzt doch wohl allgemein anerkannt sind, ihr Daseyn zu danken hat? Gewiſs, lieber Raymund, können und werden Sie mir nicht zu läugnen begehren, daſs ein Zusammenfluſs von niedrigen Kunstgriffen, gauklerischen Täuschungen, ungeheuern Verbrechen und mehr als barbarischen Mordscenen nöthig war, das betrogne Volk endlich dahin zu bringen, daſs es, um von dem grenzenlosen Elend der Anarchie befreyt zu werden, sich eine Verfassung gefallen lieſs, von welcher es eben so wenig Kenntniſs hatte, als es Anlage und Neigung zu ihr in sich fühlte. In der ganzen Geschichte aller Völker ist kein Beyspiel zu finden, dafs die Errichtung eines Freystaats nur den tausendsten Theil der Verbrechen gekostet hätte, ohne welche der eurige nie zu Stande gekommen wäre.

RAYMUND.

Alle die Abscheulichkeiten, womit die Annalen unsrer Revoluzion leider befleckt sind, waren unausbleibliche Folgen eines gewaltsamen glänzlichen Umsturzes der alten Ordnung der Dinge unter uns. Aber gehen Sie, wenn Sie billig seyn wollen, auf die Ursachen dieses Umsturzes zurück, und Sie werden ihn noch weit mehr in dem Karakter, den Leidenschaften und der sittlichen Verdorbenheit derjenigen, die sich vom Anfang an einer gründlichen Abstellung der unläugbarsten und unerträglichsten Mifsbräuche aus allen Kräften entgegen setzten, als in den Anschlägen und Bestrebungen der kleinen Anzahl ehrgeitziger und neuerungssüchtiger Menschen finden, die, ebenfalls aus persönlichen Absichten, von Anfang an ihr möglichstes thaten, die Risse und Breschen in dem alten baufälligen Staatsgebäude täglich zu erweitern, und dadurch den Bösewichtern vom Jahre 1791 und 92, die an ihre Stelle kamen, unwissender Weise die Hälfte der Arbeit ersparten.

WILIBALD.

Ich gestehe Ihnen gern, daſs ich die Rechtfertigung der Denkart und des Betragens der Aristokraten in jenem Zeitpunkt nicht auf mich nehmen möchte. Aber das Betragen der demokratischen Partey wird durch die Unklugheit und Verkehrtheit, die in den Kabalen ihrer Gegner präsidierten, nicht gerechtfertigt. Hätten die Sachwalter des Volks ihre Anmaſsungen nicht zu weit getrieben, ihre Forderungen nicht zu hoch gespannt, sich, wenn auch nicht mit bloſser Wiederherstellung der Freyheiten und Rechte, welche die Nazion schon im vierzehnten und funfzehnten Jahrhundert besaſs, doch mit einer solchen Einschränkung der monarchischen Verfassung, wie die Brittische durch die Revoluzion von 1688 erhielt, begnügen lassen; so würden sie, da sie auf den Beyfall und Beystand der ganzen Nazion rechnen konnten, ohne groſse Schwierigkeit damit durchgedrungen seyn, und die gräuelvollen sechs Jahre, während welcher das liebenswürdigste und gebildetste Volk des Erdbodrns in eine mehr als Vandalische Barbarey und Neuseeländische Wildheit zurück stürzte, — dieser scheuſslich gähnende Riſs in der Geschichte euerer Kultur würde euere Jahrbücher nicht auf ewig schänden. — Aber das wollten schon damahls euere wiewohl noch heimlichen und verkappten Republikaner nicht. Und nun frage ich Sie: was für ein Recht hatte diese Hand voll metafysischer Schwärmer, und wenn ihrer auch Tausende und Zehentausende gewesen wären, was berechtigte sie, mit Verwerfung aller gemäfsigten Verbesserungsplane, ein der Monarchie ergebenes und gewohntes Volk durch Vorspiegelung mifsgedeuteter Menschenrechte zum Aufstand zu reitzen, Thron und Altar umzustürzen, die Schätze und Besitzthümer der Krone, die Güter der Kirche, das Eigenthum unzähliger Staatsbürger, unter dem Vorwand sie der Nazion zuzueignen, der Raubsucht der verworfensten Menschen preis zu geben, und im ganzen Reiche alles umzukehren, aufzulösen und zu zerstören, blofs um den Versuch zu machen, ob ein Ideal, das sie selbst nur in einem magischen Nebel erblickten, sich vielleicht realisieren lassen werde? Was berechtigte sie, dieses ihr Vorhaben, wenn es auch an sich noch so löblich gewesen wäre, auf Unkosten des angesehensten und begütertsten Theils der Nazion zu bewerkstelligen? Mit welchem Schatten von Recht mafsten sich diese Menschen, um eine illusorische Majorität auf ihre Seite zu bringen, der tyrannischen Gewalt an, ein von ihnen selbst für suverän erklärtes Volk in seinen einzelnen Gliedern

der Freyheit, eine andere Meinung als sie
zu haben und nach eigner Überzeugung zu
reden und zu handeln, zu berauben, die
Begriffe und Meinungen der Fakzion hingegen der grofsen Mehrheit des Volks mit
Feuer und Schwert aufzudringen, und den
Gebrauch des heiligsten aller Menschenrechte
zu einem des Todes würdigen Verbrechen
zu machen? Freylich, wäre das alles nicht
geschehen, so existierte die Republik nicht;
aber welche Republik, die nur durch solche
Mittel, nur durch die Mittel, die ehemahls
ein Marius und Sylla und Oktavianus zu
Unterdrückung der ihrigen anwandten,
nur durch unaufhörliche Verletzung der von
ihr selbst proklamierten Rechte der Menschheit, mit Einem Worte, nur durch Verbrechen und Gräuel ohne Zahl und Mafs
zum Daseyn gelangen konnte! Mit welcher
Stirn erkühnt sich eine Republik, (das
Werk der Marat, Manuel, Pethion,
Carra, Basire, Chabot, Robespierre und ihres gleichen) unter die Amfiktyonen Europens hinzutreten, und
sich einer entscheidenden Stimme in ihrem
Rath anzumafsen? Auf was für Rechte
kann sie Anspruch machen, da ihre Existenz selbst die gröfste aller Ungerechtigkeiten ist?

RAYMUND nach einer kleinen Pause.

Lieber Wilibald! wozu das alles? So lange wir die Sache aus einem so tief liegenden und beschränkten Standpunkte betrachten, werden wir immer nur einseitige, schiefe und gehässige Ansichten erhalten, aus welchen sich kein gültiges Resultat ziehen läfst. Unsre Revoluzion ist nun einmahl erfolgt, weil es (morgenländisch zu reden) auf der Tafel des Lichts geschrieben war, dafs sie erfolgen sollte. Unsre weiland Monarchie ist nun einmahl todt und abgethan, und wird nimmer wieder lebendig werden. Aber, Dank sey dem Himmel! die Nazion ist noch da; sie steht in ihrem alten Grund und Boden fest gewurzelt, und wird wahrscheinlich nur durch eine allgemeine Ersäufung oder Verbrennung unsers Planeten untergehen. Diese Nazion ist, nach mancherley mifslungenen Versuchen sich wieder zu organisieren, durch die Zusammenwirkung der vier grofsen Beweger aller sublunarischen Dinge, der Nothwendigkeit, der Leidenschaften, der Vernunft und des Zufalls, endlich dahin gekommen, sich diejenige Verfassung gefallen zu lassen, die im Jahre 1795 dem aufgeklärtern Theile die beste schien. Und so ist nun das Französische Volk, nach dem politischen Tode seiner Monarchie, aus eigner Macht und

Gewalt, nicht nur unter der Gestalt, sondern wahrlich mit der vollsaftigen Jugendstärke einer Republik, wieder auferstanden, welche ihr Recht, unter den Amfiktyonen Europens die ihr gebührende Stelle einzunehmen, so nachdrücklich zu behaupten gewufst hat, dafs es ihr schwerlich so bald wieder streitig gemacht werden dürfte. Ob ihre dermahlige Konstituzion die **letzte**, oder nur ein starker Schritt vorwärts zu einer andern sey, wobey die Nazion sich vielleicht **noch besser** befinden würde, wer kann das sagen? — Genug, sie ist nun was sie ist; und um diefs recht ins Auge zu fassen, weifs ich nur Einen Standpunkt.

WILIBALD.

Und der wäre? —

RAYMUND.

Der **kosmopolitische**.

WILIBALD.

Er ist etwas hoch — aber ich kann klettern und hoffe Ihnen nachzukommen.

RAYMUND.

Sie sehen in diesem einzigen Wort alles was ich sagen will, und so kann ich desto kürzer seyn. Dem Kopf und dem Herzen des denkenden Mannes, der im Ganzen des Weltalls Gesetzmäſsigkeit und ewige Ordnung sieht, ist dieser Erdball nur ein einziges Gemeinwesen, und das über ihn verbreitete Menschengeschlecht nur Eine Familie. Alles Besondere und Einzelne in den menschlichen Angelegenheiten beurtheilt er nach dem Verhältniſs desselben zum Ganzen. Wollte irgend ein der Menschheit gewogener Genius den Nebel von den Augen der Völker und ihrer Hirten treiben, so würden sie sehen, daſs die Revoluzion, da sie nun einmahl erfolgt ist, durch alle ihre Anschläge, Intriguen, Koalizionen und Anstrengungen nicht ungeschehen gemacht werden kann; und daſs es also, wie die Sachen stehen, eben so sehr ihr Interesse als ihre Pflicht ist, anstatt dem groſsen Werk des Schicksals vergebens entgegen zu streben, es vielmehr zu fördern, und willige Hände zu bieten, daſs alles Gute, was aus der gegenwärtigen Lage der Dinge entwickelt werden kann, wirklich zu Stande komme. Jetzt ist das dringendste Bedürfniſs aller Europäischen Völker Friede, Endigung — nicht wie es anscheinen will — Erneuerung — des heillosen, unmenschlichen Krieges, der in so wenig Jahren alle andern Übel, die der Krieg immer nach sich zieht, noch durch eine so fürchterliche sittliche Zerrüttung vermehrt hat, daſs, wofern er auch nur eben so lange fortdauern sollte, ein gänzlicher Rückfall in die Barbarey des vierzehnten Jahrhunderts die unausbleibliche Folge davon seyn müſste. Friede, Friede, nicht Erhaltung alter, längst nicht mehr passender Einrichtungen, durch Mittel, die ihren Sturz nur beschleunigen und das Elend der schuldlos leidenden Völker vollständig machen würden, Friede, Einverständniſs, aufrichtige Verbindung zu Wiederherstellung der allgemeinen Wohlfahrt, ist, was alle Völker von den Männern, deren Weisheit oder Thorheit, Rechtschaffenheit oder Unredlichkeit das Schicksal von Millionen entscheidet, erwarten, und zu erwarten befugt sind. Ob die Französische Republik gut oder schlecht konstituiert ist, ob sie, nach den scharfen Begriffen einer strengen Theorie beurtheilt, ihren Nahmen mit Recht führt, ist ihre eigene Sache; genug, daſs sie Kräfte und Mittel in sich selbst hat, das, was sie jetzt noch nicht seyn kann, in kürzerer Zeit zu werden, als ihre — guten Freunde vielleicht wünschen. „Sie ist militarisch," sagt man. Das muſste sie ja wohl seyn, um sich zu erhalten und in Respekt zu setzen; will man sie etwa nöthigen, es immer zu bleiben? Friede ist das einzige Mittel, sie in eine Solonische

Republik zu verwandeln; sie zur Mutter
aller wohlthätigen Friedenskünste, zur Pflegerin der fast überall verscheuchten, oder
vernachlässigten und schel angesehenen Musen, zu einem Beyspiel, welcher Veredlung
die Menschheit fähig ist, zu machen. Der
Friede wird ihre Vorsteher, die zum Theil
so viel zu vergüten haben, um ihrer selbst
willen antreiben, durch alles, was eine aufgeklärte und thätige Regierung zu Wiederherstellung der innern Sicherheit, Ordnung
und Sittlichkeit, und zu Beförderung des
möglichsten Nazional-Wohlstandes wirken
kann, jede Erinnerung an das überstandene
Unglück der Zeiten in dem Gemüth eines
so leicht vergessenden, so gern fröhlichen
Volkes, auszulöschen. Dafs schon jetzt,
mitten unter zweyfachen Anstrengungen gegen innere und auswärtige Feinde, welche
bisher die ganze Aufmerksamkeit unsrer Regierung beschäftigten und die stockenden
Hülfsquellen des Staats gröfstentheils aufsaugten, dafs selbst in diesem noch immer
gewaltsamen Zustande die glücklichen Folgen der neuen Ordnung der Dinge in unsern
meisten Provinzen immer sichtbarer werden,
beweiset jedem, der sie mit einiger Aufmerksamkeit bereisen will, der Augenschein.
Selbst einer der ausgewanderten Royalisten
mufs gestehen, „dafs es in Frankreich keinen

eigentlichen **Stand** des **Müfsiggangs** mehr gebe, dafs das Land bey weitem besser angebaut sey als ehemahls, und die Industrie gestiegen zu seyn scheine." — Auf welche Stufen der Vervollkommnung und des Wohlstandes könnten die Völker Europens sich mit und neben uns erheben, wenn sie den schimpflichen Überresten der alten Barbarey, dem kannibalischen Nazionalhafs, dem elenden Vorurtheil, dafs fremdes Glück dem unsrigen schade, und den verächtlichen kleinen Krämerkniffen und Beutelschneiderkünsten, die man ehemahls **Politik** nannte, und durch die sich niemand mehr täuschen läfst, auf ewig entsagten, um durch einen allgemeinen Völkerbund, ohne Rücksicht auf die im Grunde wenig bedeutende Verschiedenheit der Staatsformen, sich zu einem dauerhaften **Europäischen Gemeinwesen** zu organisieren! Dafs, wenigstens auf **unsrer Seite**, der Friede in kurzem alles noch Überspannte in den Begriffen und Gesinnungen unsrer warmen Republikaner auf die gehörige Temperatur herab stimmen würde, ist mir eben so gewifs, als dafs es — wie ungünstig man auch jetzt noch, nicht ganz ohne unsre Schuld, von uns denken mag — nicht an unsrer Republik liegen werde, wenn die einmahl hergestellte öffentliche Ruhe, nicht ein ganzes Jahrhundert voll **halcyonischer Tage** zum Glück der Völker bewirken wird.

WILIBALD.

Wer könnte das Herz eines Menschen in seinem Busen tragen, und nicht zu diesen guten Wünschen, Hoffnungen und Ahnungen **Amen** sagen? Was fehlt also noch, als irgend eine Beschwörungsformel ausfündig zu machen, wodurch wir den **Genius der Humanität** vermögen können, die vorerwähnte Wohlthat an unsern Brüdern und Obern zu thun? damit nicht länger von uns gesagt werden müsse, was der Psalmist [1]) von den goldnen und silbernen Götzen der Heiden sagt: „Sie haben Augen und sehen nicht, sie haben Ohren und hören nicht, auch ist kein Odem in ihrem Munde."

RAYMUND.

Ich bin voll guten Zutrauens zu der männlichen Denkart und warmen Menschlichkeit, wovon ich einige von denen beseelt sehe, in deren Händen das Schicksal der

---

1) Ps. 135, v. 16. 17.

Völker liegt; und da bey allen noch der mächtige Drang der Nothwendigkeit und des wohl verstandenen eigenen Vortheils hinzu kommt, sollten wir nicht alle Ursache haben, einem fröhlichen Ausgang entgegen zu sehen?

VIII.

Was wird endlich aus dem allen werden?

WALTHER.

Ich gestehe Ihnen, Diethelm, von allen unseligen Folgen, die der Sturz der Französischen Monarchie nach sich gezogen hat, ist in meinen Augen die unseligste, daſs sie die Hälfte der Menschen in Europa aus dem, was den eigentlichen Genuſs unsers Daseyns ausmacht, aus dem Leben im Gegenwärtigen, mit Gewalt heraus geworfen, und in eine peinliche Lage versetzt hat, worin uns die Ungewiſsheit dessen, was, vielleicht in wenigen Wochen, Tagen, Stunden, unser Schicksal seyn wird, alle Nerven des Geistes lähmt, alle Freuden verbittert, und alle Lust benimmt, uns mit Arbeiten und Sorgen zu beschäftigen, durch welche die Zukunft eine idealische Gegenwärtigkeit für uns erhält, deren geistiger Genuſs dem sinnlichen selbst gewisser Maßen vorzuziehen ist. Wer hätte Lust seinen Acker zu bestellen, wenn er voraus wüßte, seine Ernte würde noch im Halm vom Hagel zerschlagen, oder von Heuschrecken aufgezehrt werden? Wer mag arbeiten, wenn ihm nicht wenigstens seine Einbildung den gewünschten Erfolg als etwas wahrscheinliches vorspiegelt? Wer kann während des Ausbruchs eines wüthenden Vulkans ruhig an seinem Fuße wohnen? und wem wird es einfallen, sich neben einem so gefährlichen Nachbar gar ein Haus zu bauen?

DIETHELM.

Sie sind auch gar zu ängstlich, Freund! Wir leben, Dank sey dem Himmel! ziemlich weit von den fürchterlichen Giganten entfernt, die allen diesen Unfug anrichten.

WALTHER.

Was nennen Sie weit? War Venedig, Modena, oder der Kirchenstaat etwa näher? Was fragen diese neuen Vandalen, deren ungestümen Zug weder Flüsse noch Waldströme, weder Abgründe noch Felsen wo Adler und Lämmergeier nisten, aufzuhalten vermögen, was fragen sie nach näher oder weiter? — sie, die, gleich einem ausgetretenen See, ihr Ufer mit jedem Augenblicke fortrücken, und gar bald die entferntesten Völker zu ihren Nachbarn zu machen wissen.

DIETHELM.

Da wäre freylich das Land glücklich, das, *ex providentia majorum*, mit einem tüchtigen Damme verwahrt wäre, an welchem sich die stolzen Wellen dieses reifsenden Wassers brechen müfsten.

WALTHER.

Hat es etwa irgend einem der Völker, die ein Opfer desselben wurden, daran gefehlt? Aber gegen diesen Verderber hilft kein Damm, schützt kein Bollwerk. Jene Nordischen Barbaren, die das alte Römische und Byzantinische Reich überschwemmten, ehrten und schonten doch überall die Religion und die alten Gebräuche und Gewohnheiten der bezwungenen Länder: aber diese Barbaren von einer noch nie gesehenen Art treten alles, was der Menschheit von jeher heilig war, im Nahmen der Vernunft mit Füfsen, dringen den Völkern ihre Gesetze im Nahmen der Freyheit auf, und rauben, morden und zerstören kraft der unverlierbaren Menschenrechte.

DIETHELM.

Die neuesten Thaten der grofsen Nazion haben, wie ich sehe, Ihre Galle in

Aufruhr gesetzt, lieber Walther, und nun erscheint Ihnen alles gräfslicher als es wirklich ist, zumahl da Sie den Republiken ohnehin nicht gewogen sind.

WALTHER.

Da thun Sie mir zu viel. Ohne die Demokratie für die beste Staatsverfassung zu halten, ehre ich jede Regierung, was auch ihre Form seyn mag, die, indem sie ihre eigenen Rechte behauptet, auch die Rechte anderer respektiert. Ich werde die Achtung nie vergessen, die man ganzen Nazionen schuldig ist: aber eben darum werde ich die Nazion, welche Sie die grofse zu nennen belieben, nie für die Handlungen der Wenigen verantwortlich machen, in deren Hände das Unglück der Zeiten, und ein fataler Zusammenhang von Umständen und Ereignissen eine Gewalt gespielt hat, welche sie erst zu Unterdrückung ihres eigenen Volks und nun zu Unterjochung aller übrigen gebrauchen. Diesen allein gelten meine Anklagen; über diese allein werde ich Zeter schreyen so lange noch Luft durch meine Kehle geht, und wenn ich so viele Köpfe hätte als Briareus, und alle Tage Einen unter die Guillotine legen müfste.

DIETHELM.

Ich bitte Sie, lieber Walther, mäſsigen Sie, wenns möglich ist, Ihren Eifer, und lassen Sie uns gelassen von der Sache reden.

WALTHER.

Gelassen? Verzeihen Sie mir! Wer solchen Dingen, wie täglich vor unsern Augen geschehen, gelassen zusehen kann, der ist —

DIETHELM.

Kein Menschenfreund, kein Weltbürger! — Das ist doch wohl das ärgste was Sie mir sagen wollten? Aber Ihr Herz erinnerte Sie daſs ich beides bin, und das harte Wort blieb in Ihrem Munde stecken. — Auch mir ist es schon öfters ergangen wie Ihnen. Wer sollte nicht unmuthig werden, wenn die Gewalt, auf ihre Übermacht trotzend, nicht einmahl für nöthig hält, ihren Handlungen einen Anstrich von Anständigkeit, geschweige von Gerechtigkeit zu geben? Aber da wir mit allem unserm Unwillen nichts besser machen, sondern im Gegentheil, je leidenschaftlicher wir zu Werke gehen, desto mehr Gefahr laufen alles gar zu einseitig zu beurtheilen, und darüber vielleicht das einzige Mittel zu übersehen, wodurch dem Übel geholfen werden könnte: so bleibt uns denn doch nichts andres, als unsre Gefühle zum Schweigen zu bringen, und mit möglichster Gelassenheit so lange zu suchen, bis wir den Gesichtspunkt gefunden haben, aus welchem ein **Weltbürger**, der, aufser dem *nil humani a me alienum*, ganz und gar kein persönliches Interesse dabey hätte, die Sache betrachten müfste.

WALTHER.

Gut! Ich verspreche Ihnen, so sanft zu seyn wie ein Lamm, und wir wollen doch sehen, aus welchem Gesichtspunkte Sie in dem politischen System, nach welchem die Gewalthaber der grofsen Nazion handeln, auch nur einen Schatten von Gerechtigkeit finden wollen.

DIETHELM.

Dazu will ich mich eben nicht anheischig gemacht haben.

WALTHER.

Sie thun wohl daran. Denn so wie General **Berthier**, von der Zinne des eroberten Kapitols herab, die **Manen** des Kato, Pompejus, Cicero und Brutus hervor rief, so citiere ich hiermit die Schatten des Protagoras, Gorgias, Polus, Hippias, und aller andern Sofisten, deren Leben uns Filostratus beschrieben hat, und fordre sie heraus, mit aller ihrer Geschicklichkeit eine schlimme Sache gut zu machen, das neueste Betragen der besagten Gewalthaber gegen die **Helvetischen Republiken** zu rechtfertigen. Ich setze zum voraus, daſs Sie wenigstens aus der **allgemeinen Weltkunde** (welche die *res gestas Francorum* mit einem historischen Enthusiasm, der zuweilen in den dithyrambischen übergeht, erzählt) von allen Thatsachen hinlänglich unterrichtet sind. Und nun frage ich Sie, haben Sie jemahls zwey ähnlichere Dinge gesehen, als die Vorwürfe, die der Wolf in Fäders Fabel dem Schafe macht, und die Anklagen, auf welche das Französische Direktorium sein gewaltthätiges Betragen gegen Bern und andere Schweizer Kantons gründet?

DIETHELM.

Ich überlasse dem Schatten des Gorgias die Ehre, die Rechtfertigung des Wolfs auf sich zu nehmen. — Das Schaf wurde freylich feindseliger Absichten und geheimer Einverständnisse mit den Feinden Isegrimms beschuldigt.

WALTHER.

Gesetzt auch, (was doch wenigstens sehr zweifelhaft ist) es wäre etwas Wahres an diesen Beschuldigungen; gesetzt, das Schaf wäre dem Wolf im Herzen nicht gut, fürchtete sich vor ihm, hätte auf alle Fälle sich um einigen Schutz bey dem Leoparden beworben, und dergleichen, — was wär' es denn am Ende? Was kann Isegrimm vom Schafe zu befürchten haben? Was für Unternehmungen gegen seine eigne Person, oder Frau Gieremund, seine Hausfrau, und die jungen Welfe, seine Familie, wird es sich beygehen lassen, das friedsame Thier, das so froh ist, wenn man es nur ruhig grasen läfst? Es wäre lächerlich, nur ein Wort darüber zu verlieren. Gesetzt aber auch, die vorgeblichen Missethaten der Regierungen zu Bern, Freyburg u. s. w. hätten eine Ahndung verdient — und gewifs, eine wörtliche war für das, was ihnen mit einigem Grunde zur Last gelegt werden konnte, mehr als genug: — was hatte das Volk in diesen Ländern verschuldet, um aus seiner glücklichen Ruhe und aus einer Verfassung, worin es sich seit Jahrhunderten wohl befand, auf einmahl heraus geworfen, und entweder allen Folgen der Empörung gegen die bisherige gesetzmäfsige Regierung preis gegeben, oder (wenn es seiner Pflicht getreu blieb) in die Nothwendigkeit versetzt zu werden, sich zu Vertheidigung des Vaterlandes zu bewaffnen, und dadurch von Seiten des überlegnen Nachbars, der nur auf einen solchen Vorwand zu warten schien, sich selbst und seinen Bundesgenossen eine blutige Rache auf den Hals zu ziehen? — „Nein, sagen sie, wir kommen nicht als Feinde des **Volks**, wir kommen blofs, es von seinen Tyrannen, den Aristokraten, zu befreyen; wir kommen dem ganzen Helvezien die unschätzbaren Güter, **Freyheit** und **Gleichheit**, zuzuwenden, wodurch Frankreich seit 1792 so glücklich ist, wie ihr alle wifst, und die dreyzehn Kantons, in welchen das arme Volk bisher in der grausamsten Sklaverey gehalten wurde, durch das Feuer der Trübsal, das wir mitten unter ihnen angezündet haben und aus allen Kräften unterhalten, in eine einzige untheilbare Republik zusammen zu schmelzen." — Was die Befreyung von den aristokratischen Ungeheuern betrifft, die das unglückliche Schweizervolk bisher so barbarisch **busirisiert** und **neronisiert** haben sollen, so stand also ganz Europa bisher in einem falschen Wahne, da es die Schweizer für ein **freyes** und **glückliches Volk** hielt! So lebten **sie selbst** in dem unbegreiflichsten Selbstbetrug, sich für frey zu halten, da sie doch Sklaven waren! Alle Fremde, von allen Nazionen Europens, die sich einige Zeit in der Schweiz aufhielten, stimmten bisher darin überein, daſs die aristokratische Regierung der **Berner** ein Muster einer edeln, gerechten, sanften und das Glück der Untergebenen machenden Staatsverwaltung sey. Dieſs lehrte auch schon der bloſse Augenschein einen jeden, der sich das Vergnügen machte, die verschiednen Landschaften, Thäler und Gebirge dieses ansehnlichen Kantons zu durchwandern; und wiewohl niemand behaupten wird, daſs die Berner allein von dem allgemeinen Loose der Menschheit die Ausnahme gemacht hätten, so können sie doch kühnlich die ganze Welt auffordern, einen Staat zu nennen, worin das Volk, was man im eigentlichsten Verstande **Volk** nennt, glücklicher und zufriedner gewesen wäre als das ihrige. Sey es doch, daſs eine Anzahl **aristokratischer** Familien im Waadlande miſsvergnügt waren, keinen Antheil an der Regierung zu haben; sey es, daſs gegen etliche einzelne Personen, die vor einigen Jahren als Ruhestörer in Untersuchung kamen, härter als der Klugheit gemäſs war, verfahren worden wäre: was für eine Befugniſs hatte die Französische Regierung, sich in die innern Angelegenheiten eines unabhängigen Staats zu mischen? Wenn die angeblich Unterdrückten sie um Schutz und Beystand anriefen, berechtigte sie das, sich zum Richter zwischen diesen

Partikularen und ihrer Obrigkeit aufzuwerfen? Gab es ihr ein Recht, die bisherigen Magistrate der Helvetischen Freystaaten mit dem verhafsten und unverdienten Nahmen von Tyrannen zu brandmarken, und das Volk unter dem Versprechen ihres kräftigsten Schutzes gegen sie aufzuwiegeln? — Aber auch über diese Vergewaltigung, wie offenbar sie immer gegen das allgemeine Völkerrecht streitet, wollen wir hinaus gehen. Sey es damit zugegangen wie es will, die Helvetischen Aristokratien **sind nicht mehr**; die vormahlige Konstituzion ist in allen Städten der Schweiz aufgehoben; die Minorität hat, mehr oder weniger nothgedrungen, hier und da sogar mit ziemlich guter Art, der Majorität nachgegeben; die Basler, Schafhauser, Lucerner, Zürcher u. s. w. haben etwas gethan, wozu ihnen der alte König T h e s e u s von Athen schon vor drey tausend Jahren das Beyspiel gab, und, indem sie ihr städtisches Bürgerrecht auf alle in ihrem Lande Angesefsnen ausdehnten, aus Stadt und Landschaft einen einzigen Bürgerstaat, oder das, was die Griechen, im eigentlichen Sinne des Worts, P o l i s nannten, gemacht; das gesammte Volk in jedem dieser unabhängigen Freystaaten ist im Begriff, sich eine neue, auf Freyheit und Gleichheit gegründete Verfassung zu geben: hatte nun die Französische Republik nicht alle Ursachen zufrieden zu seyn? Was konnte sie mehr verlangen? War nicht diefs schon viel mehr, als sie einem von ihnen ganz unabhängigen Volke billiger Weise zumuthen durfte? Und dennoch ist sie nicht zufrieden. Sie besteht darauf, die dreyzehn Kantons auch noch in eine einzige untheilbare Republik umzugiefsen. Wünscht diefs etwa das Helvetische Volk auch? Nichts weniger. Eine kleine Zahl rascher Köpfe ausgenommen, ist es der ernste Wunsch und Wille der unendlich gröfsern Majorität, in ihrem bisherigen eidgenössischen Verhältnifs gegen einander auf dem alten Fufse zu verbleiben; und sie sind so überzeugt, dafs die neue Form, die man ihnen aufzwingen will, ganz und gar nicht für sie pafst, dafs diese den hartnäckigsten Widerstand finden, und, wofern die Französische Partey durchdringt, wahrscheinlich das Grab der Schweizerischen Ruhe und Eintracht seyn wird. Gesetzt nun auch, — was ich keineswegs eingestehe — das, was die meisten Helvezier der Amalgamierung, die man mit ihnen vornehmen will, so abgeneigt macht, wäre blofses blindes und irrendes Vorurtheil: wer gab der Französischen Regierung ein Recht, freye unabhängige Menschen mit Gewalt von ihren Vorurtheilen zu befreyen? Oder genügt den **politischen** Jakobinern etwa an dem Rechte, welches ehemahls die religiosen Jakobiner (die **Dominikaner**) hatten, einen Irrglaubigen lebendig zu verbrennen, um seine arme Seele vom ewigen Feuer zu retten? Doch, was fragen diese Centauren nach dem, was andere **Recht** nennen? Recht ist was sie **wollen**, und sie wollen was ihnen **beliebt**, und was sie wollen das **können** sie auch, und werden es so lange können, als die grofse Majorität der Erdenbewohner aus Schwachköpfen, die sich durch Wörter, Frasen und *Chansons* fanatisieren lassen, aus Schwindlern, die gern die Welt mit regieren möchten, und aus Sansklülotten, die nur beym Faustrecht gedeihen können, bestehen wird.

DIETHELM.

Sie haben Sich, mit aller Ihrer Gelassenheit, ein wenig aus dem Athem deklamiert, lieber Walther. Ich will Sie also auf ein paar Minuten ablösen, und Ihnen offenherzig sagen, was ich von der Sache denke. Den Helveziern Vorwürfe darüber zu machen, dafs das alte *sero sapiunt* seine allgemeine Wahrheit auch an ihnen bewährt hat, wäre unfreundlich. Die Menschen sind nun einmahl so geartet, dafs sie zu dem, was zu ihrem Besten dient, nicht durch Vernunftschlüsse oder Reflexionen über fremde Erfahrungen, wie nahe sie ihnen auch liegen, **bewogen**, sondern von der unerbittlichen Nothwendigkeit bey den Haaren hingeschleppt werden müssen. Niemand ist durch die angestaunten, unerwarteten, und doch so natürlichen und lehrreichen Begebenheiten dieses letzten Jahrzehends weiser, wohl aber sind die Thoren noch thörichter und die Verkehrten noch verkehrter geworden. So kommt es denn, daſs man das, was im rechten Moment auf eine verdienstliche und kluge Art hätte gethan werden können, zuletzt **ohne Verdienst** und so, wie uns gebieterische Umstände dazu drängen, thun **muſs**. Ob die einfache Form, in welche das Französische Direktorium die Helvezier gieſsen will, ihnen so schädlich seyn werde, als sie zu glauben scheinen, ist ein sehr verwickeltes Problem, zu dessen Auflösung eine vollständigere Kenntniſs des Landes und seiner Einwohner gehört, als ich besitze. Für **Ja** und für **Nein** scheinen starke Gründe vorzuwalten. Die stärksten für die verneinende Antwort liegen zwar in der Verschiedenheit der Religion, und in dem groſsen Unterschied der Stufe der Kultur und Aufklärung, worauf sich die Einwohner des einen Kantons, in Vergleichung mit denen von einem andern, befinden; indessen zweifle ich kaum, daſs die Ungeneigtesten, wenn sie die Gründe ihres Widerwillens angeben müſsten, vor dem Richterstuhle der Vernunft schwerlich damit auslangen würden. Aber gerade dieſs, und daſs sie wahrscheinlich die Kompetenz dieses Richters nicht anerkennen würden, beweiset, däucht mich, wenigstens gegen die momentane Schicklichkeit der Sache. Auf der andern Seite scheinen die Vorsteher der Französischen Republik, da sie auſser ihrer allein selig machenden, einen und untheilbaren politischen Kirche kein Heil sehen, ihren freundlichen Willen gegen ihre transalpinischen Nachbarn dadurch beweisen zu wollen, daſs sie es mit ihnen eben so gut meinen, als mit ihrem eigenen Vaterlande, dem ihre Vorgänger und sie selbst hart genug zusetzen muſsten, bis es sich in dieses, ihm noch weniger passende, unbequeme Kostum hinein zwängen lieſs. Freylich tönt es ein wenig komisch, wenn die Mutter (wie in jener Fabel) ihre über die Unförmlichkeit ihrer Schuhe sich beklagende Tochter mit aller möglichen Gutmüthigkeit versichert: Die Schuhe müssen dir ganz vortrefflich sitzen, mein Kind, denn ich habe das Maſs dazu an meinem eigenen Fuſse nehmen lassen.

WALTHER.

Was für eine Sprache auch die allgemeine demokratische Mutterkirche mit ihren Töchtern führen mag, so darf man ihr doch, denke ich, ohne sich an ihrem guten Herzen zu versündigen, bey den großmüthigen Mittheilungen ihrer **zuvorkommenden Gnade** immer etwas mehr Rücksicht auf sich selbst zutrauen, als sie, aus Schonung gegen die Schwachen, zu nehmen das Ansehen haben will; ein Punkt, worüber uns die Batavische, Cisalpinische und Ligurische Republik ein Wort ins Ohr sagen könnte. Übrigens ist es ziemlich auffallend, daß man mit den guten Helveziern nicht viel Komplimente macht, so sehr sie auch, vermöge der **Menschenrechte** und des **Princips der Freyheit,** Gleichheit und Volkssuveränität, berechtigt wären, von der großen Nazion auf den Fuß der **Gleichheit** behandelt zu werden; und ich weiß mit dem Tone, den man sich z. B. gegen die Berner erlaubt hat, kaum einen andern zu vergleichen, als den hohen Ton, in welchem man zu Rastadt mit den Bevollmächtigten der Reichsdeputazion spricht. Man sagt zwar, die Republik habe nichts weniger als Lust mit den Schweizern gänzlich zu brechen; indessen ist es eben nichts seltenes, daß einer, dem es gar nicht um Händel zu thun ist, sobald er merkt, daſs der andere noch friedfertiger ist, einen trotzigen Ton annimmt und dadurch seinen Zweck erreicht. Widersetzen sich die Helvezier im Ernst, desto schlimmer für sie! Die Zeit ihrer alten Triumfe ist nicht mehr. Wenn sie auch noch eben dieselben alten Schweizer wären, die bey Sempach und Morgarten und Grandson und Murten siegten, und die Morgensterne und Schlachtschwerter ihrer Väter noch mit eben so mächtigem Arme führten; so ist doch leicht voraus zu sehen, daſs sie zuletzt unterliegen, und für das Verbrechen, ihre Freyheit und Gleichheit nach ihrer Weise handhaben zu wollen, fürchterlich büſsen würden. Und nun zeigen Sie mir, wenn ich bitten darf, den Gesichtspunkt, woraus man das Verfahren der Französischen Gewalthaber — dem ich, um Ihnen meine Gelassenheit zu beweisen, seinen wahren Nahmen nicht geben will — ansehen müſste, um es nur erträglich zu finden.

DIETHELM.

Diesen Gesichtspunkt hat uns der scharfsinnige und beredte Herausgeber der Allgemeinen Weltkunde in seinem No. 49 bereits angegeben. Ich sage nicht, daſs das Verfahren der Gallofränkischen Republik

dadurch gerechter, oder edler, oder
grofsmüthiger werde, als es aus jedem
andern Gesichtspunkt in allen gesunden
Augen erscheint: aber dafür werden Sie
auch so billig seyn, den Gewalthabern jener
Republik kein Verbrechen daraus zu machen,
dafs sie am Ende doch nur, wie alle
andere Gewalthaber in der Welt, verfahren, und, unbekümmert um die Moralität und Humanität ihrer Mafsregeln, in
jedem Falle so handeln, wie es ihrem
Interesse am gemäfsesten ist.

WALTHER.

Von einer Republik, die auf die Rechte
der Menschheit gegründet seyn will, und
mit den grofsen Zauberworten, Freyheit und
Gleichheit, Vernunft, Filosofie und Filan-
thropie, so viel Geräusch und Geklingel
macht, sollte man doch wohl mit gutem
Fug ein besseres Beyspiel erwarten dürfen.

DIETHELM.

Von einer Republik, sagen Sie? Haben
Sie das etwa von den alten Republiken
Athen, Sparta, Korinth, Karthago,
oder dem glorreichen Vorbilde der Gallofränkischen, der grofsen Räuberrepublik Rom,
gelernt? Erinnern Sie Sich doch aus Ihrem
Thucydides der edeln Unverschämtheit, womit

die Athenischen Bevollmächtigten den armen Insulanern von Melos, die sich auch die Freyheit nehmen wollten ihre Unabhängigkeit gegen das allgewaltige Athen zu behaupten, das Verständniſs öffneten. „Reden wir mit einander wie verständige Männer (sagten sie zu den Melischen Deputierten): Grundsätze der Gerechtigkeit geltend machen, schickt sich nur für Parteyen, die einander an Stärke gleich sind; wo dieſs der Fall nicht ist, da gebührt es sich, daſs der Stärkere befehle und der Schwächere gehorche; denn dabey finden beide ihren Vortheil."

WALTHER.

O gewiſs! Der Stärkere gewinnt einen Sklaven, und der Schwächere trägt unter den Flügeln seines Beschützers wenigstens eine Art von Existenz zur Ausbeute davon. Es liegt freylich klar am Tage, daſs die Gallofränkische Republik jenen alt republikanischen Grundsatz, in seiner ganzen Ausdehnung und Stärke, auch zum ihrigen gemacht hat. Kraft desselben sehen wir die Batavische und Ligurische Republik in ein Modell der Französischen nach verjüngtem Maſsstabe gegossen, und die Cisalpinische nach eben diesem politischen Kanon neu zusammen gesetzt. Nun ist die Reihe an Helvezien, und seit wenigen Tagen auch an der heiligen Stadt Rom und am Kirchenstaat. Das Direktorium will; General Berthier geht auf Rom los, findet keinen Widerstand, besetzt das Kapitol, citiert die Manen des Kato und Brutus, ruft die Freyheit des Römischen Pöbels aus, und Pius VI. ist, wie man eine Hand umkehrt, aus einem suveränen Fürsten in den Oberpfarrer von St. Johann im Lateran verwandelt! Auch war es nicht mehr als billig, dafs die grofse Republik an die Stelle des aristokratischen Venedig, das auf ihr Wort aus dem Register der unabhängigen Staaten verschwunden ist, eine neue Demokratie aus dem Nichts hervor rief. Wie lange wirds noch währen, so kommt die Reihe an Neapel und Sicilien? Und wessen Parma und Florenz sich zu getrösten haben, mögen sie lebhaft genug vorempfinden. Aber vorher mufs noch Karthago vertilgt werden! — oder vielmehr, wenn wir die pompösen Deklamazionen des Direktoriums und seiner Präsidenten hören, so ist es schon vertilgt; und die Herren Bürger sind ihrer Sache so gewifs, dafs, wenn Buonaparte nicht weiser gewesen wäre, die Siege, die sie an der Themse und am Shannon zu erhalten gedenken, auf dem Theater der Republik schon *anticipando* gefeiert worden wären. Hoffentlich werden sie einige Schwierigkeiten in der Ausführung finden. Aber wer kann für den Ausgang stehen? Lord Bridport sagte zwar ein grofses Machtwort; aber wenn der Gott der Winde nicht immer auf seiner Seite ist, so hat er mehr gesagt als er halten kann. Wenn London unendlich **reicher** ist als Karthago, so ist hingegen nicht zu läugnen, dafs die Gallofranken eben so sieggewohnt, eben so tapfer, eben so gut angeführt, und noch zehnmahl raubgieriger als die Römer selbst sind. Alles was **Montesquieu von dem werdenden Rom** sagt, pafst auf dieses an die Ufer der **Seine** versetzte **neue Rom** entweder schon jetzt, oder wird, vermöge der Natur der Sache, künftig an ihm wieder wahr werden. Es mufs in diesem furchtbaren Kampf um Leben oder Tod entweder siegen, oder fallen um nie wieder aufzustehen. Und was sagt Ihnen nun Ihr **Genius**, Diethelm?

DIETHELM.

Weg damit! Ich mag nichts mit weissagenden Genien zu thun haben. Die Wage beider Reiche hängt am Olymp herab; möchte doch der liebenswürdigste aller Genien, der Friede, noch in Zeiten dazwischen treten, und dadurch dem gräfslichsten Schauspiel von allen, die unser Jahrhundert gesehen hat, zuvorkommen!

WALTHER.

Ich wünsche es — ohne Hoffnung, und befürchte — was ich mir selbst nicht gestehen mag. Nichts als mein unbeweglicher Glaube an die göttliche **Nemesis** tröstet mich mit der Möglichkeit, daſs der Augenblick der streng vergeltenden Gerechtigkeit, der, später oder früher, gewiſs kommen wird, eben so wohl früher kommen könne. Indessen schweben wir Allemannier und Germanen, das mächtigste — und unvermögendste Volk — und Nicht-Volk von Europa, in ängstlicher Ungewiſsheit, was aus unsrer Verfassung — die schon lange aufgehört hat zu seyn, und nie gut genug war um dauern zu können — am Ende noch werden soll.

DIETHELM.

Die Unterhandlungen, die dieſs entscheiden sollen, sind in der That die ersten in ihrer Art, jene der **Athener** und **Melier** etwann ausgenommen. Germanien wehrt sich für sein uraltes Nazionaleigenthum mit — diplomatischen Waffen; die groſse Republik mit Machtsprüchen. **Ich will**, sagt Sie. — Du willst, wozu du kein Recht hast, sagen Wir. **Ich will aber**, sagt Sie. — Nun, so nimm die Hälfte; denn die Hälfte ist mehr als das Ganze, sagt der weise Hesiodus. — „Ihr treuherzigen Seelen, seht ihr denn nicht, daſs, wer mir eine Hälfte giebt, weil er muſs, besser thäte die andre gleich mit zu geben?" — Nun, so nimm denn das Ganze, (*p. p.* daſs du daran erstikken möchtest!) sagen Wir endlich. — Gut, daſs ich es schon habe, sagt Sie. — Aber, setzen Wir hinzu, wir behalten uns zwey bis drey Schock Klauseln und Reservate *in casum casus* vor. — Davon verstehe ich nichts, sagt Sie. — Wollte Gott, Bürgerin Republik, du hättest unsre Lünig und Ludewig und Moser und Pütter so gut studiert wie wir! — „Wohl mögen sie euch bekommen! Ich mache mirs bequemer. Ich studiere nichts — als, für meinen Hausgebrauch, ein wenig die Natur und die Landkarte. Seht ihr, was für eine prächtige, in groſsen Schlangenkreisen sich fortwälzende Grenze Mutter Natur hier zwischen mir und euch flieſsen läſst! Was diesseits ist, bleibt mein; was auf euerer Seite ist, will ich euch, damit alles friedlich und schiedlich zugehe, vertheilen helfen." — Wir bitten, sich keine Mühe zu machen; wir wollen uns schon selbst vergleichen, sagen wir. Aber die Republik ist eine eigensinnige Dame. Sie werden sehen, Walther, daſs sie auf ihrem Starrköpfchen beharren wird, und wir — wir werdens am Ende doch wohl machen müssen, wie der Hof zu Turin und

Madrid, wie die Holländer, wie die Lombardischen Fürsten, wie Genua, wie Venedig, wie die Schweiz, wie Se. Päpstliche Heiligkeit und das ganze heilige Kollegium. Sie will, und wir, als die klügern, geben nach. Wären wir die Athener, und sie die Melier, so gings umgekehrt.

WALTHER.

Soll ich Sie beneiden oder ausschelten, Diethelm, dafs Sie in einer solchen Krisis über einen so ernsthaften Gegenstand noch scherzen können?

DIERHELM.

Und wenn wir uns nun, wie Jeremias, unter eine Thränenweide an den Wasserflüssen Babylons hinsetzten und Klagelieder über unser armes Jerusalem anstimmten, oder, wie Jonas, unter unsrer verdorrten Kürbifslaube mit dem lieben Gott zu hadern anfingen, würde etwas dadurch besser werden? — Aber, weil Sie doch wollen, dafs ich ernsthaft seyn soll, so nehmen Sie wenigstens ein Wort des Trostes von mir an. Man schmählt und zürnt über das immer weiter um sich fressende leidige Revoluzionswesen, und will mit offnen Augen nicht sehen, dafs eine höhere Macht die Hand im Spiele hat; dafs eine von den grofsen

Spindeln der **Platonischen Parzen** abgewunden, ein grofser **moralischer Cyklus** durchlaufen, und eine Revoluzion in der ganzen **Menschheit** im Schwung ist, wodurch sie sich zuletzt auf einmahl, zu ihrem eigenen Erstaunen, um ein beträchtliches vorwärts gerückt sehen wird. Und wehe uns, wenn es anders wäre! Denn wär' **es nicht so**, so würde — da bey aller unsrer Kultur und Aufklärung, es endlich mit der allgemeinen Verderbnifs des Herzens, der Triebfedern, Grundsätze und Maximen bereits bis zur stinkenden Fäulnifs und zur Auflösung alles bindenden Leims, der die menschliche Gesellschaft noch bisher im Stand eines lebendigen Körpers erhalten hat, gekommen ist — so würde, sage ich, ohne diese Umbildung zu einem **neuen Leben**, wozu ich in allem, was um uns vorgeht, geheime Zurüstungen und Anstalten zu sehen glaube, nichts anders als eine gänzliche moralische Verwesung erfolgen, und das scheufsliche Aas, wenn es endlich ausgegährt hätte, in Staub und modernde Knochen zusammen fallen müssen. Dank sey dem Himmel, dafs noch Rettung möglich ist! dafs eine freye, edle, aufrichtige Verbindung der Mächtigen und Weisen, zu gründlicher Heilung der moralischen Todkrankheit unsers Zeitalters, den gröfsten

Übeln, die auf uns und unsre Nachkommenschaft heran dringen, noch zuvorkommen könnte! Wollen die Mächtigen **nicht**, — denn aufs **Wollen** allein kommt es hier an — so wird das grofse Werk der Natur darum nicht weniger seinen Riesengang fortgehen. Könnten wohl Kastor und Pollux, Herkules und Theseus, und alle Starken der alten, mittlern und neuen Zeiten zusammen genommen, mit ihren vereinigten Armen, einen Kometen in seinem Lauf aufhalten? Wahrlich, Freund, eben so wenig werden alle Despoten, Demagogen, Hierofanten und Sofisten der ganzen Welt mit vereinigter Gewalt diese grofse **sittliche Revoluzion** aufhalten, zu welcher alles vorbereitet ist, zu welcher sich alles hinwälzt, und die, wenn gleich unmerklich, mit jedem Augenblicke sich dem Punkt ihrer Reife und Vollendung nähert. — Sind Sie nun zufrieden, Walther? oder was verlangen Sie noch mehr?

WALTHER.

Nichts, als — dafs wir den Zeitraum bis zur Erfüllung Ihrer Weissagung schon hinter unserm Rücken haben möchten!

IX.

Über die öffentliche Meinung.

EGBERT.

Sie haben Sich schon mehrmahls auf die öffentliche Meinung berufen, Sinibald, und mit einem Ton, als ob Sie ihr nicht weniger Gewicht zugeständen, als die Alten dem allgemeinen Volksglauben (*consensus gentium*) beyzulegen pflegten. Darf ich fragen, was Sie unter der öffentlichen Meinung verstanden haben wollen? Denn ich bekenne, dafs ich noch nie mit mir selbst habe überein kommen können, was ich bey dieser vieldeutigen Benennung, die man in unsern Tagen so oft zu hören bekommt, eigentliches und bestimmtes denken soll.

SINIBALD.

Und ich bekenne Ihnen eben so unverhohlen, dafs mich Ihre Frage in einige Verlegenheit setzt. Es wäre doch närrisch genug, wenn bey dieser Gelegenheit heraus käme, daß ich nicht mehr von der Sache wisse als Sie selbst, und mit tausend andern wakkern Leuten treuherzig an eine öffentliche Meinung geglaubt, von ihr gesprochen, und ihr wer weiß was für geheime Zauberkräfte zugeschrieben hätte, ohne etwas bestimmteres dabey zu denken, als man gewöhnlich bey Redensarten denkt, von denen man sich einbildet, daß sie einem jeden verständlich seyen, wiewohl unter zehen vielleicht ein jeder sich etwas anderes dabey vorstellt. Auf alle Fälle dürfte sie wohl unter die Dinge gehören, wovon sich leichter sagen läßt, was sie **nicht** sind, als was sie sind.

EGBERT.

Ich kann nicht bergen, daß die schwankende Bedeutung, unter welcher dieser Ausdruck im gemeinen Leben so oft gehört wird, mich beynahe auf den Gedanken gebracht hätte, es gebe gar keine öffentliche Meinung.

SINIBALD.

Da hätten Sie doch wohl einen zu raschen Schluß gemacht?

EGBERT.

Ich erkläre mich. Was ich damit sagen will, ist nicht, daß das Volk gar keine

Meinungen habe; noch weniger, daſs eine Grille, die es sich in den Kopf gesetzt hat, nicht, unter besondern Umständen, für den Augenblick von einer grofsen und fürchterlichen Wirkung seyn könne: sondern nur, daſs es so veränderlich und wetterlaunisch, so wenig mit sich selbst in seinen Meinungen übereinstimmend, und so geneigt und gewohnt sey, blindlings hinter einem Anführer herzutraben, daſs im Grunde bey seinen Meinungen nicht mehr, und nur allzu oft weniger Gutes heraus komme, als wenn es gar keine hätte.

SINIBALD.

Hier wäre also gleich eine Gelegenheit, lieber Egbert, wo ich Ihnen sagen könnte, was die öffentliche Meinung, nach meinem Begriff, **nicht** ist. Ich denke aber, wir kommen am kürzesten aus der Sache, wenn wir, bevor wir untersuchen, ob es eine öffentliche Meinung gebe, und wie viel oder wenig Aufmerksamkeit sie verdiene, erst zwischen uns selbst festsetzen, was für einen Begriff wir mit dem Wort **öffentliche Meinung** verbinden. Ich meines Orts verstehe darunter eine Meinung, die bey einem ganzen Volke, hauptsächlich unter denjenigen Klassen, **die, wenn sie in Masse wirken, das Übergewicht machen,** nach

und nach Wurzel gefaſst, und dergestalt
überhand genommen hat, daſs man ihr allenthalben begegnet; eine Meinung, die sich
unvermerkt der meisten Köpfe bemächtigt hat, und auch in Fällen, wo sie noch
nicht laut zu werden wagt, doch, gleich
einem Bienenstock der in kurzem schwär-
men wird, sich durch ein dumpfes, immer
stärker werdendes Gemurmel ankündigt;
da sie dann nur durch einen kleinen Zufall
Luft bekommen darf, um mit Gewalt hervor zu brechen, in kurzer Zeit die gröfsten
Reiche umzukehren, und ganzen Welttheilen
eine neue Gestalt zu geben.

EGBERT.

Wohl! Ich lasse mir diese Bedeutung des
Wortes gefallen; und, dieſs voraus gesetzt,
sage ich: daſs ein ganzes Volk, oder, was
ich für eben dasselbe gelten lassen will,
die grofse Mehrheit eines Volkes, keine solche öffentliche Meinung habe, und daſs es
blofse Täuschung sey, wenn wir etwas, das
ihr Daseyn zu begründen scheint, bey einem
Volke wahrzunehmen glauben. Was man
für die öffentliche Meinung ausgiebt, ist
immer die Meinung und der Wunsch einer
kleinen Anzahl von Köpfen, denen daran
gelegen ist, das Volk zum Werkzeug ihrer
Absichten zu machen, und die daher ihr

möglichstes thun, das Feuer, das sie anblasen, allgemein zu machen. Auch ist es ihnen wohl zuweilen gelungen, ganze Nazionen zu fanatisieren; aber, wenn hundert tausend Arme sich auf einmahl heben, so geschieht es nicht, weil sie von eben derselben **Meinung**, sondern weil sie von eben demselben **Stofs** in Bewegung gesetzt werden. Woher sollte auch dem Volke, dem rohen und unwissenden, im Denken ungeübten und eines blinden Glaubens an seine Obern gewohnten Volk, eine andre gemeinschaftliche Meinung kommen, als die ihm entweder von seinen Lehrern oder von den Gewalthabern im Staat eingeprägt wird? Die Männer, die sich in vergnüglicher Selbsttäuschung überreden, dafs sie die ganze Welt mit dem Licht ihrer Weisheit erfüllen, oder mit dem Feuer ihres Genius durchglühen, sind dem unendlich gröfsern Theile des Volkes, unter welchem sie leben, nicht einmahl dem Nahmen nach bekannt, und haben ganz und gar keinen Einflufs auf die Meinungen desselben. Die **Voltairen** und **Rousseaus**, die **Montesquieus** und **Mablys** könnten Jahrhunderte lang schreiben, das Volk weifs nichts davon, kümmert sich nicht darum, und bleibt den Meinungen seiner Grofsmütter getreu. Kommt es aber jemahls, aus Ursachen, woran das Volk

im Grunde ganz unschuldig ist, zu einem
Aufruhr im Staate, so wirkt der erste beste
hosenlose Tollkopf, der auf einen Tisch
steigt und mit donnernder Stentorstimme
einem sich um ihn her drängenden Haufen
Unsinn predigt, in zehn Minuten mehr, als
die scharfsinnigsten und beredtesten Aufklä-
rer, Weltverbesserer und Utopien-Drechsler
in der ganzen Welt in hundert Jahren.
Denn er setzt fünf hundert Brauseköpfe seiner Art in Bewegung, die in eben so kurzer Zeit fünf tausend andere mit sich reißen.
Der ungeheure Schneeball wird im Fortwäl-
zen immer fürchterlicher; eine Myriade von
Wahnsinnigen steckt die andre an; diejenigen, die es nicht sind, sind gezwungen,
um des Lebens sicher zu seyn, es zu scheinen: und so steht, ehe man Zeit hat sich
umzusehen, ein ganzes Reich in vollen Flam-
men, ruft eine ganze Nazion wie aus Einem
Halse Freyheit und Gleichheit aus, ohne daß
die öffentliche Meinung das geringste
zu allem dem Unwesen beygetragen hat; da
vielmehr im Gegentheil, sobald sich der erste
Sturm legt, sogleich tausend verschiedene
Meinungen zum Vorschein kommen, über
welche man einander in die Haare geräth,
und in deren Nahmen man nicht aufhört
einander die Hälse zu brechen, bis sich endlich wieder eine Gewalt hervor thut, die

den Leuten durch Bajonette, Flintenkolben und Guillotinen zu erkennen giebt, was sie meinen sollen. Diefs, lieber Sinibald, ist die wahre Geschichte der Volksmeinungen mit wenigen Pinselstrichen nach dem Leben dargestellt! Wenigstens mufs ich gestehen, dafs mir in der Welt, so weit ich sie kenne, nichts aufgestofsen ist, das dem, was Sie Sich unter der öffentlichen Meinung denken, ähnlich wäre.

SINIBALD lächelnd.

Die Sache wäre also hiermit auf einmahl abgethan, und mir bliebe nichts übrig, als Ihnen meinen Beyfall zuzuklatschen und mich zu empfehlen.

EGBERT.

Verzeihen Sie! Ich habe Ihnen blofs meine Meinung von der Sache gesagt, und ich bin sehr bereit zu hören, was Sie mir dagegen einwenden wollen.

SINIBALD.

Nein, lieber Freund! auf diesem Wege würden wir nicht weiter kommen, als dafs am Ende jeder mit seiner Meinung davon ginge; und das können wir besser jetzt gleich thun, und uns den vergeblichen Wortwechsel und die verlorne Zeit ersparen.

Wenn Sie, wie **Tristram Shandy** sagt, die Wahrheit als etwas, das wir noch nicht haben und einander suchen helfen wollen, betrachten können, so bin ich Ihr Mann; wo nicht —

EGBERT.

Gut, gut! Ich gestehe gern, daß ich zu einseitig war; und um zu beweisen, wie willig ich bin, Ihnen, was Sie finden wollen, suchen zu helfen, lassen Sie uns damit anfangen, genauer zu bestimmen, was für einen Begriff wir, wenn die Rede von öffentlicher Meinung unter einem Volke ist, mit dem Worte **Volk** verbinden.

SINIBALD.

Ich für meinen Theil keinen andern, als den gewöhnlichen, den der Sprachgebrauch festgesetzt hat, wie ich mich vorhin schon erklärt zu haben glaube.

EGBERT.

Ich erinnere mich sehr wohl, daß Sie besonders derjenigen Klassen erwähnten, „die, wenn sie in **Masse** aufstehen, das Übergewicht machen." Sollten Sie wohl hierunter auch die nervigen Erdensöhne, die sich noch vor wenig Jahren unter dem unvergeßlichen Nahmen der **Sansküloten** in

Frankreich so merkwürdig machten, begriffen
haben wollen?

SINIBALD.

Wenn Sie unter dieser Benennung die
gesetzlosen Horden und Schwärme von Bettlern, Gaunern, Beutelschneidern, Glücksrittern, Spitzbuben, Banditen, Strafsenräubern
und Mördern, die unter den Auspizien des
berüchtigten Filipp Egalité und seines
Anhangs in den drey letzten Jahren der Französischen Monarchie, und unter Marat,
Robespierre und ihren Mitverschwornen
in den beiden ersten Jahren der Republik,
eine so thätige Rolle spielten, mit allen
denen, deren ganzes Eigenthum blofs in
ihren Armen und Fäusten besteht, in Einen
Klumpen zusammen werfen, — so versteht
sich die Antwort auf Ihre Frage von selbst.
Wehe dem Lande, worin diese Sanskülotten
so zahlreich sind, dafs ihr Aufstehen in
Masse, unter der Anführung irgend eines
entschlofsnen und verschmitzten Bösewichts,
schon allein hinlänglich ist, das Schicksal
desselben zu entscheiden! Ich gestehe, dafs
ich weder an die einen noch andern dachte,
als ich von den Volksklassen sprach, die
das Übergewicht geben, wenn sie in Masse
wirken. Weit entfernt, dafs die erstern
eine eigene Klasse im Staat ausmachen sollten,

bestehen sie vielmehr aus dem Abschaum, Bodensatz und Auskehricht aller übrigen; und nichts zeuget lauter gegen eine Regierung, als wenn es ihr an Kraft oder Willen fehlt, dem Überhandnehmen dieser gefährlichen Art von geheimen innerlichen Feinden zuvorzukommen, oder sich ihrer wenigstens noch in Zeiten zu entledigen. Was die andere Art von Sanskülotten betrifft, — diejenigen nehmlich, die kein anderes Eigenthum haben als ein Paar nervige Arme und eiserne Fäuste, so möchte es wohl schwer seyn, den Staat, worin ihnen jene verächtliche Benennung zukommt, von gerechten Vorwürfen frey zu sprechen. Denn wenn diese unterste, aber einem grofsen Staat unentbehrliche Klasse, nicht eine der nützlichsten ist; wenn sie ihm sogar dadurch gefährlich wird, dafs sie sich durch übermäfsigen Druck und hoffnungsloses Elend wo nicht gezwungen, doch sehr stark versucht fühlt, mit den erklärten Feinden aller Gesetze und bürgerlichen Ordnung gemeine Sache zu machen: an wem liegt wohl die meiste Schuld, als an denen, in deren Macht es stand, und deren Pflicht es war, das Übel durch zweckmäfsige Mittel zu verhüten? — Doch es würde uns zu weit aus unserm Wege führen, wenn ich diese Betrachtung verfolgen wollte. Denn, mit Einem

Worte, diese unterste Volksklasse, wie sehr sie auch, in mancherley Rücksicht, der Aufmerksamkeit der Gesetzgebung und Regierung würdig und bedürftig ist, kann doch, vermöge der Natur der Sache, ja schon allein darum, weil ihre Anzahl in jedem auch nur leidlich wohl eingerichteten Staate in Verhältnifs gegen die Masse des übrigen Volkes unbeträchtlich ist, nicht unter der grofsen Mehrheit begriffen werden, die ich als den Depositär der öffentlichen Meinung betrachte. Übrigens mufs ich Sie noch bemerken machen, lieber Egbert, dafs die Redensarten, in Masse wirken, und in Masse aufstehen, nichts weniger als gleichbedeutend sind. Ich weifs wohl, dafs sie nur zu oft (zumahl von Staatsmännern und Regenten von der strikten Observanz) mit einander verwechselt werden; aber gemeinschaftliche, mit Wärme und Nachdruck vorgetragene Beschwerden und Vorstellungen sind noch lange kein Aufstand, und die ehemahligen Regenten einiger Schweizerischen Republiken haben die Verwechselung dieser im Grunde so verschiedenen Begriffe hart genug gebüfst, um andere vor ähnlichen Irrungen zu warnen.

EGBERT.

Sie haben die unterste Klasse von der Mehrheit, deren übereinstimmende Meinung die öfentliche ausmachen soll, vermuthlich defswegen ausgeschlossen, weil Sie zu viel Unwissenheit und Roheit bey derselben voraussetzen, als dafs man ihr über Dinge, zu deren Beurtheilung etwas mehr als fünf Sinne und ein kleiner Antheil von Menschenverstand gehört, eine gesunde Meinung zutrauen könnte. Aber indem Sie, wie es scheint, annehmen, dafs die Aufklärung, die in unserm Jahrhundert so grofse Vorschritte gemacht hat, nicht bis in die Köpfe der Tagelöhner eingedrungen sey, sollte hier nicht der Fall des ehemahls berühmten Vexierschlusses des Eubulides von Megara eintreten, vermittelst dessen er bewies, dafs ein einziges Korn einen ganzen Haufen mache? Sollte nicht derselbe Grund, warum Sie die untersten Klasse ausschliefsen, auch von der unmittelbar an dieselbe grenzenden gültig seyn; und so von einer Klasse zur andern, durch die ganze lange Reihe von Unterabtheilungen, bis zu den obersten, welche, was die Aufklärung betrifft, wieder mit den untersten zusammen zu treffen, und (unter uns gesagt) wenig vor ihnen voraus zu haben scheinen?

SINIBALD.

Wenn ich der untersten Klasse unter jedem policierten Volke keinen aktiven Antheil an der öffentlichen Meinung einräume, so geschieht es nicht sowohl aus Mifstrauen gegen ihren Menschenverstand, als aus Rücksicht auf ihren Stand in der bürgerlichen Gesellschaft, der diesen von Mangel und Arbeit gedrückten Menschen weder Mufse noch Gelegenheit läfst, sich um Dinge, die ihre körperlichen Bedürfnisse nicht zunächst angehen, zu bekümmern. Was die Aufklärung betrifft, so möchten sich wohl **in allen Klassen** nicht wenige finden, deren Meinungen mit der öffentlichen (zumahl wenn sichs träfe, dafs sie gerade die vernünftigste wäre) nichts zu schaffen haben, oder gar mit ihr in offenbarem Widerspruch stehen. Ich bekenne also, dafs ich aus **dieser** Rücksicht nicht nöthig gehabt hätte, die **unterste** auszuschliefsen, indem es eben so möglich ist, dafs sich in dieser einige helle Köpfe über den engen und nebligen Dunstkreis ihres Standes erheben, als es gewifs ist, dafs in den höchsten Klassen selbst nur wenige zu einer klaren und unbefangenen Ansicht der menschlichen Dinge gelangen. Aber ich betrachtete bisher die öffentliche Meinung blofs im allgemeinen, ohne Rücksicht ob sie sich auf Irrthum oder Wahrheit gründet. In beiderley Fällen verdient sie immer die gröfste Aufmerksamkeit: im ersten, um ihr auf jede zweckmäfsige

Art entgegen zu arbeiten; im andern, um sie als den untrüglichsten Rathgeber dessen, was man zu thun hat, anzusehen.

EGBERT.

Über den ersten Punkt werden wir in keinen Streit gerathen, Sinibald; denn, wofern es eine öffentliche Meinung giebt, so ist immer zehn gegen eins zu setzen, daſs sie auf Vorstellungen gebaut seyn wird, denen man entgegen zu arbeiten hat; oder, um mich richtiger auszudrücken, die Erfahrung lehrt, daſs es zu allen Zeiten herrschende Irrthümer gab, welche sich beynahe aller Köpfe in allen Klassen eines Volkes, ja der unendlichen Majorität des ganzen Menschengeschlechts bemächtigt haben; wie z. B. der Glaube an Gespenster, Elementargeister, Vorbedeutungen, Einfluſs der Gestirne, Magie, Wunderkräfte und dergleichen, auf welchen man von jeher eine öffentliche Meinung gegründet hat, die sogar in unsern Tagen, und selbst unter den weniger ungebildeten höhern Volksklassen, durch alle Fortschritte der Naturwissenschaft nicht völlig verdrängt werden konnte.

SINIBALD.

Und dieſs aus sehr natürlichen Ursachen. Der Volksglaube, den Sie zum Beyspiel anführen, stützt sich nicht nur auf den unsrer Natur eigenen Hang zum Übersinnlichen und Übernatürlichen, und ist nicht nur zu allen Zeiten von Priestern und Dichtern aufs fleißigste genährt und gepflegt worden, sondern wird sogar noch in diesem Augenblicke von guten und schlechten Buchmachern, als ein unfehlbares Mittel viele Leser zu bekommen und starke Wirkungen zu thun, auf alle nur erdenkliche Art benutzt und aufgestutzt. Ein so wohl unterhaltener Aberglaube wird nie durch Kultur und Aufklärung so ganz verdrängt werden, daß er nicht sogar in der Fantasie und dem instinktmäßigen Hange derjenigen selbst, die ihn für das was er ist erkennen, einen geheimen Fürsprecher finden sollte. Aber eine ganz andere Bewandtniß hat es mit Wahnbegriffen und Vorurtheilen über Dinge, die unser unmittelbares Wohl oder Weh betreffen, und allen so nahe liegen, daß auch der gemeinste Menschenverstand sie ohne Mühe erreichen kann. Denn wie tiefe Wurzeln auch ein Irrthum in solchen Dingen geschlagen haben mag, so zeigen uns doch die Epoken der großen Revoluzionen Beyspiele genug, daß er endlich der Übermacht der Wahrheit weichen muß, und daß der öffentlichen Meinung, die sich dadurch festsetzt, sogar die Donnerkeule eines ehemahls vermeinten Halbgottes, und die ganze aufgebotene Macht der unumschränktesten Herrschergewalt, mit allen Werkzeugen der Zerstörung und des Todes bewaffnet, nichts anzuhaben vermögen.

EGBERT.

Sowohl in dem besondern Falle, auf welchen Sie hier anspielen, als in allen andern, die unter dem allgemeinen Begriffe von **Dingen, woran Allen liegt**, und die der gemeinste Verstand erreichen kann, enthalten sind, dürfte wohl viel zu unterscheiden und zu sondern seyn. Was den ersten betrifft, so däucht mich, es könne von ihm auf andere, wiewohl ähnlich scheinende Fälle nicht geschlossen werden. Auch der stärkste und eingewurzeltste Wahnglaube giebt endlich der Macht der **Zeit** und der **Gewohnheit** nach, deren beider gemeinschaftliche Eigenschaft ist, die Formen der Dinge und den Eindruck, den sie auf das Gemüth machen, abzustumpfen, und schon dadurch allein eine von andern Umständen herbey geführte Veränderung in der Vorstellungsart der Menschen vorzubereiten und zu fördern. Ist nun vollends ein solcher Wahnglaube die Quelle unzähliger lästiger Mifsbräuche und die Gelegenheit zu den härtesten Bedrückungen geworden, so kann man mit gutem Grund annehmen, dafs es vielmehr das **allge-**

meine Gefühl dieser Mifsbräuche und Bedrückungen, als eine durch Untersuchung gewirkte Überzeugung von der Wahrheit war, was z. B. die grofse Empörung eines ansehnlichen Theils der Christenheit gegen den Päpstlichen Stuhl im sechzehnten Jahrhundert bewirkte. Die Übereinstimmung in diesem Gefühle, nicht die Übereinstimmung in Meinungen, that dieses Wunder; und bedürfen wir dessen wohl einen stärkern Beweis, als dafs eben diese Menschen, die gegen den Römischen Stuhl gemeinschaftliche Sache machten, in eine Menge Sekten unter sich selbst zerfielen und einander mit Wuth verfolgten, sobald man ihnen Zeit liefs gewahr zu werden, dafs sie über das, was man meinen oder glauben sollte, verschiedener Meinung wären. Eben dasselbe läfst sich auch (wie ich schon im Vorbeygehen bemerkte) von allen grofsen politischen Revoluzionen behaupten. Nichts kann unbestimmter, schwankender und veränderlicher seyn, als die Meinungen des Volkes in solchen kritischen Zeitläufen; nichts wäre schwerer als eine darunter anzugeben, die man die allgemeine oder öffentliche nennen könnte: aber was sich laut und öffentlich genug hören läfst, ist das Gefühl der gemeinsamen Bedrückungen, der Wunsch davon befreyt zu werden, ein ungeduldiges

Verlangen diesen Wunsch erfüllt zu sehen, und, wenn die Hoffnung zu verschwinden beginnt, eine Verzweiflung, die zu allem fähig macht.

SINIBALD.

Ich danke Ihnen, Egbert, daſs Sie mir den Weg zur Beantwortung der Frage, die uns beschäftigt, selbst gebahnt und abgekürzt haben. Sehr gern gebe ich Ihnen zu, daſs, sobald beym Ausbruch oder im Fortgang einer Staatsrevoluzion von spekulativen Punkten, von den besten Mitteln zum Ziele zu gelangen, in so fern sie durch Untersuchung und Vernunftschlüsse herausgebracht werden müssen, oder von der zweckmäſsigsten Art der Anordnung und Ausführung dieser Mittel die Rede ist, eine feststehende öffentliche Meinung etwas unerhörtes und nicht zu erwartendes sey. Der Ursachen hiervon sind so viele, daſs es eben so mühsam als langweilig wäre, sie alle aufzuzählen; indessen lassen sie sich füglich unter zwey zusammen fassen, in welchen alle übrigen begriffen sind. Die eine ist: daſs bey solchen Staatserschütterungen die Volksklassen, welche die groſse Mehrheit ausmachen, in zu heftiger Gährung und gröſsten Theils in einem allzu leidenschaftlichen Gemüthszustande sind, als daſs der gemeine gesunde Menschenverstand mit gehöriger Freyheit wirken und das Übergewicht entscheiden könnte; die andere: daſs sowohl diejenigen, denen an Erhaltung der **bisherigen Ordnung der Dinge**, und mit ihr an den gewohnten, **ihnen allein vortheilhaften Miſsbräuchen**, alles gelegen ist, als diejenigen, die eine **neue**, auf **ihren eigenen Vortheil berechnete** Ordnung der Dinge wollen, aber auch schon bey der **Unordnung, die ihr vorher geht**, unendlich viel zu gewinnen **haben** oder zu gewinnen **hoffen**, sich alle möglichen Bewegungen geben, und kein Mittel unversucht lassen, das Volk zu bearbeiten, zu verwirren, zu ängstigen, zu schrecken, und gewaltsam mit sich fortzureiſsen, oder zu verführen, zu blenden, zu täuschen, durch Schmeicheley und groſse Verheiſsungen zu bestechen, und durch alle diese Mittel in jener unseligen Gährung zu erhalten, die sich gewöhnlich mit dem Untergang beider Parteyen und der gänzlichen Auflösung des Staats endiget. Ganz gewiſs findet während **solcher** politischen Momente nichts, was man mit Recht öffentliche Meinung nennen könnte, Statt: aber es ist, **meiner** Überzeugung nach, eben so gewiſs, daſs eine solche Meinung jeder Staatsumwälzung **vorgeht** und gleichsam das Zeichen zum Anfang derselben giebt;

und daſs, nachdem die Explosion endlich erfolgt ist, die Wiederherstellung einer auch nur leidlichen Ordnung nicht eher erwartet werden darf, bis das Volk, auf welche Art es geschehen mag, wieder ruhig genug geworden ist, um einer öffentlichen Meinung fähig zu seyn, und sie mit dem gehörigen Nachdruck zu erkennen zu geben.

EGBERT.

Ich bin begierig zu hören, wie Sie auch mich von der Wahrheit dieser Behauptung überzeugen wollen.

SINIBALD.

Ich hoffe, daſs Sie meine Darstellung mit dem natürlichen Gange der menschlichen Dinge, und dem, was uns die Geschichte alter und neuer Zeiten, und die Erfahrung unsrer eigenen gelehrt hat, genau zusammenstimmend finden werden. Nur bitte ich Sie um Geduld, wenn ich Ihnen ein wenig weit auszuhohlen scheinen sollte.

Wie dumpf oder leichtsinnig ein Volk seyn mag, so wird es doch nicht an Augenblicken fehlen, wo jedermann über seinen Zustand nach seinem gegenwärtigen Gefühl urtheilt, und denselben mit dem, was er durch mündliche Überlieferung oder zufälliger Weise von dem Zustande seiner Vorältern oder andrer Völker gehört hat, oder auch blofs mit seinen Bedürfnissen und Wünschen, in Vergleichung bringt. Die gewöhnliche Folge dieser Vergleichung ist ein unbestimmtes Verlangen, **es besser zu haben**, und eine eben so unbestimmte Geneigtheit, alle Wege einzuschlagen, auf welchen man, ohne grofse Wahrscheinlichkeit sich zu verschlimmern, seine Lage zu verbessern **hoffen darf**. Wir können sicher annehmen, dafs diefs, so zu sagen, der Grundton in der Stimmung eines jeden Volkes ist, und dafs man unter tausend Einwohnern eines Landes kaum Einen rechnen kann, der mit dem Gegenwärtigen so zufrieden wäre, dafs er nicht eine geheime Neigung zu Veränderungen in sich trüge, welche die Sicherheit und Ruhe des Staats in beständige Gefahr setzen müfste, wenn nicht zu gutem Glück die Natur selbst für ein mächtiges **Gegengewicht** gesorgt hätte, wodurch wenigstens **die schlimmsten** Folgen dieser Unruhe und Unzufriedenheit des menschlichen Herzens oft Jahrhunderte lang aufgehalten werden. Dieses Gegengewicht liegt in einer gewissen allen Menschen angebornen **Trägheit**, die uns, so lange die eiserne Nothwendigkeit nicht etwas andres befiehlt, unwillig macht unsre gegenwärtige Lage gegen eine besser scheinende zu vertauschen, wofern wir uns nicht anders als mit großer Anstrengung unsrer Kräfte, und auch da noch mit Gefahr, Aufopferungen und Ungewißheit des Erfolges in dieselbe versetzen könnten. Diese natürliche Trägheit, zu einer andern nahe mit ihr verwandten Eigenschaft, nehmlich der Leichtigkeit uns an eine gewisse Lebensweise zu gewöhnen, gesellt, ist unläugbar die stärkste, wo nicht die einzige Grundlage, worauf dermahlen die innere Sicherheit der meisten Staaten beruht; und wiewohl keiner Regierung zu rathen ist, sich auf die Haltbarkeit derselben zu viel zu verlassen, so lehrt doch die Erfahrung, daß kein Zustand so armselig ist, daß die Menschen (zumahl von früher Jugend an) sich nicht an ihn gewöhnen, und durch die bloße Macht der Gewohnheit um so stärker an ihn gefesselt werden könnten, da ein solcher Zustand nothwendig mit einer Abstumpfung der edlern Kräfte der Menschheit, wodurch sie bis zur bloßen Thierheit herab sinkt, verbunden ist. Ein Monarch, dem das Schicksal die Bequemlichkeit zugetheilt hat, über lauter Sklaven zu gebieten, kann sich auf die ewige Dauer seines Throns verlassen, wofern er nur so lange, bis er sein geliebtes Volk in den glücklichen Stand der Pescherähs (im Feuerlande) versetzt hat, Sorge trägt, daß der Eingang in sein Reich jeder Möglichkeit von Kultur und Aufklärung verschlossen bleibe. Denn freylich, zu verlangen daſs Sklaverey und Kultur immer Hand in Hand neben einander gehe, hieſse das Unmögliche wollen. Indessen ist doch auch die Kultur keine so gefährliche Sache, daſs nicht die groſse Mehrheit einer policierten Nazion von fünf und zwanzig oder dreyſsig Millionen Menschen, durch die besagte Macht der Gewohnheit, oft unglaublich lange in einem Zustand erhalten werden könnte, den die Pescherähs selbst, bey allem was er etwa noch vor dem ihrigen voraus hat, nicht beneidenswürdig finden würden.

EGBERT.

Da geben Sie den hochbesagten Sultanen einen feinen Trost, Sinibald.

SINIBALD.

Bis jetzt wenigstens ist ihnen die öffentliche Meinung noch ziemlich günstig. Denn aus unsrer bisherigen Betrachtung scheint mir als eine natürliche Folge hervorzugehen, daſs man in jedem dermahlen bestehenden Staate, ohne Rücksicht auf desselben mehr oder weniger preiswürdige Verfassung und Verwaltung, bey dem gröſsten Theile des Volkes zwey Gesinnungen annehmen könne, aus welchen sich eben so viele Meinungen bilden, die man mit Grund für öffentliche oder allgemeine gelten lassen kann, und von welchen die zweyte der ersten so richtig die Wage hält, daſs selbst der furchtsamste Sultan vor Revoluzionsgefahr sicher auf beiden Ohren dabey schlafen dürfte. Die erste lieſse sich, däucht mich, kurz und gut in diese Formel fassen: „Alles sollte besser gehen als es geht;" — eine Meinung, welche, mit oder ohne klares Bewuſstseyn dessen der sie hegt, das Gefühl zur Unterlage hat: „Mir selbst sollte besser seyn als mir ist." — Die zweyte dürfte, in Worte verfaſst, ungefähr so lauten: „Wir thun zwar, was wir können, und leiden was wir müssen, alles in Hoffnung, daſs es noch einmahl besser kommen werde, und aus Furcht übel ärger zu machen; aber jede Verbesserung unsers Zustandes, wobey wir diese Gefahr **nicht** laufen, soll uns willkommen seyn." Können Sie zweifeln, Egbert, daſs ich in diesen beiden Formeln die Gesinnung und Meinung der unendlichen Majorität aller Bewohner Europens ausgedruckt habe?

EGBERT.

Ich gestehe Ihnen, daſs ich es nicht kann. Aber ich muſs auch sagen, Sie haben da einen fürchterlichen Lichtstrahl in das Innere unsers Zustandes fallen lassen.

SINIBALD.

Nicht so fürchterlich als es scheint. Wenn es ein Lichtstrahl ist, (und das ist er gewifs) so zeigt er uns Wahrheit, und hindert uns, das Ding das nicht ist (mit Swifts *Hoyhnhnms* zu reden) für Wahrheit zu halten, falsche Schlüsse darauf zu bauen, und dadurch zu Schaden zu kommen. Es ist gut, und mehr als gut, denn es ist unumgänglich nöthig, dafs wir genau wissen, woran wir sind und worauf wir uns zu verlassen haben, damit uns weder falsche Sicherheit verblende, noch unzeitige Furcht und Panischer Schrecken so verwirrt mache, dafs wir, um ein kleines Feuer zu löschen, nach dem Öhlkrug statt der Wasserkanne greifen. Lassen Sie uns also einen Schritt weiter gehen. Der so eben als öffentliche Meinung des Volks in jedem Staat ausgesprochne Satz enthält viele andere, die auf eben demselben Grunde beruhen, und entweder blofse Entwicklungen oder natürliche Folgen desselben sind. Z. B. Wie schlimm es auch im Besondern und Einzelnen gehen mag, so lange nur die Gesetze noch einige Kraft haben, so lange sie noch (in den meisten Fällen wenigstens) jeden bey dem Seinigen schützen, so lange wir ordentlicher Weise vor willkührlichen Mißhandlungen, Beraubung unsrer bürgerlichen Rechte, unsrer persönlichen Freyheit, unsrer Ehre, unsers Lebens, sicher sind; so lange könnte es noch schlimmer gehen: wir müssen und wollen uns also gedulden!" — Glauben Sie nicht, Egbert, daß man auch dieß als öffentliche Meinung annehmen könne?

EGBERT lächelnd.

Es ist eine so zahme und geduldige Meinung, daß ich sie Ihnen ohne Bedenken gelten lassen kann.

SINIBALD.

Oder die folgende: „Wenn es zu Verbesserung unsers Zustandes nichts weiter bedarf als Ja zu sagen; d. i. wenn die Mittel dazu uns von den obersten Machthabern selbst von freyen Stücken in die Hände gelegt werden; oder, wenn der Fall eintritt, daß wir uns selbst helfen sollen, und wir uns durch Mittel helfen könnten, die von Vernunft und Billigkeit gut geheißen werden, und wobey also die allgemeine Wohlfahrt nicht gefährdet ist: so wollen wir aus allen Kräften zur Verbesserung thätig seyn." — Sollte nicht auch dieß, sobald der Fall dazu eintritt, eben so gewiß als die Meinung und Gesinnung der meisten Staatsbürger angenommen werden können, als man annehmen kann, daſs jedermann, sobald der Anlaſs dazu da ist, zweymahl zwey für vier erkennt?

EGBERT.

Ich sehe nicht, warum wir es nicht annehmen sollten, vorausgesetzt daſs die groſse Mehrheit im Staat nicht etwa aus lauter Bettlern und Banditen bestehe, denen freylich mit einem so ruhigen Gange der Sachen nicht gedient seyn möchte.

SINIBALD.

Und so hätten wir denn doch etwas, das wir für öffentliche Meinung in jedem dermahlen bestehenden Staat annehmen können?

EGBERT.

Nur sehe ich nicht, wozu es dienen soll. Denn so lange sich das Volk mit so gutmüthigen und gefälligen Meinungen behilft, könnt' es im Ganzen so übel gehen als es wollte, und selbst ein Heinrich VIII., Ludwig XI., Filipp II., Ferdinand II. und ihres gleichen, könnten nebst ihren lieben Getreuen so getrost und sicher tyrannisieren, als ob sie eben so viele Trajane

und **Mark-Aurele**, *Henri-quatre*, und
Sully's und *Duplessis-Mornay* wären.

SINIBALD.

Diefs dürfte allerdings der Fall in einem Staate seyn, wo dem Fortgange der **Kultur zur Humanität** ein ewiger Riegel vorgeschoben wäre, indessen eine unweise Staatsverwaltung sich mit allen Mifsbräuchen und Ungerechtigkeiten einer unterdrückenden Verfassung, und mit allen Ausschweifungen, Lastern und Freveln einer der Gesetze spottenden privilegierten Kaste vereinigte, das Volk von Stufe zu Stufe bis zur thierischen Gefühllosigkeit der Pescherähs herabzudrükken. Aber wo die **Kultur** mit den **Mifsbräuchen beynahe gleichen Schritt** hält, und das öffentliche Elend den aufgeklärtesten Theil der Nazion, der das Studium der Natur und des Menschen schon lange, wiewohl nur zur Spekulazion, trieb, endlich nöthigt, Moral und Politik zum Gegenstande der schärfsten Untersuchungen zu machen, und ihre ersten Gründe aus der menschlichen Natur selbst hervor zu graben, da nehmen die Sachen einen andern Gang. So lange die **Moral** eine ausschliefsliche **Behörde der Priesterschaft**, und die **Politik** das anmafsliche Geheimnifs der **Höfe und Kabinette** ist, müssen sich diese und jene zu Werkzeugen der Täuschung und Unterdrückung mifsbrauchen lassen; das Volk wird das Opfer schändlicher Wortspiele, und die Gewalt erlaubt sich alles und darf sich alles ungestraft erlauben, da es von ihrer Willkühr abhängt, Unrecht zu Recht, Recht zu Unrecht zu stempeln, und das, wovor sie sich am meisten fürchtet, die **Bekanntmachung der Wahrheit**, zum **Verbrechen** zu machen, und als solches zu bestrafen. Nicht so, wenn die Vernunft sich ihrer ewigen unverjährbaren Rechte wieder bemächtigt hat, um alle Wahrheiten, an deren Erkenntnifs **Allen Alles** gelegen ist, wieder ans Licht hervor zu ziehen, und ihnen mit Hülfe aller Musenkünste, unter allen nur ersinnlichen Gestalten und Einkleidungen, die möglichste Popularität zu verschaffen. Eine Menge berichtigter Begriffe und Thatsachen kommen dann in Umlauf; eine Menge Vorurtheile fallen wie Schuppen von den Augen einer neuen Generazion; es wird immer heller in den Köpfen; man lernt Irrthümer für — **Irrthümer** erkennen, an welchen Jahrhunderte lang nur zu zweifeln Verbrechen war, und erstaunt, wie man Augen und Ohren vor den unwidersprechlichsten Aussagen der Vernunft und des allgemeinen Gefühls so lange habe verschliefsen können.

Wie gering auch verhältnifsmäfsig die Anzahl derjenigen seyn mag, die in diesem Licht als in ihrem Elemente leben, zu einem heitern Überblick der wahren Beschaffenheit der menschlichen Dinge gelangt sind, und den Leitfaden in der Hand haben, der uns allein aus dem Labyrinthe des Lebens heraus helfen kann, so wird doch die Wirkung des von ihnen ausgehenden Lichtes von einem Jahrzehend zum andern immer merklicher: sie verbreitet sich stufenweise durch die mittlern Klassen der Gesellschaft; und wenn auch nur einzelne gebrochne Strahlen bis zu den untersten dringen, so sind sie doch hinreichend, Aufmerksamkeit und Verlangen nach Belehrung über Dinge, deren allgemeine Wichtigkeit für die Menschen man zu erkennen anfängt, wenigstens bey einigen zu erregen. Was ist nun, wenn Kultur und Aufklärung einmahl diese Stufe erstiegen haben, natürlicher, als dafs zu einer Zeit, wo eine gänzlich zerrüttete Staatswirthschaft für die Verschwendungen des Hofes keine Quellen mehr aufzutreiben, die schlaueste Finanzkunst dem gesunknen öffentlichen Kredit nicht wieder aufzuhelfen, und die Tyranney selbst von einem bis aufs Mark ausgesogenen Volke nichts mehr heraus zu drücken vermag; zu einer Zeit, wo die ausgelassenste Üppigkeit und übermüthigste Verschwendung auf der einen Seite, gegen die äufserste Armuth und eine an Verzweiflung grenzende Muthlosigkeit auf der andern, so widerlich absticht, dafs die aus allem leidlichen Verhältnifs getretene Ungleichheit unter den Ständen und einzelnen Gliedern eben desselben Staats auch die stumpfsinnigsten Halbmenschen empören mufs — was Wunder, sage ich, wenn in einem solchen Zeitraume sich endlich, von allen Seiten her, tausend und zehen tausend Stimmen, laut genug um überall gehört zu werden, gegen Aberglauben, Despotismus und privilegierte Gesetzlosigkeit, als die ersten Quellen des öffentlichen Elends, erheben? Oder was ist natürlicher, als dafs beynahe alle guten Köpfe einer solchen Nazion sich theils mit Aufdeckung der nähern und entferntern Ursachen dieses Elends, theils mit den Mitteln demselben abzuhelfen, beschäftigen? Und wie sollt' es zugehen, dafs alles diefs nicht endlich mächtig auf den Geist der Nazion wirken, und bey der gröfsern Mehrheit, als dem leidenden Theil, eine der gegenwärtigen Ordnung der Dinge ungünstige Disposizion hervorbringen sollte, von welcher der Übergang zu einem lebhaften ungeduldigen Verlangen nach irgend einer grofsen wesentlichen Veränderung nur ein kleiner Schritt ist?

EGBERT.

Was Sie da sagen, bringt mir einen Umstand aus dem achten Zehend dieses Jahrhunderts ins Gedächtnifs, der mir so stark auffiel, dafs ich ihn schon damahls als ein furchtbares Vorzeichen eines nahe bevorstehenden Ausbruchs der Gährung, die sich bereits hier und da in dem Innern von Frankreich verspüren liefs, betrachtete, und mich oft wunderte, dafs eine so sonderbare Erscheinung sonst von niemand bemerkt zu werden schien. Diefs war, dafs in den letzten sechs oder sieben Jahrgängen der *Bibliotheque universelle des Romans* ein ungewöhnlicher Geist der Freyheit, eine gewisse nur leicht verdeckte, mit unter ziemlich stark in die Augen fallende politische Tendenz, und ein gewisser ernster, kräftiger, öfters sogar überspannter und kaustischer Ton unvermerkt herrschend wurde, der mit der anscheinenden Frivolität der Sachen gar sonderbar kontrastierte, und, da er in einem so allgemeinen Lesebuch selbst der königlichen Censur nie aufgefallen zu seyn scheint, mir desto deutlicher bewies, dafs der alte Geist der Nazion aus seinem tiefen Schlaf zu erwachen anfange, und wahrscheinlich nicht lange mehr unthätig bleiben werde.

SINIBALD.

Sollten nun in einem solchen Zeitpunkte, wo der Geist eines durch hierarchischen, aristokratischen und monarchischen Despotism lange niedergedrückten Volkes alle seine Ketten zu schütteln anfängt, und im Begriff ist eine nach der andern zu zerreifsen, nicht auch, natürlicher Weise, die öffentliche Meinung eine bestimmtere Gestalt gewinnen, und sich endlich so deutlich zu erkennen geben, dafs nur eine beynahe unbegreifliche Verblendung die Machthaber verhindern könnte, zu sehen, dafs es die höchste Zeit sey andre Wege einzuschlagen, wenn sie der Katastrofe, die sie doch selbst befürchteten, zuvorkommen wollten. Sollte sich nicht mit der höchsten Wahrscheinlichkeit annehmen lassen, dafs es in Frankreich wenigstens schon im Jahre 1788 allgemeine Meinung der gröfsern Mehrheit gewesen sey: „Das Volk habe Rechte zurück zu fordern, gegen welche keine Verjährung gelte" — „Es sey eine nicht länger zu duldende Ungerechtigkeit, dafs das Volk die Lasten des Staats allein, oder nach einer ganz unbilligen Austheilung trage" — „Willkührliches Verfahren in Sachen, welche das Eigenthum, die Ehre und persönliche Freyheit der Bürger betreffen, sey kein wesentliches Vorrecht der höchsten Gewalt, und die Nazion sey nicht schuldig, defswegen weil die Staatsverfassung monarchisch sey, sich despotisch beherrschen zu lassen." — Ich müfste mich sehr irren, oder diese und ähnliche Sätze lagen als öffentliche Meinung den so genannten *Cahiers des dritten Standes* zum Grunde, worin das Volk seinen Stellvertretern im Jahre 1789 seine damahls noch sehr gemäfsigten Forderungen und Wünsche ausführlich zu vernehmen gab.

EGBERT.

Ich kann und will nicht gegen meine Überzeugung mit Ihnen haberechten, Sinibald. Ich könnte zwar einwenden, dafs die Sätze, die Sie so eben für die öffentliche Meinung des Französischen Volkes zu Anfang des Jahres 1789 erklärten, eigentlich nur die Meinung des unterrichteten und denkenden Theils gewesen sey: aber ich sehe leicht voraus, was Sie mir darauf antworten würden. In der That kommt es hier nicht so wohl darauf an, wer eine Meinung zuerst aufgebracht, oder sie am besten zu behaupten weifs, als darauf, dafs sie, um den Nahmen der öffentlichen zu verdienen, dem Geiste und der gegenwärtigen Stimmung der Nazion so angemessen und überhaupt so beschaffen sey, dafs sie, sobald sie sich laut vernehmen läſst, dem gröſsten Theile derselben einleuchte und mit Beyfall von ihm aufgenommen werde. Ich kann daher nicht in Abrede stellen, daſs die besagten Sätze wirklich für öffentliche Meinung nicht nur in Frankreich, sondern beynahe in ganz Europa gelten konnten.

SINIBALD.

Ich hätte also den ersten Punkt meiner Behauptung hinlänglich dargethan. Denn auch dieſs werden Sie mir gern zugeben, daſs weder die Orleanssche Fakzion, noch die heimlichen Republikaner der damahligen Zeit, und am allerwenigsten das kleine Häufchen der redlichen Patrioten, die es mit dem König und der Nazion gleich ehrlich meinten, nur daran gedacht haben würden, den ersten entscheidenden Schritt zur Revoluzion zu wagen, wenn sie nicht gewiſs gewesen wären, in jener öffentlichen Meinung eine Stütze zu finden, die ihnen im Nothfalle den Schutz des ganzen Volkes sicherte. Was den andern Punkt betrifft, so scheint es mir Natur der Sache zu seyn, daſs, so lange die Gährung der ganzen Staatsmasse dauert, keine Meinung sich im Volk erhebt, die man mit Fug und Recht eine öffentliche nennen könnte; wenn auch gleich, wie unter Robespierre, ein allgemeiner Schrecken die Wirkung thun kann, alle vor der Guillotine zitternden Köpfe ein erzwungenes pagodenmäfsiges Ja oder Nein nicken zu machen. Aber sobald das Volk wieder frey Athem hohlen darf, von seinen Ausschweifungen und Paroxismen zurück gekommen ist, und, der ewigen Verschwörungen, Proskripzionen, Delazionen und Exekuzionen, kurz des ganzen revoluzionären Unwesens herzlich müde, sich allenthalben nach Sicherheit und Ruhe sehnt: dann ist das erste, was man mit Recht für entschiedene öffentliche Meinung ausgeben kann, die allgemeine Überzeugung, „dafs nichts als Unterwerfung unter eine gesetzmäfsige Regierung und entschlofsne Anhänglichkeit an dieselbe den aufgelösten Staat, unter welcher neuen Gestalt es auch sey, ins Leben zurück rufen könne;" — und von dem Tage an, da sich diese öffentliche Meinung stark und deutlich ausdruckt, kann man auch die wahre Zeit des Anfangs einer neuen Ordnung der Dinge rechnen, und für gewifs annehmen, dafs sie sich so lang' erhalten werde, als das Volk bey dieser Gesinnung verharren wird.

EGBERT.

Die Existenz und die Wichtigkeit dessen, was Sie öffentliche Meinung nennen, wäre also, für mich wenigstens, aufser

Zweifel gesetzt. Nur scheint es, unglücklicher Weise, nicht möglich zu seyn, die Machthaber in einem noch bestehenden Staate, wie nahe dieser auch bereits seiner Auflösung seyn mag, von der Aufmerksamkeit und Achtung zu überzeugen, die man ihr — auch in Ermanglung edlerer Beweggründe, schon aus bloſser Klugheit und Rücksicht auf eigene Sicherheit und Selbsterhaltung — erzeigen sollte. Es wären aus der neuesten Zeit auffallende Beyspiele hiervon anzuführen: aber der Augenschein spricht überall so laut, daſs es überflüssig wäre, sich auf einzelne Fälle zu berufen. Wenn man die Herren auf das, was sie zu thun hätten, und auf die Gefahr im Verzug aufmerksam machen will, so hört man immer die Antwort: „Gerade deſswegen sey es jetzt nicht Zeit, dem Volk einen solchen Beweis, was es vermöge, in die Hand zu geben; in solchen Augenblicken müsse die Regierung die Zügel schärfer anziehen als jemahls; das geringste Zeichen von Nachgiebigkeit würde von dem Volke für Schwäche und Furcht ausgelegt, und zu einem Antriebe, seinen Forderungen kein Ziel zu setzen, gemiſsbraucht werden; und bloſs dadurch, daſs man ihm keine Furcht zeige, verhindre man es, wirklich furchtbar zu werden." — „Allerdings (hört man sie auch wohl sagen) sind

Mifsbräuche abzustellen, Beschwerden zu
erleichtern, Verbesserungen zu machen: aber
daran läfst sich erst alsdann denken, wenn
alles wieder ruhig, und das obrigkeitliche
Ansehen so befestigt ist, dafs über den Beweggrund zu solchen Schritten kein Zweifel
mehr Statt finden kann." — Nun erfolgt
aber in solchen Fällen immer eines von
zweyen: entweder das Volk dringt mit Gewalt durch, und die bisherige Ordnung der
Dinge stürzt zusammen; oder die alten Machthaber behalten die Oberhand; und dann kann
man sich darauf verlassen, dafs an wirkliche, ernstlich gemeinte Abstellung der gerechtesten Volksbeschwerden so wenig mehr
gedacht wird als an den Mann im Monde.

SINIBALD.

Sie setzen, wie ich sehe, ein ziemlich
geringes Vertrauen in die Weisheit und
Güte der Väter des Vaterlandes.

EGBERT.

Ich rede mit dem Herzen in der einen
Hand, und mit der Fackel der Erfahrung
in der andern. Oder sollten Sie mir auch
nur ein einziges Beyspiel des Gegentheils
anführen können? — Nur ein einziges, lieber Sinibald!

SINIBALD.

Sie sind sehr bescheiden; und doch sollte mirs schwer fallen —

EGBERT.

Das will ich glauben!

SINIBALD lächelnd.

Ich habe ein ziemlich ungetreues Gedächtnifs; es wäre nicht billig, aus meiner Verlegenheit einen Schlufs zum Nachtheil eines dritten zu ziehen.

EGBERT.

Wie schwach auch Ihr Gedächtnifs seyn möchte, hätten Sie je ein solches Beyspiel erlebt, so würden Sie es, gerade um der Seltenheit willen, nie wieder vergessen haben. — Aber, Scherz bey Seite, Sie wissen ja so gut als ich, wie es in solchen Fällen zu gehen pflegt. Da sind immer so viele **dringendere** Geschäfte abzuthun — mit **diesem** hat es noch Zeit; es wird also indessen an den berüchtigten **Nagel**, der so vieles tragen mufs, gehängt, und geräth mit zehn tausend andern, woran weder dem Referenten noch dem Richter etwas gelegen ist, unvermerkt in Vergessenheit. Oder kommt es ja durch irgend einen Zufall wieder zur Sprache, so finden sich, bey näherer

Untersuchung der Sachen, so viele Häkchen, so viele Schwierigkeiten, die immer verwickelter und knotiger werden, je mehr man sich mit ihrer Auflösung zu schaffen macht. Und da es inzwischen an neuen und **dringendern** Geschäften nie fehlen kann; so kommt, natürlicher Weise, jenes verhaſste, womit sich niemand gern beladen läſst, abermahl an den wohl besagten Nagel, und bleibt nun so lange hangen, bis das Volk endlich die Geduld verliert, und die erste beste Gelegenheit ergreift, sich selbst Hülfe zu schaffen.

SINIBALD.

Das mag wohl der gewöhnliche Gang der Sachen gewesen seyn, als die Welt noch (wie der berühmte Schwedische Kanzler **Oxenstierna** sagte) durch ein *minimum sapientiae* regiert wurde. Aber andere Zeiten, andere Maſsregeln. Seit dem Jahre 1798 reicht das *Minimum* nicht mehr zu, und das daher entstehende *Deficit* würde durch die Mittel, wodurch der Despotism almächtig zu seyn wähnt, nur schlecht und unsicher gedeckt werden.

EGBERT.

Diese Mittel reichen doch wenigstens eine Zeit lang aus; und das ists, was die Gewalt-

haber, in den so genannten Republiken so
gut und noch mehr als in monarchischen
Staaten, zu täuschen pflegt. Es hat so
lange gehalten, denkt man, warum sollt'
es nicht wenigstens noch halten so lange
wir leben? Unsre Nachfolger mögen der-
einst sehen, wie sie zu rechte kommen;
das ist dann ihre Sache, und mag auch
ihre Sorge seyn!

SINIBALD.

Der Fehler ist nur, daſs diese Art zu
rechnen so unsicher ist. Wenn nun unser
baufälliges Haus unsern Nachfolger nicht
abwartet, sondern über uns zusammen fällt,
während wir es selbst noch bewohnen, wie
dann? Auch mit dem mäſsigsten Antheil
von Klugheit wird kein Regent sich mehr
auf solche Maximen verlassen. Kurz, nur
durch so viel Gerechtigkeit und Weisheit, als Menschen von Menschen zu fordern berechtigt sind, kann ein Staat, was
auch seine Verfassung sey, künftig zu bestehen hoffen. Wer diese Überzeugung nicht
als den einzigen reinen Gewinn aus den
Ereignissen der letzten zehn Jahre gezogen
hat, der mag auf seine Gefahr den Versuch
noch einmahl machen, und sehen, wie weit
er kommt und wie lang' es geht! Die Menschheit ist in der Laufbahn, die ihr die Natur

angewiesen hat, binnen etlichen Jahrtausenden merklich vorwärts geschritten. Zehen, zwanzig, dreyſsig Millionen Menschen in Einem Staate lassen sich nicht länger als eben so viele **moralische Nullen** behandeln. Immerhin mag der gröſsere Theil dieser Millionen, in gewissem Sinne, als **unmündig** anzusehen seyn; aber sie haben den **allgemeinen Menschenverstand** zum Vormund, und man darf darauf rechnen, daſs in Sachen, die das Wohl oder Weh der unendlich gröſsern Mehrheit unmittelbar betreffen, der **Ausspruch dieses Vormunds** auch die öffentliche Meinung ist. Ich sollte Ihnen vorhin ein Beyspiel aus einem andern Fache nennen, und wuſste mich in der Eile auf keines zu besinnen: wissen Sie eines, auch nur ein einziges, wo die öffentliche Meinung ungestraft wäre verachtet worden?

EGBERT.

Meine Geschichtskunde ist sehr eingeschränkt — ich weiſs keines anzuführen.

SINIBALD.

Wie ehrwürdig wird sie also dem Verständigen in jedem Falle seyn, wo es streng erwiesen werden kann, daſs die Vernunft selbst für sie entscheidet, oder, was einerley ist, wo die schärfste Untersuchung der Sache, nach genauester Abwägung aller Gründe für und wider, kein anderes Resultat giebt!

EGBERT.

Jeder Ausspruch der Vernunft hat die Kraft eines Gesetzes, und bedarf dazu nicht erst öffentliche Meinung zu werden.

SINIBALD.

Sagen Sie lieber, sollte die Kraft eines Gesetzes haben, und wird sie auch sicher erhalten, sobald er sich als die Meinung der Majorität ankündigt.

EGBERT.

Das wird sich im neunzehnten Jahrhundert ausweisen.

X.

Träume mit offnen Augen.

SINIBALD.

Wie so tiefsinnig, Egbert?

EGBERT.

Kaum darf ichs Ihnen gestehen. Sollten Sie wohl glauben, daſs ich mir schon eine ganze Stunde lang Mühe gebe, mich eines Traumes zu erinnern, den ich diesen Morgen geträumt habe? — Lachen Sie immerhin, Sinibald! Es war wirklich ein schöner Traum; und wenn ich ein Sultan wäre, ich geriethe in groſse Versuchung, wie König Nebukadnezar oder Nabukodonosor, alle meine Akademiker und weisen Meister zusammen zu berufen und zu nöthigen, mir vermittelst ihrer Kunst zu sagen was mir geträumt hat.

SINIBALD.

Sie wissen es also selbst nicht mehr?

EGBERT.

Im Augenblick des Erwachens dachte ich den fliehenden Schmetterling noch bey einem Fittig zu erhaschen; aber er entschlüpfte mir zwischen den Fingern, und wie ich zur Besinnung kam, war alles rein verschwunden. Kaum schwebt mir noch der Haupteindruck, den das Ganze auf meine innern Sinne machte, wie in einem Nebel vor der Stirne.

SINIBALD.

Das ist Schade! Wenn Sie nur wenigstens ein paar Hauptzüge wieder auffrischen könnten, so liefsen sich vielleicht allmählich noch so viel andere nachhohlen, dafs wir am Ende doch etwas Ganzes heraus brächten. Bey einem Traume kommt es auf ein Bifschen mehr oder weniger Wahrheit ohnehin nicht an.

EGBERT.

Bey dem meinigen kam sehr viel auf mehr oder weniger an. In meinem ganzen Leben hab' ich wachend nichts so vernünftiges, so zusammen gepafstes, so systematisches gedacht, als dieser Traum war.

SINIBALD.

Desto unbegreiflicher, dafs Sie ihn vergessen konnten.

EGBERT.

Vielleicht blofs weil er für ein Gehirn wie meines gar zu vernünftig war. Aber es ist Zeit, dafs ich Ihnen ein wenig aus dem Wunder helfe. Sie erinnern Sich noch unsers gestrigen Gesprächs. Die Gedankenfolge, die es in mir veranlafste, bemächtigte sich meiner so stark, dafs ich des Fantasierens und Grübelns, was wohl unser armes Vaterland in zwey oder drey Generazionen für eine Gestalt gewonnen haben könnte, auch auf meinem Kopfküssen nicht los zu werden vermochte. Unter der wachenden Träumerey über diesen Gegenstand schlummerte ich endlich ein; und es sey nun, dafs irgend ein mit der Zukunft vertrauter Genius die Hand dabey hatte, oder dafs alles nur ein Spiel der launischen Fee Mab war, genug ich hatte einen der merkwürdigsten Träume, der jemahls „durch die ambrosische Nacht" auf die Augenlieder eines Sterblichen herab gestiegen seyn mag. Denn das sonderbarste war, dafs er mit der fantastischen Art, wie Morfeus seine Geschöpfe gewöhnlich gruppiert und in einander mischt, gar nichts gemein hatte. Alles was sich mir darstellte, trug das Gepräge der Wahrheit und Übereinstimmung mit den reinsten Vernunftbegriffen; und das einzige Wunderbare bey der Sache (wiewohl es mir im

Traume ganz natürlich vorkam) war der
Sprung über das ganze **neunzehnte Jahrhundert**, den ich, ohne es gewahr zu werden, gethan hatte, und die Leichtigkeit,
womit ich, wie eine Platonische Psyche,
von einem Orte zum andern flog, um die
unendliche Menge von Gemählden zu durchmustern, die sich mir in der gröfsten Klarheit, und im schönsten Zusammenhang, theils
zugleich, theils nach und nach, darstellten,
ohne dafs ich durch irgend etwas ungereimtes oder mifstönendes in dem täuschenden
Gefühl gestört wurde, dafs alles, was ich sah
und hörte, lauter Natur und Wahrheit sey.

SINIBALD.

Und Sie sollten Sich eines Traumes, der
so wenig Traum war, gar nicht mehr erinnern können?

EGBERT.

Wie gesagt, ein gewisser dunkler Totaleindruck ist alles, was mir davon geblieben ist. Nur dessen erinnere ich mich noch
ganz lebhaft, dafs ich mich mitten in
Deutschland befand, und — wiewohl
alles darin so gänzlich anders war als es
jetzt ist, dafs ich mich in einen andern Planeten versetzt hätte glauben sollen — dennoch nicht die geringste Befremdung oder

Verwunderung darüber in mir verspürte, sondern mich auf der Stelle so gut in alles zu finden wufste, als ob ich in diesem neuen Germanien geboren und erzogen wäre. Aber, mein guter Sinibald, es war auch ein **Land** und ein **Volk** darnach! Das angebauteste, blühendste, volkreichste, policierteste aller Länder, und das vernünftigste, sittlichste, humanste, mächtigste und glückseligste aller Völker. Nur fragen Sie mich nicht **wie** und **wann** und durch welche **Mittel** und **Anstalten** diese erstaunliche Verwandlung mit uns vorgegangen war; denn davon weifs ich kein Wort mehr.

SINIBALD.

Seltsam genug! Aber sagten Sie nicht, alles wäre in Ihrem Traume so systematisch und natürlich zugegangen, dafs die Vernunft nicht vernünftiger träumen könnte?

EGBERT.

So kam es mir wenigstens vor, und diefs ist der stärkste Eindruck, der mir davon geblieben ist.

SINIBALD lachend.

Ey so könnten wir ja wohl gar, ohne darum gröfsere Hexenmeister zu seyn als die Zauberer des Königs Nabukodonosor, mit einiger Anstrengung unsers gemeinen Menschenverstandes *a priori* heraus bringen, was Sie geträumt haben?

EGBERT.

Das läfst sich hören. Es käme auf einen Versuch an.

SINIBALD.

Allem Ansehen nach haben Sie Sich in Ihrem Traume (was freylich aufserordentlich selten ist) in einem Zustande befunden, worin das, was wir unsern Geist nennen, von den Banden der gröbern Sinnlichkeit entfesselt, in Wahrheit, Ordnung und Harmonie wie in seinem eigenthümlichen Elemente lebt und webt; und daher kam es ohne Zweifel, dafs Ihnen die Verwandlung unsers armen Germaniens in ein Reich der Vernunft und Humanität so natürlich und unbefremdlich vorkam.

EGBERT.

Es mufs wohl so etwas gewesen seyn. Denn dessen bin ich gewifs, trüge sich diese Verwandlung durch einen Schlag mit Urgandens Zauberstab vor unsern Augen zu, wir würden uns vor Erstaunen kaum zu fassen wissen.

SINIBALD.

Merken Sie nicht, Freund Egbert, daſs wir unversehens auf den Weg gerathen, eine hübsche Satire auf unser liebes Vaterland zu machen? Gute **Bürger** zu seyn, ist, nächst der Pflicht gute **Menschen** zu seyn, die erste unsrer Pflichten, und ein guter Bürger soll ja (sagt man uns) immer mit dem gegenwärtigen Zustande des gemeinen Wesens zufrieden seyn.

EGBERT.

Gestehen Sie, Sinibald, daſs es Fälle giebt, wo diese Pflicht einem ehrlichen guten Bürger ziemlich sauer gemacht wird. Mein Traum, und wenn er auch noch in aller seiner Glorie vor mir stände, soll mich zwar nie dahin bringen, etwas gegen die Ruhe meines Vaterlandes zu unternehmen: aber daſs wir mit sehenden Augen blind seyn sollen, kann doch auch nicht von uns gefordert werden; und wenn wir nun einmahl nicht verhindern können, zu sehen daſs es nicht gut mit uns steht, warum sollten wir über die Möglichkeit oder Unmöglichkeit, wie es besser stehen könnte, nicht wenigstens **denken** dürfen? Die Inhaber des berühmten *Minimums*, wodurch die Welt regiert wird, (wie man sagt) werden uns zwar schwerlich zu Rathe ziehen, wenn über lang oder kurz die Rede davon seyn sollte, der ehemahls so braven, so mächtigen, für die erste in Europa anerkannten, Deutschen Nazion wieder auf die Beine zu helfen, und durch welche Mittel und Wege sie etwa dazu gelangen könnte, wo nicht ihren vormahligen, doch einen hohen und unanfechtbaren Rang unter den Nazionen zu behaupten. Aber warum sollten ein paar Deutsche Biedermänner, die ihr Vaterland lieben und es mit der ganzen Welt ehrlich meinen, sich nicht unter vier Augen mit einem Traum, oder (was auf das nehmliche hinaus läuft) mit einer Platonischen Idee unterhalten dürfen, wie eine so wünschenswürdige Veränderung am leichtesten und zweckmäfsigsten zu bewerkstelligen seyn möchte?

SINIBALD lächelnd.

Man sollte wirklich meinen, es könnte nichts unschuldiger seyn, — und nichts einfältiger dazu. Denn da wir, um etwas **zweckmäfsiges** und folgerechtes heraus zu bringen, uns schlechterdings die ewige Bedingung aller **Utopienschöpfer** vorbehalten müssen, — „dafs uns zugestanden werde, in unsern Einrichtungen an keine andere Regel als an **Vernunft** und **Gerechtigkeit** gebunden zu seyn:" so ist klar, daſs unser wachender Traum wenig mehr zu bedeuten haben würde, als der nächtliche, den Sie vergessen haben; und kein Mensch, der bey seinen Sinnen ist, würde sich einfallen lassen, die Ausführung desselben für eine Sache zu halten, womit die Verwalter des vorerwähnten *Minimums* sich nur einen Augenblick befassen möchten. Wenn wir ihn also auch in der beliebten Form eines Taschenbuchs mit Küpferchen von Chodowiecky oder Kohl heraus gäben, oder von Bänkelsängern auf allen Messen und Jahrmärkten im ganzen Deutschen Reich absingen lieſsen, so könnte doch jedermann vollkommen ruhig darüber seyn, daſs, in den drey nächsten Generazionen wenigstens, keine merkliche Änderung im Laufe der Welt dadurch verursacht würde. Und das ist doch alles, was die Herren wollen, denen so bang ist, die Menschen möchten endlich gar zu vernünftig werden.

EGBERT.

Damit hat es, Gott Lob! noch keine Noth. Je mehr jemand selbst vernünftig ist, desto vollständiger sieht er ein, daſs der Gedanke, eine ganze Nazion im buchstäblichen Wortverstande vernünftig zu machen und auf den vernünftigsten Fuſs zu setzen, der abenteuerlichste Einfall wäre, der sich jemahls in den Gehirnkasten eines politischen Schwärmers verirren könnte. Aber —

SINIBALD.

Verzeihen Sie, daſs ich Ihnen ins Wort falle. Es ist Zeit, daſs wir von einer der ernsthaftesten Sachen — ernsthaft reden. Was Sie da gesagt haben, gehört, dünkt mich, unter die praktischen Gemeinsprüche, deren man täglich so viele hört, die, ihrer vermeinten Klarheit wegen, ohne Untersuchung und Beweis für ausgemacht angenommen werden, und die man einander schon wer weiſs wie lange so herzhaft nachgesprochen hat, daſs wer so etwas (wie es von Ihnen, mein Freund, ohne Zweifel jetzt gemeint war) in ironischem Sinn in irgend einer vermischten Gesellschaft vorbrächte, sicher darauf rechnen könnte, daſs die meisten, wo nicht alle, dabey aussehen würden, als ob eine groſse und unläugbare Wahrheit damit gesagt worden sey. Es ist eines von den breiten bequemen Feigenblättern, womit wir unsre Blöſse so gern zu decken pflegen; und vor allen befinden sich unsre politischen Vormünder wohl dabey, weil es ihnen ihr mühsames Amt in der That so sehr erleichtert, daſs die Maschine, vermittelst dieses einzigen Postulats, bey-

nahe von selber geht, und der beliebten
Willkühr in allem, was nicht schlechterdings mechanisch zu behandeln ist, ein desto
freyerer Spielraum gelassen wird. Indessen
wäre nichts leichter, als sich zu überzeugen,
dafs das vermeintliche Axiom ein blofser
Taschenspielerkniff der Einbildungskraft ist,
die einen weit entfernten Moment — mit
Überspringung aller dazwischen liegenden,
welche zusammen genommen die nothwendige Bedingung seines Werdens sind —
unmittelbar an den gegenwärtigen rückt,
und uns dann die augenscheinliche Unmöglichkeit sehen läfst, dafs — aus Nichts Etwas
werden könnte, oder dafs eine Sache nicht
unmöglich seyn sollte, so lange man
darauf beharret, nichts von allem dem zu
thun, wodurch sie möglich werden könnte.
Die ganze Täuschung läuft am Ende auf
den bekannten Vexierschlufs des Sofisten Eubulides hinaus, vermöge dessen
entweder ein einziges Sandkorn einen Haufen macht, oder zehn tausend Millionen
Sandkörner keinen. Die Zeit zwischen dem
gegenwärtigen Moment und demjenigen, da
alle Europäischen Völker zum vollständigen
Gebrauch ihrer Vernunft gelangt und auf
einen durchaus vernünftigen Fufs gesetzt
seyn werden, besteht wahrscheinlich aus
einer ziemlich langen Folge von Momenten.

Man argumentiert also so: „Wenn eine Nazion in diesem Augenblick noch nicht vernünftig ist, so wird sie es in dem nächst folgenden eben so wenig seyn; nun hat aber jeder Augenblick einen nächst folgenden; folglich wird sie nie vernünftig seyn, oder sie müsste es in einem Augenblick werden können." — Ist es nicht kläglich, dafs Spinneweben, die nicht um einen einzigen Faden haltbarer sind als dieser Schlufs, die Wirkung eiserner Riegel und Hemmketten thun, und jeder ernstlichen Verbesserung den Zugang sperren sollen? Wir gleichen jenem Horazischen Bäuerlein, das geduldig am Flusse stehen blieb, und warten wollte bis er abgeflossen wäre. Warum greifen wir das Werk nicht lieber frisch an, da wir doch gezwungen sind zu sehen, dafs es über lang oder kurz geschehen mufs? Warum, da es doch ausgemacht ist, dafs es nicht eher besser in der Welt werden kann, bis die Menschen vernünftiger sind, warum werfen wir den Fortschritten der Vernunft vorsetzlich alle nur erdenkliche Hindernisse in den Weg? Warum lassen wirs uns so angelegen seyn, ihre wohlthätigen Strahlen aufzufangen und auf alle mögliche Weise unkräftig zu machen? — Wenn einem Volk in jedem Jahrzehend nur Ein schädlicher Irrthum benommen, nur Eine heilsame

Wahrheit beygebracht würde; wenn während jeder Generazion nur zwey grobe Mifsbräuche abgestellt und zwey gemeinnützige Anstalten getroffen würden: wie weit würde ein solcher Staat binnen hundert Jahren schon vorgerückt seyn! Freylich kommt man mit Einem Schritte nicht weit, und unsre selbstsüchtige Ungeduld möchte gern auf einmahl am Ziele seyn; die natürlichen Mittel, wiewohl die einzigen, wodurch der grofse Zweck der Natur erreicht werden kann, gehen uns zu langsam, und weil wir nicht zugleich pflanzen und Früchte lesen können, pflanzen wir lieber gar nicht. Aber der Drang der Nothwendigkeit wird dem stillen Einflufs der unvermerkt zunehmenden Aufklärung über unser wahres Interesse immer mehr zu Hülfe kommen; was die Vernunft nicht erhalten konnte, wird das gebieterische Gefühl erzwingen. Wir werden den gemeinen Menschenverstand, bey welchem der einzelne Mensch in allem seinem Thun und Lassen sich so wohl befindet, endlich auch auf die grofsen Angelegenheiten, die über Glück oder Elend ganzer Völker entscheiden, anwenden lernen. Das Alte, das einst gut war, aber unter gänzlich veränderten Umständen seinem Zweck nicht mehr entspricht, oder ihm wohl gar hinderlich ist, wird neuen Einrichtungen Platz machen, welche die Zeit fordert und die Klugheit gut heifst; kurz, — auf welchem Wege und durch welche Mittel es auch geschehen mag, — ich sehe eine Zeit vorher, wo unsre Nachkommen ein Mährchen zu hören glauben werden, wenn man ihnen erzählen wird, wie es im Jahre 1798 um ihre Vorfahren gestanden habe.

EGBERT.

Da sind wir ja auf einmahl wieder bey unserm Traume — und nun lasse ich Sie nicht eher los, Sinibald, bis Sie Sich Ihres Versprechens erlediget haben.

SINIBALD.

Hoffentlich ist es nicht Ihr Ernst, lieber Egbert, auf der Bewerkstelligung eines Einfalls zu bestehen, der nicht im Ernst gemeint seyn konnte. Wir haben der Utopien, Severambien, Mezzoranien, unbekannten Inseln und Planetenwelten schon so viele, und sie sehen einander, vermöge der Natur der Sache, so ähnlich, dafs ich mir keine langweiligere und unnützere Beschäftigung denken kann, als sich hinzusetzen und auch so ein Weltchen aufzustellen, wo alle Leute vernünftig sind, der ganze Staat vernunftmäfsig eingerichtet ist, und Tag für Tag, Jahr aus Jahr ein, alles so vernünftig zugeht, daſs wir andern vom Weibe gebornen, unter Wahnbegriffen, Vorurtheilen und bösen Beyspielen erwachsenen, leidenschaftlichen, sofistisierten und egoistischen Menschen des achtzehnten Jahrhunderts schlechterdings nichts damit anzufangen wissen. Ich laſs' es gelten, daſs es etwas sehr angenehmes seyn mag, wenn einem so ein **Ideenland** im Traume vorgestellt wird; aber wie eitel ein solches Vergnügen ist, sehen Sie aus Ihrer eigenen Erfahrung. Denn warum war Ihr schöner Traum, sobald Sie erwachten, auf einmahl so gänzlich aus Ihrer Seele verschwunden, als weil er mit der Welt, worin wir **wachen**, so wenig gemein hatte?

EGBERT.

Und dennoch behaupteten Sie selbst nur erst vor wenigen Augenblicken, unsre Nachkommen würden eine Zeit erleben, wo sie so viel vernünftiger seyn, und alles um sie her so viel besser stehen würde, daſs die Geschichte unsers dermahligen Zustandes ihnen ein Mährchen — und vermuthlich meinten Sie ein sehr albernes Mährchen — scheinen würde.

SINIBALD.

Eben darum, weil ich dieses Glaubens bin, lieber Egbert, gebe ich mich nicht gern weder mit Platonischen Republiken überhaupt noch mit Vorschlägen, wie dieser oder jener dermahlen noch bestehende, oder wenigstens noch nicht ganz zusammen gestürzte Staat umzuschaffen seyn möchte, ab. Jene sind zu idealisch, um irgend einen praktischen Gebrauch zuzulassen; und mit diesen läuft man immer Gefahr mehr Unheil als Gutes zu stiften.

EGBERT.

Wie sollte das zu besorgen seyn, wenn der Urheber eines solchen Entwurfs wirklich reine Absichten hat, und mit Vernunft, Klugheit und gehöriger Sachkenntnifs dabey zu Werke gegangen ist?

SINIBALD.

Nichts ist leichter und unverfänglicher, als lauter unfehlbare Orakel der Vernunft von sich zu geben, so lang' es um nichts weiter zu thun ist, als ihre allgemeinsten Gesetze auf blofs idealische Wesen unter selbstbeliebigen Umständen anzuwenden. Aber sobald es darauf ankommt, den Gebrechen eines wirklichen Staats abzuhelfen, oder wohl gar (wenn nicht anders zu helfen ist) seine ganze Verfassung umzuschaffen: da dringen von allen Seiten Heere von Schwierigkeiten hervor, wovon ein ehrlicher Uto-

pienmacher, dem seine Arbeit so hurtig und
gemächlich von der Hand geht, sich wenig
träumen läfst. Hier haben wir es nicht
mit personificierten Begriffen, sondern mit
wirklichen Menschen zu thun; hier arbeiten wir nicht in einem weichen, allen möglichen Formen sich anschmiegenden Gedankenstoffe, sondern in der härtesten, sprödesten, unbildsamsten aller Materien, in einer
Masse von Vorurtheilen, Trieben und Leidenschaften, die aller Einwirkung der reinen
Vernunft hartnäckig widersteht; hier sind
alle Umstände gegeben; hier setzt sich
alles, was schon da ist, allem, was erst
gemacht werden soll, entgegen. Was mit
unsäglicher Mühe und Gefahr für das gemeine Beste errungen werden kann, besteht
immer nur in einzelnen Siegen, nach blutigen und bey jedem Schritt erneuerten
Kämpfen. Jeder leidet zwar, nach seiner
Art, unter den gemeinschaftlichen Übeln;
jeder möchte sich selbst von ihnen befreyt
und im vollen Genusse der entgegen gesetzten Vortheile sehen: aber niemand will die
Mittel dazu hergeben, niemand dem allgemeinen Besten auch nur das geringste Opfer
bringen. Der Solon, der unter so ungünstigen Bedingungen, bey einem so ungeheuren Widerstand, mit einer so abschreckenden Aussicht in den Erfolg seiner Bemü-

hungen, dennoch den Gedanken fassen könnte, einem solchen Staat eine bessere Einrichtung vorzuschlagen, müſste schon im voraus wohl zufrieden seyn, wenn das Ganze, anstatt das Gepräge der Vollkommenheit erhalten zu haben, am Ende nur wenigstens um etwas besser ausfiele, als es war, da jedermann seine Unhaltbarkeit eingestand, und die Nothwendigkeit einer gänzlichen Umbildung zu erkennen gedrungen war. — Aber dieſs sind noch nicht alle Schwierigkeiten eines solchen Geschäftes. Eben darum, weil es, seiner Natur nach, immer nur wahrscheinliche Schlüsse und nahezu eintreffende Berechnungen gestattet, kommt es dabey nicht sowohl auf die Aussprüche der allgemeinen Vernunft, als auf den Grad des Verstandes, die Tiefe der Einsichten, die Klarheit und Schärfe des Überblicks bey denjenigen an, die an einem solchen Werke arbeiten sollen. Der kleinste Miſsgriff, ein nicht tief genug geschöpfter Begriff der Sache, ein zu einseitiges Urtheil, ein zu rascher Schluſs, kann von den nachtheiligsten Folgen seyn. Wie hell und wohl geordnet auch der Kopf eines Mannes seyn mag, immer bleibt er, auch bey der gröſsten Wachsamkeit über sich selbst, den Täuschungen der Einbildung, des Gefühls und der geheimen Triebfedern des Herzens so gut unterworfen als ein anderer; und tägliche Erfahrungen lehren uns, dafs der redlichste Wille einen in die tausendfach verschlungenen Verhältnisse und Schwierigkeiten des höhern Lebens verwickelten Menschen nicht immer sicher stellen kann, dafs er nicht gegen seine Absicht Unheil anrichtet, indem er vielleicht das Beste zu thun glaubt.

EGBERT.

So dafs also aus diesem allen folgte, die sicherste Partey, die ein weiser Mann nehmen könne, sey, alles gehen zu lassen wie es kann, und zu Beförderung dessen, was doch (Ihrer eigenen Theorie zu Folge) der letzte Zweck der Natur mit dem Menschengeschlecht ist, gar nichts zu thun?

SINIBALD.

Die sicherste Partey ist es allerdings, und zugleich die bescheidenste, — es wäre denn, dafs Stand und Beruf uns das Gegentheil zur unerläfslichen Pflicht machten.

EGBERT.

In einem Schiffe, das unterzugehen droht, hilft retten, wer Kopf und Hände hat. Wenn das Vaterland in augenscheinlicher naher Gefahr schwebt, ist es, dünkt mich, Standespflicht eines jeden guten Bürgers, alles ihm mögliche zu Abwendung derselben beyzutragen; ich kenne keinen allgemeinern und dringendern Beruf. Warum sollte die warnende oder aufweckende Stimme eines unbedeutenden Privatmannes in solchen Fällen nicht wenigstens eben so gute Dienste thun können, als einst das Geschnatter der Gänse der Juno im Kapitol beym nächtlichen Überfall der Gallier?

SINIBALD.

Über diesen Punkt bin ich völlig Ihrer Meinung. Wiewohl ich mir nie Weisheit genug zutrauen werde, den Plan zu einer bessern Verfassung Germaniens zu entwerfen; so bin ich doch von der dringenden Nothwendigkeit einer solchen Verbesserung zu innig überzeugt, als daſs ich nicht wünschen sollte, diese Überzeugung allen denen mittheilen zu können, deren vereinigter Wille, von ungeheucheltem Eifer für die Ehre des Deutschen Nahmens und das allgemeine Beste belebt und von den Grundsätzen der allgemeinen Gerechtigkeit geleitet, das groſse Werk, wovon unsre Rettung abhängt, zu Stande bringen könnte.

EGBERT.

Es scheint mir kaum denkbar, daſs auch nur ein einziger unsrer Fürsten, Groſsen und

Edeln dieser Überzeugung erst noch bedürftig wäre. Die Gefahr ist zu nahe, die Noth zu dringend, das Schwert, das an zwey oder drey Faden über uns schwebt, zu sichtbar, als daſs sich noch jemand mit dem schlauen Einfall des Strauſses sollte helfen wollen, der, wenn er dem Jäger nicht entgehen kann, seinen kleinen Kopf ins Gras steckt, in der Meinung, daſs der Jäger, den er selbst nicht mehr sieht, nun auch ihn nicht mehr sehen werde.

SINIBALD.

Es giebt freylich allerley Arten überzeugt zu seyn. Ich denke aber, auch hier gelte der Spruch: Zeige mir deinen Glauben in deinen Werken! Wie fern oder wie nahe die Zeit ist, da wir die Werke sehen werden, die eine natürliche Folge jener Überzeugung (wenn sie vorhanden wäre) seyn müſsten, weiſs ich nicht: aber ich zweifle nicht daran, daſs sie endlich kommen wird.

EGBERT.

Sie sind starkgläubiger als ich Ihnen zugetraut hätte.

SINIBALD.

Der Grund meines Glaubens ist, weil diese Zeit kommen muſs; weil es unmöglich ist, dafs, während die ganze Welt um uns her eine neue Gestalt gewinnt, und beynahe alle vormahligen Verhältnisse sich zu unserm Nachtheil geändert haben, wir allein, der Natur der Dinge zum Trotz, uns einbilden sollten, ewig bleiben zu können wie wir sind.

EGBERT.

Wollte Gott, wir hätten keine dringenderen Ursachen zum Bauen, als weil alle unsre Nachbarn sich neue Häuser gebaut haben! Aber mich dünkt, wir befinden uns in dem Falle, den alten, schon so lange baufälligen und beynahe aus allen seinen Fugen gekommenen Gothischen Pallast unsrer Väter auf den ersten kräftigen Stofs über unsern Köpfen zusammen stürzen zu sehen; und das ist doch keine Sache, die man ruhig abwartet, wenn es nur von uns abhängt, dem Unglück zuvorzukommen.

SINIBALD.

Das ist es eben, was ich meinte, und worauf sich mein Glaube gründet.

EGBERT.

Möchten nur die vielen Baumeister, die zur Sache zu reden haben, sich recht bald über einen Plan, womit Allen geholfen wäre, vereinigen können!

SINIBALD.

Mit Bedacht zu eilen kann immer nichts schaden; wiewohl mir die Gefahr nicht so gar nahe scheint, daſs man sich zu übereilen genöthigt wäre.

EGBERT.

Unter uns, Sinibald, — da Sie doch überzeugt sind, daſs über lang oder kurz eine wesentliche Veränderung mit uns vorgehen müsse, wie stellen Sie Sich vor, daſs sie sich machen werde?

SINIBALD.

Ich sehe nur drey mögliche Fälle. Der erste und unglücklichste wäre eine gewaltsame Umwälzung, nach Art der Französischen, oder der Venezianischen, Helvetischen und Römischen; der andre, wenn uns Polens Schicksal träfe; der dritte, allein wünschenswürdige, wenn unsre Amfiktyonen friedlich und schiedlich überein kommen könnten, die Verfassung Germaniens den vorliegenden Umständen, dem Geist der Zeit, und dem Drang der neuen auswärtigen Verhältnisse gemäſs, umzubilden. Den ersten Fall — wie unwahrscheinlich es auch in jeder Betrachtung ist, daſs er sich jemahls ereignen könne — wird doch niemand für unmöglich erklären, der nicht schon wieder vergessen hat, was für unglaubliche Dinge uns ihre Möglichkeit seit zehen Jahren dadurch bewiesen haben, daſs sie **wirklich** geworden sind. Im **zweyten** würde, wenn übrigens alles auch noch leidlich genug abliefe, der einzige Umstand schon unerträglich seyn, daſs Deutschland aus der Reihe der Staaten verschwinden, und der Deutsche Nahme in weniger als funfzig Jahren nicht mehr genannt werden würde. Im ersten Falle würde das ganze Elend eines gesetzlosen anarchischen Zustandes wahrscheinlich in einem noch viel fürchterlichern Grade über uns kommen als Frankreich es erfahren hat, und nachdem wir alle Drangsale und Gräuel eines zweyten dreyſsigjährigen Krieges durchgelitten hätten, käme doch wahrscheinlich am Ende nichts heraus, was die Zerstörung und Verwüstung so vieler blühenden Städte und Länder, den gewaltsamen Tod etlicher hundert tausend Menschen, und das jammervolle schmachtende Leben der übrigen nur einiger Maſsen vergüten könnte. Alle einzelnen Kräfte, die eine solche Zeit hervorrufen und zum Heil des Ganzen in Bewegung setzen könnte, würden, wie groſs sie auch an sich seyn möchten, an den unübersteiglichen Hindernissen, die sich ihrer Thätigkeit entgegen thürmten, ohnmächtig abprallen und zerschellen; das Deutsche Reich würde zuletzt doch, in Stücken zerrissen, als Beute oder Entschädigung unter die zwey oder drey Mächte vertheilt werden, welche Stärke genug hätten, eine so fürchterliche Krise zu überleben. Allen Umständen und Verhältnissen nach, ist der **dritte Fall**, den ich als möglich angenommen habe, das einzige Mittel, diese Katastrofe zu verhüten, die, wofern sie auch durch andre Maſsregeln noch eine Zeit lang aufgehalten werden kann, über lang oder kurz unser endliches Schicksal seyn muſs.

EGBERT.

Auf der **Weisheit** und **Eintracht** unsrer Amfiktyonen also ruhet Ihre ganze Hoffnung, guter Sinibald? — Wohl! — Und wie denken Sie Sich ungefähr die neue Form, die wir auf diesem Wege bekommen könnten?

SINIBALD.

Sie bestehen also schlechterdings darauf, daſs ich Ihnen mit offnen Augen einen **patriotischen Traum** vorträumen soll? Nun wohlan denn, Sie sollen Ihren Willen haben! — Nur muſs ich Sie bitten, mich der Mühe zu überheben, daſs ich immer die **Beweggründe** und **Vortheile** meiner

Einrichtungen beyfüge; denn beide sind so beschaffen, daſs sie Ihnen, bey der kleinsten Aufmerksamkeit, von selbst in die Augen springen müssen. — Ohne weitere Vorrede also legen wir zum Grunde, daſs von einer Deutschen Republik nach Neufränkischer Art und Kunst nie die Rede seyn kann noch soll. Deutschland war von jeher eine Republik, aber auf seine eigene Weise. Seit uralten Zeiten bestanden wir aus einer Menge gröſserer und kleinerer von einander unabhängiger Völkerstämme; von jeher hatten wir **Herzoge** und **Ädelinge** (d. i. **Aristen**, oder, wie man jetzt zu sagen pflegt, Aristokraten;) von jeher war jeder **Deutsche Mann ein frey geborner Mann. Dabey soll, muſs und wird es bleiben!** Zwar hatten unsre rohen Vorfahren zu **Hermanns** Zeiten auch **Leibeigene**: aber, daſs weder ihr Beyspiel, noch barbarische Gewohnheiten, die endlich zu Gesetzen wurden, gegen die Grundverfassung der menschlichen Natur gültig seyn können, versteht sich von selbst. Nicht Alle können einander gleich seyn, aber keiner darf als Eigenthum des andern behandelt werden; nicht Alle können regieren, aber kein Mensch darf jemahls eines andern Menschen Knecht, Diener oder Unterthan seyn, als vermög' eines freywilligen Vertrags, der dem einen, nach seiner Weise, so nützlich ist als dem andern. **Dazu muſs es kommen, wo es noch nicht ist!**

Dieser ersten Grundbedingung füge ich, mit Ihrer Erlaubniſs, eine zweyte bey, die sich, wofern unsre Umgestaltung kein Werk der Gewalt, sondern der Vernunft und freyen Wahl des Bessern seyn soll, ebenfalls von selbst versteht. Niemanden soll eine Aufopferung zugemuthet werden, die **keinen andern** Grund und Zweck hätte, als die Mächtigen noch mächtiger zu machen: aber, wo das Heil und die Wohlfahrt des Ganzen ein **Opfer** fordert, da sollte man billig von dem guten Genius unsrer Zeit **das moralische Wunder** erwarten dürfen, daſs Institute, die ihre gegenwärtige Gestalt **erwiesenen Miſsbräuchen** zu danken haben, entweder auf den Geist ihrer ersten Einsetzung zurück geführt, oder von denen selbst, deren Privatvortheil ihre Beybehaltung fordert, groſsmüthig aufgegeben werden sollten.

EGBERT.

Seitdem wir sogar den Papst, ohne daſs sich auch nur Eine Hand in der katholischen Christenheit zu seinem Schutz geregt hat, in einem Augenblick aller seiner weltlichen Macht und Herrlichkeit beraubt, dahin gebracht sehen, mit demjenigen, den er vorstellte, in buchstäblichem Sinne sagen zu müssen, „mein Reich ist nicht von dieser Welt," und, „des Menschen Sohn hat nicht wo er sein Haupt hinlege," seitdem (sollte man allerdings denken) hätte sich kein katholischer Seelenhirt, geschweige irgend ein klösterlicher Archimandrit über Unrecht zu beklagen, wenn er, aller weltlichen Sorgen entbunden, in die verdienstvolle Lage gesetzt würde, der Erfüllung der unendlich wichtigern Obliegenheiten seines geistlichen Standes und Amtes seine ganze Aufmerksamkeit zu widmen. Aber, Sie wissen, wie wir Menschen sind, — zumahl wenn wir solche Rechtsgründe für unsre Besitzthümer und Vorrechte anzuführen haben, wie unsre geistlichen Fürsten und Herren.

SINIBALD.

Nach dem was mit Polen und Venedig vorgegangen ist, Egbert, werden Sie hoffentlich auf diesem Grunde nicht bestehen wollen?

EGBERT.

Vergessen Sie nicht, Sinibald, dafs blofse Macht hier nichts entscheiden darf.

SINIBALD.

Das soll sie auch nicht. Aber wenn nicht nur die öffentliche Meinung für eine gewisse

Maſsnehmung spricht, sondern die Erhaltung
eines ganzen Reichs von ihr abhängt? —
Können Sie in Abrede seyn, daſs die Zer-
stückelung unsrer Nazionalmacht in eine so
ungeheure Menge kleiner Staaten die wahre
Ursache unsrer Schwäche ist? einer Schwäche, für die doch wohl, nach Abtretung
des linken Rheinufers an die sechsjährige
Französische Republik, kein weiterer Beweis
gefordert werden wird? Nicht, als ob wir
diesen bittern Kelch bey uns hätten vorbey
gehen lassen können; aber daſs wir es
nicht konnten! — Übrigens belieben auch
Sie nicht zu vergessen, daſs ich jetzt bloſs,
so zu sagen, in die Seele unsrer Amfiktyonen dichte. Wenn also (wie ich, als einen
an sich nicht unmöglichen Fall, voraussetze)
die Majorität derselben jemahls auf den Gedanken käme, „um das Deutsche Reich in
eine solche Verfassung zu setzen, daſs es
seine Unabhängigkeit und Würde behaupten,
und seine noch immer sehr groſsen Kräfte
zu seiner Selbsterhaltung und möglichsten
Vervollkommnung zweckmäſsig anwenden
könne, müſste einer Seits die Zahl der unmittelbaren Landesregenten beträchtlich vermin-
dert, andrer Seits den Regierten (als dem
unendlich gröſsern Theil der ganzen Nazion)
eine gesetzmäſsige immer während Repräsentazion zugestanden werden," — was

meinen Sie, daſs **Vernunft** und **gesunde Politik** dagegen einzuwenden hätte?

EGBERT.

Ich muſs gestehen — wenig oder nichts.

SINIBALD.

Das sollt' ich denken! oder Sie müſsten, was freylich in solchen Fällen gewöhnlich ist, mit **Sofismen** fechten und **Vorurtheile** zu **Grundsätzen** machen wollen. — Aber, da Sie mich doch einmahl zum Träumen genöthigt haben, so lassen Sie mich nun ungestört fortfahren. — Wenn also ferner unsre besagten **Amfiktyonen** sich über lang oder kurz vereinigten, die **Landeshoheit** zu einem **ausschlieſslichen Vorrechte** der noch bestehenden **altfürstlichen Häuser** zu machen, alle übrigen Fürsten, Grafen und Herren aber, zwar bey ihren Titeln, Ehren und Würden sowohl als im Besitz ihrer Domänen und Familiengüter, allenfalls auch der niedern Gerichte, zu lassen, sie aber der Landesregierung und der damit verbundenen Ausgaben auf immer zu überheben; folglich auch die Bischöfe und Reichsprälaten, jene auf die geistliche Regierung ihres Sprengels, diese auf die Aufsicht über ihre Konventualen zu beschränken: glauben Sie, daſs gesunde Vernunft und

Politik viel erhebliches gegen einen solchen
Amfiktyonenschluſs aufbringen könnten?

EGBERT.

Wenigstens bin ich versichert, daſs er
die öffentliche Meinung gänzlich auf seiner
Seite hätte.

SINIBALD.

Damit aber auch der Nazion damit gedient
sey, werden meine Amfiktyonen, wie ich
nicht zweifle, in ihrer besagten Weisheit
und Eintracht für gut finden, zu Verwaltung der **gemeinschaftlichen** Angelegenheiten des gesammten Reichs eine dem
groſsen Zweck der allgemeinen Sicherheit
und des möglichsten Nazional-Wohlstandes
angemessene neue Einrichtung zu treffen.
Ich getraue mir nicht zu bestimmen, wie
vielerley Entwürfe einer solchen Staatsverfassung möglich sind, und welcher wohl
unter den möglichen der beste seyn dürfte:
indessen, da wir uns doch einmahl so etwas
träumen lassen wollen, wie gefiele Ihnen
allenfalls der folgende? — Die **gesetzgebende Gewalt** bliebe, wie bisher, nur
mit einer billigen Modifikazion zu Gunsten
des **dritten Standes**, bey den gesammten Reichsständen, die in den neu zu bestimmenden **Kreisen des Deutschen Reichs**

angesessen sind. Diese würden in zwey
Kollegia oder **Kammern**, wie wir sie einstweilen nennen wollen, abgetheilt. **Die erste
Kammer** bestände aus den Bevollmächtigten
der neuen Kreisfürsten, d. i. der sämmtlichen regierenden Herren der altfürstlichen
Häuser, und aus einer **gleichmäfsigen
Anzahl** von Deputierten, welche von den
sämmtlichen neufürstlichen, altgräflichen
und altfreyherrlichen (dynastischen) Familien gemeinschaftlich zu ernennen wären;
die **zweyte** aus einer bestimmten Anzahl
von **Repräsentanten** des unmittelbaren
Landadels, der beybehaltnen Reichsstädte,
und der übrigen sämmtlichen Gemeinen des
in allen Reichskreisen ansässigen Deutschen
Volkes.

EGBERT.

Ey, ey, Sinibald! wo denken Sie hin?
Den Adel mit den Gemeinen auf gleichen
Fufs setzen und in Eine Kategorie werfen
zu wollen! Auf einen solchen **Gallicism**
haben Sie mich nicht vorbereitet. Das wird
nimmermehr angehen, so lang' angeborne
Vorurtheile unüberwindlich bleiben!

SINIBALD.

Sie sehen, ich habe eine sehr gute Meinung von „aller Welt Blut" — und Men-

schenverstand. Bis dahin, da von Realisierung meines Traums die Rede seyn kann, muſs die Herrschaft des letztern schon sehr befestigt seyn. Überdiefs gestehe ich dem Adel, wie billig, zwey Vorrechte zu, welche die schwärmerischen Verfechter der Gleichheit, gern oder ungern, sich gefallen zu lassen belieben mögen: nehmlich, daſs seinen Stellvertretern — die rechte Seite des Versammlungssahls eingeräumt werden, und die Anzahl derselben so groſs seyn soll, als die Zahl der Abgeordneten der Reichsstädte und Gemeinen zusammen genommen. Wenn sie damit nicht zufrieden sind, so kann ich ihnen nicht helfen. Sie sehen selbst, Egbert, daſs ich, ohne neun und neunzig vom Hundert der ganzen Nazion vor den Kopf zu stoſsen, den gebornen Herren nicht einen Zoll breit mehr nachgeben kann.

In beiden Kammern wird nach den Köpfen gestimmt, und eine Stimme gilt so viel als die andere.

Die Art und Weise, wie der mittelbare Adel seine Repräsentanten erwählen will, überlasse ich seinem eignen Gutbefinden; den Gemeinen aber müſste eine besondere Wahlordnung vorgeschrieben werden, etwa wie die folgende:

Jeder Reichskreis wird in eine verhältniſsmäſsige Anzahl kleiner Distrikte oder

Gauen eingetheilt. In jedem Gau versammeln sich, auf die verfassungsmäſsige Einladung des regierenden Kreisfürsten, alle darin angesessene **Hausväter** in den Munizipalstädten, Marktflecken und wahlberechtigten Dorfschaften an einem bestimmten Sonntage in der Kirche ihres Orts, um nach gehaltnem Gottesdienst einen **Wahlmann** aus ihrem Mittel zu ernennen.

EGBERT.

Ohne Unterbrechung, was verstehen Sie unter wahlberechtigten Dorfschaften?

SINIBALD.

Damit das Landvolk kein ungebührliches Übergewicht über die Bürger der Städte und Marktflecken erhalte, werden aus den volkreichsten Dörfern eines jeden Gaues nur so viele mit dem Wahlrechte versehen, als nöthig sind, um sie mit jenen auf die gleiche Anzahl zu setzen. An einem andern bestimmten Tage kommen dann die ernannten **Wahlmänner** in einem ungefähr in der Mitte des Gaues gelegenen Wahlorte zusammen, und erkiesen durch ein so genanntes heimliches Mehr die Anzahl von **Volksrepräsentanten**, welche die Konstituzion für jeden Kreis festsetzen wird. Diese erwählten Vertreter des dritten Standes

bleiben ordentlicher Weise neun Jahre in
Aktivität, und werden also immer mit Anfang
des zehnten Jahres entweder erneuert
oder bestätiget, je nachdem ihre Bevollmächtiger
mit ihnen zufrieden sind.

EGBERT.

Diese Einrichtung wird etwas kostspielig
seyn; denn die Wähler der Wahlmänner
sowohl, als die letztern selbst, werden eine
Entschädigung für Mühe, Zeitverlust und
Aufwand verlangen, und wer sollte diese
tragen?

SINIBALD.

Wie, Egbert? Trauen Sie den patriotischen
Deutschen der goldnen Zeit, in welcher
alles dieſs erfüllt werden wird, so
wenig Liebe zum Vaterland, und eine so
geringe Schätzung des Werthes der Rechte,
die ihnen die Verfassung einräumt, zu, daſs
sie nicht diese unentgeldlich auszuüben,
und jenem ein so geringes Opfer darzubringen,
geneigt seyn sollten?

EGBERT.

Verzeihen Sie mir meinen Unglauben.
Ich weiſs nicht, warum mir gerade die alten
demokratischen Athener einfallen muſsten,
die doch auch ein sehr Freyheit liebendes

und eitelstolzes Völkchen waren, und sich gleichwohl die Ausübung ihres Suveränitätsrechts jedesmahl mit einem baren halben Kopfstück auf den Mann aus der Staatskasse bezahlen liefsen. Aber fahren Sie fort, wenn ich bitten darf.

SINIBALD.

Die Reichsstände versammeln sich, zu Folge eines von dem jeweiligen König in Germanien an sie ergehenden Zirkulars, ordentlicher Weise alle drey Jahre in einer dazu festgesetzten, mitten in Deutschland gelegenen Reichsstadt, und arbeiten fleifsig genug, um längstens in vier Monaten wieder aus einander gehen zu können. Von ihren Verhandlungen wird der Nazion durch ein officielles Wochenblatt so viel bekannt gemacht, als ihr zu wissen gut und nöthig ist. Demosthenische oder Mirabeauische Reden in dieser hohen Versammlung zu halten, ist nicht erlaubt. Der Deutsche hört sich selbst nicht so gern reden, wie die alten Athener und die neuen Franzosen; und wo weder Leidenschaften zu erregen, noch den Verstand der Zuhörer zu bestechen nöthig ist, da bedarf es keiner prunkenden Beredsamkeit.

Jede Kammer hat ihren eigenen, beide zusammen einen gemeinschaftlichen Geschäfts-

kreis. Die Fürstenkammer z. B. besorgt
ausschliefslich die aus den Verhältnissen des
Reichs mit den übrigen Staaten entspringen-
genden Geschäfte, von deren Beschaffenheit
und Erfolg sie den Gemeinen blofs die nö-
thigste Nachricht giebt. Jedoch darf weder
ein Bündnifs, noch viel weniger ein Reichs-
krieg, ohne Beystimmung der letztern be-
schlossen werden. Jene hat überhaupt (jedoch
nicht ausschliefslich) die so genannte Ini-
ziative zu allgemeinen Reichsgesetzen, und
legt bey jeder Reichsversammlung der Kammer der Gemeinen den Etat der Ausgaben vor,
welche, gesammten Reichs wegen, von drey
Jahren zu drey Jahren zu bestreiten sind; vorausgesetzt, dafs keine unerwartete und dringende Ereignisse eine aufserordentliche Zusam-
menkunft der Stände nothwendig machen. Die
Kammer der Gemeinen hingegen beschäftigt
sich ausschliefslich mit Untersuchung, Bestimmung und Vertheilung der erforderli-
chen Auflagen, bey welchen aber immer
Rücksicht genommen wird, dafs ein Über-
schufs zu Sammlung eines für aufserordentliche Ausgaben bestimmten gemeinschaftlichen Schatzes übrig bleibe. Das Reichs-
schatzamt steht unmittelbar unter ihrer Aufsicht; die Revision der Rechnungen hingegen kommt der Fürstenkammer zu. Die
allgemeine Reichspolizey, das Justizwesen,

die öffentliche Erziehung, die Beförderung
der Künste und Wissenschaften, des Acker-
baues, der Industrie und des Handels, die
Belohnung wichtiger und ausgezeichneter
Verdienste um das Vaterland, die zum Behuf des innern und äufsern Verkehrs dienlichen neuen Landstrafsen und Kanäle, die
Verschönerung der neuen Hauptstadt, worin
aufser den andern öffentlichen Staatsgebäu-
den, welche sie, als der Sitz der höchsten
Reichsversammlung, enthalten müfste, dem
Könige in Germanien und jedem Kreisfürsten ein eigener Pallast von Reichs wegen
erbaut und unterhalten würde, alle diese
Rubriken, und, mit Einem Wort, alles was
zum möglichsten Flor des Ganzen
nöthig und dienlich seyn wird, macht die
Gegenstände der gemeinschaftlichen Berathschlagung und Beschlüsse beider Kammern
aus. Jede deliberiert besonders. Die zweyte
macht ihren Beschlufs der ersten förmlich
bekannt, und er kann von dieser nicht ohne
Anzeige ihrer Beweggründe verworfen werden; in welchem Falle, wenn die Gemeinen
es nöthig finden, so lange zwischen beiden
Kammern korrespondiert wird, bis sie einverstanden sind. Sollte diefs aber nicht zu
bewirken seyn, so ist der König befugt, den
Beschlufs der Gemeinen durch seinen Bey-
tritt vollgültig zu machen; ein Vorrecht,

das, in mehr als Einer Rücksicht, eines der kostbarsten Juwele seiner Krone seyn wird. Wenn Mifshelligkeiten zwischen Kreisfürsten entstehen sollten, so vereinigen sich die übrigen zu Bewirkung eines billigen gütlichen Vergleichs. Gelingt es ihnen nicht, so entscheidet ein besonders hierzu niedergesetzter Gerichtshof, dessen Personal der König selbst aus den rechtsgelehrtesten und unbescholtensten Deputierten der zweyten Kammer ernennt, nach den Gesetzen, ohne Appellazion. Alle Rechtshändel unter den übrigen höhern und niedrigern Staatsbürgern gehen den gewöhnlichen Gang, der durch ein Grundgesetz über die Gerechtigkeitspflege vorgezeichnet worden ist.

Zur Harmonie des Ganzen wird natürlicher Weise erfordert, dafs diese gemeinschaftliche Reichsverfassung das Muster der innern Organisazion eines jeden der neuen Kreise sey, in welche das ganze Reich, nach der Zahl der altfürstlichen Häuser, abgetheilt worden wäre. Jedem regierenden Kreisfürsten sind Landstände zugeordnet, denen die Bewahrung der gesetzmäfsigen Rechte der Staatsbürger, die von ihnen repräsentiert werden, anvertraut ist, welche die etwanigen Beschwerden des Volks vorzutragen schuldig sind, und ohne deren freye Beystimmung der Fürst weder neue Gesetze geben, noch neue Abgaben auflegen kann. Die Landstände bestehen aus den Deputierten der in dem Kreise angesessenen Fürsten, Grafen und Herren, und aus den Repräsentanten des niedern Adels, (mit Einschluſs aller nicht adeligen gröſsern Landeigenthümer) wie auch der Städte, Marktflecken und Dörfer. Jene machen die erste, diese die zweyte Kammer aus. Sie sind so organisiert, daſs kein Stand, d. i. keine der vier Klassen von Staatsbürgern, ein politisches Übergewicht über den andern hat. Ein engerer Ausschuſs derselben versammelt sich jährlich auf eine bestimmte Zeit, alle zusammen gewöhnlich nur alle zehn Jahre. Der Kreisfürst, als der einzige Landesherr im ganzen Kreise, legt alsdann den gesammten Ständen eine Berechnung der ordentlichen Staatsausgaben des Kreises für die folgenden zehn Jahre, die auſserordentlichen hingegen dem engern Ausschuſs jährlich vor. Auſser den Einkünften seiner eigenthümlichen Güter bezieht er eine festgesetzte Summe zu Unterhaltung eines seiner hohen Würde angemessenen Hofstaats, wobey (wie sich von selbst versteht) sowohl die Grundsätze einer guten Staatswirthschaft, als die Kräfte des Landes und die Eigenthumsrechte des Volks das gehörige Maſs geben.

Unter den ordentlichen Ausgaben, die jeder Kreis für sich zu bestreiten hat, bezieht sich eine der wesentlichsten auf den **Vertheidigungsstand**, worin jeder, auf den Fall einer besondern oder allgemeinen Gefahr des Vaterlandes, sich befinden muſs. Angenommen, daſs die neuen Kreise (deren wenigstens eben so viele heraus kommen werden, als vormahls waren) einander an Bevölkerung beynahe gleich wären, könnte die Zahl der Vertheidiger des Vaterlandes in jedem auf dreyſsig tausend Mann festgesetzt werden, von welchen der dritte Theil, als reguläre Truppen, immer Dienste thun, die andern zwey Drittel aber, als Landmiliz, jährlich zweymahl in den Waffen geübt würden. Der Kreisfürst wäre auch zugleich Oberbefehlshaber der bewaffneten Macht. Bey Besetzung der übrigen Befehlshaberstellen würde, ohne Unterschied des Standes, bloſs auf persönliche Eigenschaften und wirkliche Verdienste Rücksicht genommen.

EGBERT.

Ihre neue Verfassung ist dem Adel nicht sehr günstig, wie ich sehe.

SINIBALD.

Im Gegentheil, ich glaube ihn nicht schöner und ihm selbst vortheilhafter begünstigen zu können, als indem ich ihm durch diese Einrichtung neue Antriebe verschaffe, dem immer unkräftiger werdenden Vorurtheil der Geburt nachzuhelfen, und sich, gleich seinen alten Vorfahren, durch persönliche Vorzüge auszuzeichnen.

EGBERT.

Sie erwähnten einigemahl eines **Königs in Germanien**. Sie werden Ihre neue Reichsverfassung doch nicht des erhabenen Vorzugs berauben wollen, daſs der König der Deutschen zugleich **Römischer Kaiser** ist?

SINIBALD.

Wem wollen Sie durch diese seltsame Frage ein Kompliment machen, lieber Egbert? Zwischen uns beiden geht es doch rein verloren. Was mag wohl Josef II., da er als Graf von Falkenstein auf dem Kapitol stand und die groſse Hauptstadt seines Kaiserthums übersah, von der Sache gedacht haben? Oder war der gute Römische Kaiser Karl VII., da ihm zu Frankfurt (wie ich vor mehr als 50 Jahren oft genug erzählen hörte) weder Bäcker noch Fleischer mehr auf Borg Lieferung thun wollten, etwa reicher als wenn er Kaiser im Mond geheiſsen hätte? Es ist, wie Sie wissen, schon lange her, seit die Deutsche Nazion dem Himmel dankt, daſs ihren Königen die Lust zu Heerzügen nach Italien und Rom vergangen ist. Wie dem aber auch sey, genug, wir haben seit Heinrich I. einen König gehabt; der von den Kurfürsten erwählte Römische Kaiser ist in Germanien König; und dabey bleibt es auch in der neuen Verfassung. Auch soll er wahrlich nicht weniger in derselben zu bedeuten haben, als seine Vorfahrer seit 1648 in der bisherigen; wiewohl ich mich in die nähere Bestimmung seiner Rechte vor der Hand noch nicht einlassen kann.

EGBERT.

Ich muſs gestehen, so viel sich beym ersten Anblick urtheilen läſst, scheint mir Ihre neue Verfassung zu den Endzwecken, die Sie Sich dabey vorsetzen, nicht übel zu passen. Sie vereiniget die demokratische Form mit der aristokratischen und monarchischen auf eine Art, die der Nazion die wesentlichsten Vortheile einer jeden dieser Formen ohne ihre Nachtheile und Gefahren verspricht. Das wechselseitige Vertrauen zwischen Regenten und Regierten, das in dem letzten, mit so vielen unerwarteten und furchtbaren Revoluzionen angefüllten Jahrzehend nur zu sehr erschüttert worden ist, würde dadurch wieder hergestellt und auf einen dauerhaften Grund gesetzt: immer wachsender Wohlstand und immer steigendes Ansehen im Auslande würde die natürliche unfehlbare Folge davon seyn; und, wenn wir selbst mit aller Welt Friede hielten, würden wir von innen und aufsen einer Ruhe geniefsen, die um so weniger von dem bösen Willen auswärtiger Mächte zu besorgen hätte, da Deutschland durch eine solche Verfassung, so zu sagen, der Schwerpunkt des ganzen Europa würde, und also allen andern Staaten daran gelegen wäre, es bey derselben erhalten zu helfen.

SINIBALD.

Der momentane Vortheil der Auswärtigen ist so veränderlich, als die Meinungen und Leidenschaften der Menschen. Wohl dem Staat, der seine Sicherheit auf seine **Stärke** gründen kann; und diefs würde Deutschland können, wenn seine Kräfte und Hülfsquellen koncentriert und benutzt würden, wie es durch eine solche Verfassung geschehen könnte. Ein Reich, das nie verlegen seyn würde, 300,000 Vertheidiger des Vaterlandes — und eines Vaterlandes, das man zu lieben so viel Ursache hätte — aufzubieten und zu unterhalten, kann sich auf sich selbst verlassen.

EGBERT.

Die Kreisfürsten würden in der That sehr mächtige Herren vorstellen —

SINIBALD.

Sie würden es seyn, und Deutschland sich nur desto besser dabey befinden, da ihr und ihrer Häuser Interesse mit dem allgemeinen so eng als möglich verbunden wäre, und die Verfassung sie gegen die unglückliche Macht, Böses thun zu können, hinlänglich sicherte. Übrigens werden Sie mir erlauben, mit Solon zu sagen, ich habe den Germanen nicht die beste aller Verfassungen, (die ich selbst nicht kenne) sondern die beste, die ich unter den gegebenen Umständen für möglich halte, zugedacht. Und auch von dieser sehen Sie nur den ersten Entwurf; und das Ganze, wenn es gehörig ausgeführt, koloriert und vollendet wäre, sollte ein ganz anderes Ansehen haben, als in dieser rohen Skizze. Indessen dürfte es doch schwer halten, eine Verfassung für uns auszusinnen, die sich (vorausgesetzt, dafs Weisheit und Eintracht die Häupter der Nazion leite) leichter ausführen liefse, in jeder Betrachtung ihrem grofsen Zweck besser entspräche, und in den wesentlichsten Stücken dem, was Deutschland von jeher und in seinen ehrenvollsten Epoken war, näher käme.

EGBERT.

Nur Schade, dafs Sie einen einzigen Umstand aus der Acht gelassen haben, der, wie ich besorge, Ihren so wohl organisierten und mit so vieler Lebenskraft ausgerüsteten Embryo noch vor der Geburt ersticken wird. Wo bleibt bey Ihren neuen Einrichtungen das Gleichgewicht zwischen beiden Religionsparteyen, welches bisher immer ein so wichtiger Gegenstand der ängstlichsten und eifersüchtigsten Aufmerksamkeit war?

SINIBALD.

O mein Freund, aus welch einem Traume haben Sie mich durch dieses einzige Wort erweckt! — Wie unfreundlich nöthigen Sie mich zu mir selbst zu kommen, und zu bedenken, in welcher Zeit ich lebe! — Allerdings dachte ich nicht an ein solches Gleichgewicht. Die Bewohner meines geträumten Germaniens haben keinen Begriff davon, daſs dem Staat viel oder wenig daran gelegen sey, was für Vorstellungen seine Bürger sich von dem Unbegreiflichen machen, auf welche Weise sie dem höchsten Wesen ihre Ehrfurcht bezeigen, und an was für Dogmen und Meinungen sie ihren Glauben an die moralische Weltregierung des allgemeinen Gesetzgebers und an die ewige Dauer unsers Geistes anknüpfen. Ihnen leuchtet freylich eine hellere Sonne! — Guter Egbert! wie dick muſs der Nebel seyn, der noch um unsre Augen schwimmt, daſs Ihnen eine solche Schwierigkeit nur zu Sinne steigen konnte!

EGBERT.

Geben Sie Sich zufrieden, Sinibald, es war so schlimm nicht gemeint; und, so der Himmel will, gehört auch dieser Punkt, in der bessern Zukunft, die Sie vorhin im Geist erblickten, unter so manche andere, die unsern Nachkommen noch tausendmahl traumartiger vorkommen werden, als Ihr wachender Traum unsern Zeitgenossen.

XI.

Blicke in die Zukunft.

Μελουσι μοι ολλυμενοι περ. Iliad. XX. 21.

HULDERICH.

Ich kann es nicht von mir erhalten, so übel von der Zukunft zu denken —

GERON.

Daran hat Ihr Herz wohl mehr Antheil als Ihre Scharfsicht. Wenn ich Nesselsamen in meinen Garten säe, was kann ich anders von ihm erwarten als Nesseln?

HULDERICH.

Es wird aber auch so viel guter Samen ausgesät; auch der wird aufgehen und Früchte bringen.

GERON.

O ja! Wenn Triptolemos auf Demeters Drachenwagen über die Erde hinjagt,

und seinen Weizen mit vollen Händen rechts
und links herab wirft, wird ja wohl auch
hier und da ein Körnchen in einen guten
Boden fallen; wenn anders die lauernden
Vögel des Himmels es nicht zu früh gewahr
werden.

HULDERICH.

Nein, lieber Geron! in dem Grade, wie
Sie Sich's jetzt vorstellen, überwiegt das Böse
das Gute nicht!

GERON.

Gewiſs nicht im Ganzen, oder wie
wollte es sonst bestehen können? Ich sprach
bloſs von den Zeiten, in die wir selbst gefallen sind, und die unsern Nachkommen
bevorstehen.

HULDERICH.

In der That sind die Aussichten nicht
sehr erfreulich. Der gegenwärtige politische
und sittliche Zustand der Welt läſst mehr
fürchten als hoffen. Aber wie bald kann
ein einziger Vorfall die ganze Lage der
Sache ändern!

GERON.

Meine Ahnungen gründen sich weder auf
zufällige Zeitumstände, noch auf die Gesinnungen, Verhältnisse und Entwürfe jetzt

lebender Machthaber. Ihre Wurzel liegt tiefer, in der Natur des Menschen selbst, die von ihren Fasern so ganz durchwachsen ist, dafs kein Gott sie aus ihr heraus reifsen könnte, ohne das ganze Gewebe zu zerstören. In unserm **Radikalübel**, in der ewigen **Inkonsequenz**, dem ewigen Mangel an Übersicht des nothwendigen Zusammenhangs und der unausbleiblichen Folgen der Dinge, da sitzt der unheilbare Schaden. Alles ist bey uns **momentan**; wir entscheiden nach der **Ansicht** des Moments, und handeln nach dem **Interesse** des Moments; Politik des Moments, Staatsökonomie des Moments, Regierung für den Moment, Verbindungen auf einen Moment, weiter erstreckt sich unsre Kunst selten. Das mufs man uns lassen, wir befolgen die Instrukzion treulich und buchstäblich, die der Sultan seinem Wessir im Mährchen giebt: „Sorgt immer für den Augenblick, und Gott lafst für die Zukunft sorgen." Die Maxime klingt fromm genug; aber glauben Sie mir, Hulderich, der Weg, auf den sie führt, ist der Weg ins Verderben.

HULDERICH.

Nun, nun! so gar momentan sind wir doch auch nicht! Machen wir nicht grofse weit aussehende Entwürfe für die Zukunft?

Verbinden wir uns nicht, diese Entwürfe, so bald als möglich, mit vereinten Kräften auszuführen?

GERON.

Entwürfe für die Zukunft! — Was nennen Sie Entwürfe für die Zukunft? Ich wenigstens kann nichts dergleichen sehen. Träume so viel Sie wollen! Träume ohne innern Zusammenhang, wie Ehrgeiz, Habsucht, Furcht, Neid und Rachgier sie von Moment zu Moment in einander schlingen oder an einander reihen. Entwürfe für die Zukunft müssen auf einem festern Grunde stehen, und auf dauerhaftere Materialien berechnet seyn.

HULDERICH.

Was ist natürlicher, als daſs diejenigen, die in diesem Augenblick auf Fortunens Rade oben stehen, Entwürfe machen, das Rad selbst zum Stehen zu bringen? Würden wir es an ihrer Stelle anders machen?

GERON.

Schwerlich! Auch ist meine Meinung nicht, sie zu tadeln oder mit unnützen Vorwürfen zu necken. Ich rede nur von dem — was ist. Es ist, weil es ist; und weil es so ist, so kann, natürlicher Weise, nichts daraus folgen, als daſs es nächstens ein wenig — oder auch viel — schlimmer seyn wird, als es ist. Denn während wir uns (um bey Ihrem Gleichnifs zu bleiben) vergebens anstrengen das unaufhaltbare Rad stehen zu machen, wälzt es sich fort, wir glitschen herab, und krümmen uns nun unter ihm, anstatt dafs wir kurz zuvor oben schwebten. Darauf läuft alles hinaus. Wer hier was zu tadeln findet, der tadle die menschliche Natur! Die Menschen sind nun einmahl nicht anders. Sie waren immer wie sie sind, und werden immer seyn wie sie waren.

HULDERICH.

Es kann nicht Ihr Ernst seyn die Sachen so zu sehen.

GERON.

Bitterster Ernst.

HULDERICH.

Was hälfe uns also unsere Aufklärung?

GERON.

Unsre Aufklärung? — Lieber Hulderich! da möcht' ich wohl auch sagen, „es kann nicht Ihr Ernst seyn so zu fragen." — Unsre Aufklärung? Und das sagen Sie am 1. November 1798? — O wie werden unsre Nachkommen in hundert Jahren lachen, — falls sie anders vor Weinen noch lachen können — wenn sie lesen, wie viel wir uns mit unsrer Aufklärung wußten, und dann die Stufe ausrechnen, auf welcher sie stehen müßten, wenn wir wirklich so hoch gestanden hätten als wir uns einbilden!

HULDERICH.

Ich weiß, daß ich da eine häßlich schnarrende Saite berührt habe. Aber lassen Sie mich nur ein Wort sagen. Trotz allem, was gegen das, was man die Aufklärung unsrer Zeiten nennt, einzuwenden seyn mag, ist doch unstreitig mehr Licht in der Welt, als zu unsrer Großväter Zeiten. Oder läugnen Sie etwa, daß Europa gegenwärtig aufgeklärter ist als im sechzehnten Jahrhundert?

GERON.

Allerdings läugne ich es, und sobald wir über den Sinn des Wortes einverstanden sind, werden Sie meiner Meinung seyn. Verstehen Sie unter Aufklärung das Helldunkel, das durch die immer fortschreitende Kultur der Wissenschaften in den Köpfen der Europäer nach und nach entstanden ist, so gebe ich gerne zu, daß es, im Durchschnitt genommen, dermahlen etwas weniger finster darin aussicht, als im sechzehnten Jahrhundert, da die Köpfe noch so voll Dampf, Nebel, Staub und Spinneweben waren, dafs das Licht selbst, das, von Norden her, in ziemlich starken Strömen eindrang, lange Zeit nicht viel mehr als (nach Miltons Ausdruck) *a Darknefs visible* heifsen konnte. Verstehen wir aber unter jenem Worte diejenige Art von Erleuchtung des Verstandes, die den Menschen wirklich vernunftmäfsig und konsequent denken und handeln macht, so müfsten wir unsrer Zeit schändlich schmeicheln, wenn wir ihr den geringsten wahren Vorzug vor allen vorhergehenden einräumen wollten, den einzigen Punkt etwann ausgenommen, dafs in den meisten Ländern von Europa weder Hexen noch Ketzer mehr zu gröfserer Ehre Gottes gebraten werden.

HULDERICH.

Dafür haben wir Mittel gefunden, die wackern Leute, die man ehemahls bey trocknem Holz verbrannte, an dem langsamen Feuer der Trübsal und der mancherley Seelenqualen, die man ihnen anzuthun versteht, in einer andern Manier zu braten, die weniger unmenschlich scheint, aber im Grunde vielleicht eben so grausam ist.

GERON.

Ich denke, wenn die Vorzüge unsers Jahrhunderts vor dem sechzehnten genauer untersucht werden sollten, so würde sich finden, daſs zwar einige Wissenschaften auf einen ungleich höhern Grad gestiegen sind, daſs wir eine zierlichere und schlauere Sprache reden, mehr Bücher schreiben, mehr lesen, und die Kunst uns selbst zu belügen ungleich mehr verfeinert haben: aber daſs wir, im Ganzen genommen, weiser, besser und glücklicher wären, davon ist mir nichts bekannt. Oder nennen Sie mir ein einziges Laster, eine einzige Thorheit, die wir weniger hätten als unsre Vorfahren; eine einzige Tugend, worin wir sie überträfen; einen einzigen Lebensgenuſs, den wir vor ihnen voraus hätten, und nicht ohne alle Proporzion theurer erkauften als er werth ist.

HULDERICH.

Sie gehen mir scharf zu Leibe, Geron! Was kann ich Ihnen sagen, worauf ich nicht die Antwort schon auf Ihren Lippen schweben sehe?

GERON.

Werden die Völker etwa besser geweidet, väterlicher besorgt, und weniger gedrückt als damahls? Geht man sparsamer mit den Früchten ihrer sauern Arbeit, mit dem Gewinn ihrer Entbehrungen, mit ihrem Blut und Leben um? Haben wir weniger Kriege gehabt? Waren die, die über uns verhängt wurden, gerechter, nothgedrungner? oder wurden sie, besonders in diesem letzten Jahrzehend, menschlicher und mit gröfserer Schonung des friedsamen und nützlichen Städters und Landmanns geführt? Können Sie — damit ich alles in ein einziges Beyspiel zusammen fasse, das ich noch dazu von der reichsten und mächtigsten Nazion unsrer Zeit borgen will, — können Sie behaupten, dafs das Volk von England und Irland unter dem Zepter des gutmüthigen, frommen, und in allen Stücken, die zu einem braven *Gentleman* gehören, musterhaften Königs Georgs III. weiser regiert wird und sich besser befindet, als unter der eiteln, kokettischen, neidischen, falschen, Gefühl und Popularität heuchelnden, stolzen und grausamen Königin Befs? — Mit nichten, werden uns alle wackern Bewohner von *Old-England* und alle ehrlichen Kartoffeln-Esser von Erin entgegen rufen.

HULDERICH.

Es ist nicht zu läugnen, dafs die höchsten und wichtigsten aller Wissenschaften und Künste, die Staatswissenschaft und Regierungskunst, gerade diejenigen sind, worin das menschliche Geschlecht überhaupt noch am weitesten zurück ist.

GERON.

So sagen uns wenigstens die redseligen Französischen Sofisten, die seit zehen Jahren ihr eigenes Volk, und, so viel an ihnen ist, die ganze übrige Welt mit ihren emfatischen Orakelsprüchen, geschnörkelten Perioden, und grofsen barbarisch Griechischen Wörtern zum besten haben. Wenn es in der Welt nicht geht, wie es sollte, so liegt es wahrlich nicht daran, dafs die Grundsätze und Maximen, wornach man handeln müfste um recht zu thun, nicht bekannt genug wären, oder dafs es an Mustern und Beyspielen fehlte, woraus man lernen könnte, was zu thun und zu lassen ist. Wenn es auch kein anderes Handbuch für die Regenten gäbe, als Xenofons Cyropädie und Fenelons Telemach, — ein paar Bücher, die man noch dazu für Romane lesen kann — so wüfste ich nicht, wie sich einer von ihnen, wenn einst die Stunde der Verantwortlichkeit für ihn geschlagen haben wird, mit der Unwissenheit, als einer Entschuldigung, warum er seiner Pflicht nicht aufs vollständigste genug gethan, durchhelfen wollte. Aber wozu sage ich Ihnen das? Überlassen wir die Gewalthaber sich selbst, und dem, der Gewalt über sie hat, und bleiben wir bey uns selbst und beym Allgemeinen stehen! Welcher Mensch thut seiner Pflicht genug? Wer handelt immer gegen andere, wie er will dafs sie gegen ihn handeln? Wer setzt seinem Ehrgeitz, seiner Habsucht, seinem Hang zur Sinnenlust Schranken, wenn es blofs von seiner Willkühr abhängt, so weit zu gehen als ihn diese Leidenschaften führen? Wer fürchtet sich nicht ganz heimlich vor seiner Vernunft, als vor einem beschwerlichen Zuchtmeister, und machte sie nicht lieber zur Dienerin und Mitschuldigen seines Willens? Wer gründet nicht lieber, wenn ers vermag, die Erhaltung seiner Besitzthümer und Rechte auf sein Ansehen und seine Macht, als auf die Achtung und den guten Willen anderer Menschen? Wer, der sich **beym Alten** wohl befindet, will nicht lieber, dafs alles ewig beym Alten bleibe, als dafs er zu irgend einer Veränderung die Hand bieten sollte, wobey nur das Ganze gewänne, und er selbst einige Aufopferungen machen müfste? u. s. w. Lassen Sie uns in unsern Busen greifen, und unser innerstes Bewufstseyn wird uns sagen, ob wir an dem Platze der Gewalthaber auf Erden anders handeln würden als sie, da wir ihnen jetzt schon so ähnlich sind, als es nur immer angehen will? Selbst die sehr kleine Zahl der Edeln und Guten, besteht sie nicht entweder aus einer Art besonders glücklich organisierter und vom

Schicksal mit ungewöhnlicher Sorgfalt erzogener Menschen, denen es kaum möglich wäre anders zu seyn? oder aus solchen, die uns selbst gestehen werden, daſs ihre Tugend im Grund ein gewaltsamer Zustand ist, worin sie sich nur durch eine nie einschlummernde Aufmerksamkeit auf sich selbst, und einen ewigen Kampf der einen Hälfte ihrer Natur mit der andern, erhalten können? — Noch einmahl, mein Freund, vorausgesetzt, daſs wir ehrlich gegen uns selbst seyn wollen, was ist auf alle jene Fragen zu antworten?

HULDERICH.

Leider nichts, als ein stillschweigendes Ja, wenn wir zu verschämt zu einem lauten sind.

GERON.

Und nun lassen Sie uns sehen, wohin diese Betrachtung führt. Alles, in jedem einzelnen Menschen, in jeder Klasse, in jedem politischen Körper, wie in der ganzen Natur, ist in einer immer währenden vorwärts strebenden Bewegung, welche nicht Statt haben kann, ohne unvermerkt die Formen der Dinge zu verändern. Ein Volk muſs also entweder ewig mit Gewalt in einem Zustande, der wenig vor dem viehischen voraus hat, niedergedrückt gehalten werden; oder, ist seine Kultur einmahl angefangen, so wird sie nach und nach, trotz allen Hindernissen und Schwierigkeiten, alle Stufen durchlaufen. Von einer Stufe zur andern erhebt, erhellt und kräftigt sich auch der Geist der Zeit, der die öffentliche Meinung bestimmt. Ein gewisser Grad von Kultur spannt die erschlafften Springfedern der Menschheit wieder, und regt Wünsche auf, die sich mit unserm vorigen Zustande nicht mehr vertragen wollen. Sobald wir das bessere kennen, wird uns das schlechtere zuerst unangenehm, dann verhaßt, zuletzt unerträglich. So wie es bey einem Volk in den Köpfen der Menge etwas heller wird, wird es nach gerade unmöglich, ihm die Gebrechen, unter welchen es leidet, länger zu verbergen. Bald wird es auch der Mittel gewahr, wodurch ihm geholfen werden könnte, und jede Klasse, jeder Stand, jede Gemeinheit, jeder Einzelne will seinen Beschwerden geholfen wissen, ohne sich darum zu bekümmern, wie schwierig die Sache in der Ausführung seyn mag. In diesem Punkt, und in diesem allein, fließen endlich die Wünsche und Bestrebungen aller Einzelnen in einem einzigen allgemeinen Willen zusammen; und nun bedarf es nur äußerlicher Veranlassungen und Reitze, so wird dieser Wille

unversehens zur lauten Stimme, und die
Revoluzion beginnt. Jetzt kommen die
Mittel zur Sprache, wie den Beschwerden
abgeholfen werden solle; und von diesem
Augenblick an zeigen sich die zwey Haupt-
klassen, aus welchen jeder Staat nothwendig zusammen gesetzt ist, als zwey entgegen stehende Parteyen. Die eine besteht
aus denen, die sich im Besitz von Macht,
Ansehen und Reichthum, Vorzügen, Privi-
legien und Vortheilen aller Art befinden,
und nichts davon verlieren wollen: die andere, ungleich zahlreichere, aus allen, die
wenig oder nichts zu verlieren, folglich
viel oder alles zu gewinnen, und (vermöge
der Natur der Sache) die meisten und erheb-
lichsten Beschwerden zu führen haben.
Diese sind Anfangs billig und gemäfsigt
in ihren Forderungen; aber befriedigt können sie doch nicht anders werden, als wofern jene mehr oder weniger aufopfern
wollen. Und nun sind wir auf dem Punkte,
wo alle Wirkungen des Radikalübels,
wovon ich so eben sprach, auf einmahl
eintreten. Jene haben keine Lust, auch
nur das geringste aufzuopfern: diese bestehen auf ihren ersten Forderungen, und das
mit einer so imposanten Einmüthigkeit und
Energie, dafs jene, denen es an beiden
gebricht, sich endlich genöthigt sehen, —

nicht nachzugeben, — das kann nie ihr Wille
seyn — sondern sich zu stellen, als ob sie
es wollten, um Zeit zum Intriguieren (worin ihre vorzügliche Stärke liegt) und zu
andern Mitteln zu gewinnen, wodurch sie
sich der verhaſsten Aufopferungen zu überheben hoffen. Jetzt fangen diese an zu
merken, worauf es ankommt: nehmlich,
daſs sie, sobald sie koncentriert und in Masse
wirken, alles vermögen, aber ohne eine
solche Kraftäuſserung nie das geringste erhalten werden. Von nun an setzen sie ihren
Forderungen keine Grenzen mehr; sie sehen,
daſs sie mit gleicher Anstrengung und Gefahr alles haben können, und sie wollen alles haben. Die Revoluzion, die bisher noch immer einen gemäſsigten Schritt
ging, wird nun auf einmahl stürmisch,
durchbricht alle Dämme, reiſst alles mit
sich fort, nimmt, mit Einem Worte, die
ungeheure Gestalt an, in welcher wir sie
in Frankreich und andern Ländern einige
schreckliche Jahre durch wüthen gesehen
haben; und eine sehr groſse Nazion, bey
welcher sie, nach einer Sündflut von Tollheiten, Bübereyen und Gräuelthaten, in keiner längern Zeit, nicht weit schlimmer
endigt als in Frankreich, hat noch von Glück
zu sagen.

HULDERICH.

Gerade auf dieses grofse, furchtbare, an Unterricht für die höhern und niedrigern Klassen, für Regenten und Volk so reiche Beyspiel gründe ich meine besten Hoffnungen.

GERON.

Das bedaure ich; denn da stehen sie auf einem lockern Grunde. — Wie, mein Freund, Sie wollen, dafs man in eine einzelne Weltbegebenheit, dergleichen es schon so viele gegeben hat, wie in einen Spiegel schauen soll, um zu sehen, was zu thun sey; und ich sollte nicht die Geschichte von vierzig hinter uns liegenden Jahrhunderten als ein zuverlässiges Orakelbuch betrachten, das mich am besten belehren kann, was wir uns von einem solchen Beyspiel zu versprechen haben? — **Nichts, mein Freund, nichts!** — oder vielmehr noch was schlimmeres als nichts. Denn von allen den Lehren, die man, Ihrer gutherzigen Hoffnung nach, daraus ziehen sollte, wird man nicht eine einzige, aber wohl gerade das Gegentheil, ziehen. Man wird seine Vorrechte und Vortheile eifersüchtiger und hartnäckiger als jemahls behaupten. Man wird der öffentlichen Meinung mit der kältesten Verachtung spotten, und den gefürchteten Mifsbrauch der Vernunft durch willkührliche

Einschränkungen ihres freyen Gebrauchs zu
verhindern glauben, das ist, dem Arzt das
einzige Heilmittel gegen die Krankheit aus
den Händen schlagen, und sie durch eine
heroische Kur vertreiben wollen, die das
Übel nothwendig unheilbar machen muſs.
Gewalt und Gewalt, und immer Gewalt,
wird das Losungswort seyn, weil man sich
einbilden wird, nicht der Miſsbrauch der
Gewalt, sondern daſs man zu wenig Gewalt
gebraucht habe, sey die Ursache alles
des Unwesens, das man gesehen hat, und
dessen Ausbreitung man zuvorkommen will.

HULDERICH.

Sollte wohl ein solcher Grad von Verblendung
unter die möglichen Dinge gehören?

GERON.

Daran werden Sie nicht länger zweifeln,
sobald Sie Sich in den Fall und unter die
Bedingungen denken, die eine solche
Vorstellungsart veranlassen. Nehmen Sie an,
ein groſses Reich befinde sich in einer Lage,
wo man, im Angesicht eines solchen Beyspiels
wie Frankreich gegeben hat, eine ähnliche
Tragödie wenigstens für etwas, das
durch den Zusammenfluſs mehrerer anreitzender
und unterstützender Umstände sich ereignen
könnte, anzusehen Ursache hat,

oder zu haben glaubt. Auch die entfernteste scheinbare Möglichkeit eines sehr grofsen Übels erregt natürlicher Weise unsre ganze Aufmerksamkeit. Diejenige Klasse im Staat, die bey einer allgemeinen Umwälzung sehr viel zu verlieren hätte, und **alles zu verlieren fürchtet**, wird sich mächtig aufgefordert fühlen, der durch die Furcht vergröfserten und angenäherten Gefahr entgegen zu arbeiten. Alle, deren Vorzüge und Besitzthumsrechte sich, wenigstens zum Theil und ursprünglich, auf alte, aber vom Zahn der Zeit zernagte und unhaltbar gewordene Vorurtheile gründen, werden aus ihrem gewohnten Schlummer erwachen. Selbst unter denen, welche gegründete Ursachen haben auf alle Fälle sicher zu seyn, werden manche, von geheimer unbestimmter Unruhe geängstiget, sich nicht länger sicher **glauben**. Durch einerley Interesse, auch ohne besondere Verbindungen, aufs engste vereiniget, werden alle diese Menschen in der Wahl ihrer Mafsregeln sich mehr durch ihre Vorurtheile als durch unbefangene Vernunft leiten lassen. Vor allen Dingen werden sie sich sehr kategorisch gegen alle **Veränderungen und Neuerungen** erklären, wie dringend auch die Nothwendigkeit derselben und wie richtig ausgerechnet die Vortheile seyn möchten, die dem **Ganzen** daraus erwachsen würden. Jede Bewegung vorwärts wird ihnen unendlich gefährlicher vorkommen als Stillstand, oder vielmehr (da dieser eigentlich nicht möglich ist) als Rückfall in jene eiserne und bleyerne Zeit, die für ihre Vorfahren einst die goldne war. „Alles soll und muſs beym Alten bleiben," wird ihr erster Grundsatz seyn. Die Maximen, die aus ihm hervorgehen, werden sie bey jeder Gelegenheit den Regenten, denen sie näher als andre Unterthanen sind, beyzubringen suchen. Anders denkende wird man als unruhige, von Jakobinischem Gift angesteckte, und mit gefährlichen Entwürfen umgehende Leute verdächtig machen, oder, wo diefs nicht wohl anginge, wenigstens, als getäuschte Träumer und wohlmeinende Schwindelköpfe, von aller Möglichkeit gehört zu werden entfernen. Denken Sie Sich nun einen edel gesinnten, das Beste seines Volkes, und überhaupt alles was recht und gut ist, ernstlich wollenden Fürsten in solchen Umständen, von Personen umgeben, welche von jener Vorstellungsart gänzlich eingenommen, und innigst überzeugt sind, dafs sie die einzig wahre ist. Denken Sie dann noch hinzu, dafs es, neben diesen ehrlichen, und, wenn sie irren, wenigstens *bona fide* irrenden Biedermännern, auch unredliche

Leute giebt, die ihre eigenen leisen Absichten dabey haben, wenn sie dem Fürsten auf eine künstlich verdeckte Art und mit den behutsamsten Gradazionen, vielleicht unter der Larve des reinsten Patriotism, sein Volk und seine wahren Freunde verdächtig zu machen suchen. Verfolgen Sie diefs alles in Ihren eigenen Gedanken, und fragen Sich dann selbst, was das natürliche Resultat einer solchen Umgebung seyn müsse? und ob es nicht beynahe ein moralisches Wunder wäre, wenn ein Regent, unter diesen Umständen, sich von allem fremden Einflufs auf seine Denkart frey erhalten, und den einzig festen Punkt, auf den er, um nicht zu verirren, immer zusteuern mufs, nie aus dem Gesichte verlieren sollte, — den grofsen Gedanken nehmlich, dafs er, **über alle Parteyen erhaben**, sich, wie die Sonne, gegen alles, was von seinen Strahlen berührt wird, **gleich verhält**, — dafs unter allen den Millionen, die ihr Wohl oder Weh in seine Hände gestellt haben, Er der einzige ist, der **kein anderes als das allgemeine Interesse haben kann noch soll**, — dafs es geradezu eine moralische, und ich möchte sagen, sogar eine fysische Unmöglichkeit ist, dafs er jemahls mifstrauische Vorsichtsmafsregeln **gegen seine Unterthanen zu nehmen nöthig haben könnte**, so lang' er ihr Zutrauen und ihre Achtung für seinen persönlichen Karakter besitzt, und daſs er beides unmöglich verlieren kann, so lange sie überzeugt sind, (und Ursache kaben es zu seyn) diese Gesinnungen seyen wechselseitig; — kurz, daſs miſstrauische Maſsregeln, wofern er sie ohne Ursache nähme, schädlich, und, sobald er Grund dazu hätte, vergeblich wären.

HULDERICH.

Sie sprechen aus meiner Seele, lieber Geron; und ich freue mich, daſs ich Sie mit einer Gewiſsheit, die für einen Einsiedler Ihrer Art tröstlich seyn muſs, versichern kann, es giebt in diesem Augenblicke mehr als Einen Monarchen, und, auf alle Fälle, Einen gewiſs, der Ihr **moralisches Wunder** realisieren wird.

GERON.

So möge Deutschlands guter Genius mit allen Schutzgeistern der Menschheit ihn und jeden, der ihm ähnlich ist, niemahls aus den Augen verlieren! ihn keinen Augenblick, wo er wachen sollte, einschlummern lassen, und gegen alle unsichtbare Gefahren, die den Thron so dicht umringen, schützen! Das Schicksal von Millionen Menschen in seiner Hand zu tragen, ist ein göttliches,

aber für einen Menschen, wie edel und gut
er sey, ein schweres Geschäft. Wohl ihm,
wenn er dieſs fühlt! Wohl ihm, wenn er
den feinen Vulkanischen Netzen, die immer
um ihn her gewebt werden, zu entgehen
weiſs! Und dreymahl wohl ihm, wenn er
am Ende seiner Laufbahn sagen kann: Ich
habe alles Gute gethan, was ich **konnte**,
weil ich es **ernstlich wollte**, und wenn
ich Böses gethan habe, so geschah es nur,
weil ich es für **gut** ansah! — Sie hätten
mich miſsverstanden, lieber Hulderich, wenn
Sie bey den traurigen Weissagungen, die —
ich weiſs nicht was für ein Python vorhin
aus meinem Munde gehen ließ, nicht vor-
aussetzten, daſs sie nur bedingter Weise gelten können. Aber freylich sind die **Bedingungen** unerläſslich, ohne welche die ge-
weissagten Übel unausbleiblich sind; und
so lange man nicht Trauben von den Dornen
und Feigen von den Disteln lieset — Doch,
ich will nicht in meinen alten Unglauben
zurück fallen. Bey Gott sind alle Dinge
möglich. Ist es sein Wille, das heran na-
hende neunzehnte Jahrhundert mit zwey oder
drey Monarchen zu beschenken, welche,
weit entfernt dem Genius der Menschheit
Trotz zu bieten, ihn vielmehr durch wür-
dige Opfer zu versöhnen und sich günstig
zu machen suchen; die der öffentlichen

Meinung freywillig und ruhig entgegen kommen, und, statt sie mit der Keule der Gewalt niederzuschlagen, ihr durch leitende Weisheit Maſs und Richtung zu geben suchen; kurz, die das zermalmende Schwungrad der Zeit, statt es in seinem Lauf aufhalten zu wollen, zum Betrieb edler und groſser Zwecke zu benutzen wissen; — o mein junger Freund! sind dem neunzehnten Jahrhundert nur zwey oder drey solche Evergeten vorbehalten: so wird ihre Regierung die Morgenröthe des herrlichsten Tages seyn, der dem menschlichen Geschlechte jemahls aufgegangen ist.

XII.

Fragment eines Gesprächs zwischen einem ungenannten Fremden und Geron.

DER FREMDE.

Sie scheinen die Kunst zu regieren für sehr schwer zu halten?

GERON.

Schwer oder leicht, je nachdem sie getrieben wird.

DER FREMDE.

Ich verstehe Sie; es gehört nicht viel dazu, ein Pfuscher zu seyn.

GERON.

Freylich nur der grofse Künstler kennt die wahren Schwierigkeiten seiner Kunst, und fühlt sich immer unter dem Ideal, wozu er sich zu erheben strebt.

DER FREMDE.

Das schlimmste wäre also, geboren zu seyn, eine Kunst zu treiben, worin man nicht hoffen könnte, ein Meister zu werden. Der Sohn eines grofsen Mahlers mag eine andere Lebensart ergreifen, wenn er keine Anlage in sich fühlt, sich in der Kunst seines Vaters hervorzuthun: aber der älteste Sohn, Enkel oder Neffe eines Erbfürsten mufs regieren, wie wenig Fähigkeit er auch besitzen mag ein vortrefflicher Regent zu werden.

GERON.

Das ist freylich in Erbreichen nicht anders.

DER FREMDE.

Sollte diefs nicht ein entscheidender Grund gegen die Erbreiche seyn?

GERON.

Eine Frage, die auch dann nicht leicht zu beantworten wäre, wenn wir einander länger kennten als seit einer Viertelstunde.

DER FREMDE.

Wir sprechen unter vier Augen; und überdiefs hoffe ich, Sie müssen, wie kurz auch unsre Bekanntschaft ist, bereits gemerkt haben, dafs Sie nichts bey mir wagen. Mein höchstes Bestreben ist, als ein echter Weltbürger zu leben, und, dem Willen nach, bin ich es bereits, wiewohl ich, den Jahren nach, vielleicht noch unter die Novizen des Ordens gehöre.

GERON.

Wenn ich Ihnen meine Meinung unverhohlen sagen soll, ich denke nicht, daſs der Umstand, dessen Sie erwähnt haben, **gegen** die Erbreiche entscheide.

DER FREMDE
mit einem scharfen Blick in Gerons Augen.

Und aus welchem Grunde glauben Sie das?

GERON.

Weil ich es für einen auſserordentlich seltnen Fall halte, daſs ein Menschenkind geboren werde, aus welchem sich nicht ein Virtuos in der Regierungskunst, oder, was mir gleichviel bedeutend scheint, ein guter und weiser Fürst bilden lieſse.

DER FREMDE.

Es giebt ja wohl in jeder Kunst viele Stufen. Nicht jeder Mahler kann ein **Rafael Sanzio**, nicht jeder König ein **Friederich der Einzige** seyn. Aber es gehört auch schon viel dazu, die dritte oder vierte Stelle nach dem Ersten zu behaupten. Mit mittelmäſsigen Fähigkeiten wird man, denke ich, in allem was man treibt, immer mittelmäfsig bleiben.

GERON.

Erlauben Sie mir auch eine Frage. Gesetzt Sie wären zum Könige geboren, wollten Sie nicht zufrieden seyn, wenn Sie es so weit bringen könnten, den Nahmen eines **zweyten Mark-Aurels** von der Nachwelt zu verdienen?

DER FREMDE sich einen Augenblick besinnend.

Allerdings.

GERON.

Und doch war Mark-Aurel, wie Sie wissen werden, gewifs nicht, was man einen Mann von grofsem oder glänzendem Genie nennt, und niemand wird ihn, in Ansehung seiner Naturgaben und Talente, mit einem Alexander, oder Julius Cäsar, oder mit dem grofsen Könige, den Sie eben nannten, in dieselbe Reihe stellen. Er allein also wäre, däucht mir, schon genug, um zu beweisen, dafs man mit mittelmäfsigen Anlagen, wo nicht ein grofser, doch ein sehr vortrefflicher Fürst seyn könne, — ein Fürst, wie jedes Volk sich einen wünschen mufs, wenn es sein eigenes Bestes kennt. Und warum sollte es **nicht** so seyn? Mittelmäfsige Fähigkeiten können durch eine vortreffliche

Erziehung auf einen hohen Grad von Vollkommenheit gebracht werden.

DER FREMDE.

Diefs war freylich der Fall bey Mark-Aurel. Aber, was ist seltner, als dafs Fürstensöhne vortrefflich erzogen werden?

GERON.

Schlimm genug! Indessen beweiset diefs nichts gegen die Erbreiche. Alles was daraus folgt, ist: dafs die Sorge für eine zweckmäfsige Erziehung der Fürstensöhne als eine der allerwichtigsten Angelegenheiten in solchen Staaten betrachtet werden, und durch die Konstituzion selbst Anstalt getroffen seyn sollte, dafs der Fall einer schlechten Erziehung des künftigen Thronfolgers eben so aufserordentlich wäre, als es, wie Sie sagen, dermahlen der Fall einer vortrefflichen ist.

DER FREMDE.

Das wäre wohl zu wünschen. Aber wie manches sollte seyn, das nicht ist und schwerlich zu erwarten steht! Nehmen wir die Welt einstweilen wie sie immer war, und setzen den Fall, ein König sey zu der grofsen Kunst, die er treiben soll, nicht erzogen worden; er habe keine Ursache sich zuzutrauen, dafs er diesen Mangel durch die Stärke seines Genies und den Umfang seiner Naturgaben ersetzen könne, und fühle sich doch zu gut, um den Gedanken, nur ein Pfuscher zu seyn, ertragen zu können — Er hält ein.

GERON nach einer kleinen Pause.

Sollten Sie wirklich anstehen, was da zu thun wäre?

DER FREMDE.

Es giebt freylich mehr als Einen Ausweg — Etwa, die Krone niederzulegen, und, wie ein Altrömisches Knabenspiel forderte, den besten Mann im Reiche zum König zu machen?

GERON.

Bevor Der gefunden wäre, dürfte wohl das Reich lange zu Trümmern gegangen seyn.

DER FREMDE lächelnd.

Oder sich vom Direktorium zu Paris einen Obergeneral und einen *Commissaire du Gouvernement* auszubitten, mit deren Hülfe die Monarchie in ein Filial der Französischen Republik umgeschaffen werden könnte?

GERON.

Das wäre ein wohl ausgedachtes Mittel — die Anzahl der Unheilbaren zu vermehren.

DER FREMDE.

In der That dürften die sieben hundert Gesetzgeber und die fünf Direktoren, die man dann bekäme, schwerlich viel besser zu ihrem neuen Beruf erzogen seyn, als der Einzige, mit dem die Monarchie sich behelfen muſs.

GERON.

Zu allem Glück giebt es noch einen **dritten** Ausweg, der uns kürzer und sicherer zum Zweck führen könnte.

DER FREMDE.

Lassen Sie hören!

GERON.

Erlauben Sie, daſs ich mir den Fall, wie Sie ihn selbst gesetzt haben, nochmahls bestimmt vorstelle. Sie nehmen einen König an, der zum Regieren nicht erzogen wurde, und Ursache hat oder zu haben glaubt, daſs er diesen Mangel durch sein Genie nicht ersetzen könne, und der gleichwohl den Gedanken nicht ertragen kann, in der erhabenen Kunst, wozu er berufen ist, ein Pfuscher zu seyn. War es nicht so?

DER FREMDE.

Ganz richtig.

GERON.

Ich sage Ihnen also, dafs ich nur nach diesen wenigen Zügen beynahe mit meinem Kopfe dafür bürgen wollte, dafs dieser König gut regieren wird.

DER FREMDE.

Im Ernst? — Erklären Sie Sich näher.

GERON.

Ich glaube zwey wesentliche Eigenschaften eines preiswürdigen Regenten bey ihm voraus setzen zu können: dafs er den aufrichtigen Willen hat, seiner grofsen Pflicht ein Genüge zu thun; und dafs er, eben darum weil ihm die Idee einer Vollkommenheit vorschwebt, die er sich nicht zu erreichen getraut, bereits mehr ist, als er zu seyn glaubt. Auf der einen Seite wird jener ernstliche und feste Wille ihn antreiben, sich keine Mühe dauern zu lassen, um die ihm mangelnden Kenntnisse zu erlangen; und die mit diesem Bestreben verbundene anhaltende und immer zweckmäfsige Übung seiner Geisteskräfte wird diese unvermerkt so sehr entwickeln, stärken und schärfen, dafs sie völlig zureichen werden, dem ganzen Umfang des königlichen Amtes Genüge zu thun. Denn in allen Geschäften und Künsten des praktischen Lebens macht **Übung** mit Kenntniſs den Meister; und beide stehen in der Gewalt eines jeden nicht ganz unfähigen Menschen.

DER FREMDE.

Sehr tröstlich!

GERON.

Auf der andern Seite wird sein bescheidenes Miſstrauen in die Hinlänglichkeit seiner Einsichten ihn bewegen, sich um bewährt rechtschaffene und taugliche Gehülfen und Rathgeber umzusehen.

DER FREMDE.

Ein schweres, miſsliches Geschäft! Welch ein Scharfblick, welche Ruhe des Geistes, und wie viel Menschenkenntniſs wird dazu erfordert! Einem Fürsten muſs es beynahe unmöglich seyn, sich in der Wahl nie zu irren.

GERON.

Schwer, aber gewiſs nicht unmöglich; zumahl wenn man die Vorsicht gebraucht, keiner Vorneigung oder Abneigung Gehör zu geben, deren geheimen Grund man sich nicht recht deutlich machen kann, oder sich selbst nicht laut gestehen darf.

DER FREMDE.

Bedenken Sie, daſs er beynahe unter lauter Unbekannten wählen muſs, die

sich ihm immer nur von ihrer schönsten
Seite zeigen, und gegen jede Probe, worauf
er sie etwa stellen möchte, im voraus von
Fuſs zu Kopf gerüstet sind.

GERON.

Die **Bekannten** sind in dieser Ansicht
vielleicht noch gefährlicher als die Unbekannten. Personen, die immer um uns sind,
haben zu viele Gelegenheit unsre schwache
Seite auszufinden und sich angenehm und
unentbehrlich zu machen, als daſs es nicht
dem einen oder andern gelingen sollte, sich
unvermerkt **unsers Herzens** zu bemächtigen. Wir sind gegen sie nicht auf unsrer
Hut, trauen ihnen alles Gute zu, sehen ihre
Fehler in einem mildernden Lichte, oder
werden sie aus Gewohnheit gar nicht mehr
gewahr. Man kann ein sehr angenehmer Gesellschafter oder auch wohl ein sehr getreuer
Diener, und doch weit entfernt seyn, den
Grad von Zutrauen zu verdienen, dessen man
jener Eigenschaften wegen gewürdiget wird.

DER FREMDE.

Um so gröſser also die Schwierigkeit, von
der ich sprach.

GERON.

Bey allem dem wird ein selbst rechtschaffner Mann im Punkt der Rechtschaffenheit das
Wahre gar leicht vom bloſsen Schein unter-

scheiden. Das nehmliche gilt von allen andern Eigenschaften, wovon er die Kennzeichen an sich selber findet. So wird, z. B. ein gesetzter besonnener Mann, der sich selbst in seiner Gewalt hat, und immer mit Überlegung handelt, sich niemahls einem leichtsinnigen, leidenschaftlichen und brausenden anvertrauen.

DER FREMDE.

Unglücklicher Weise giebt es keine Menschen ohne Fehler, und was auf einem geringen Posten eine wenig bedeutende Unart ist, kann auf einem wichtigen ein großes Laster seyn: und doch findet man sich nur gar zu oft genöthiget, bey der Wahl eines Subjekts zu einem wichtigen Posten, große Untugenden wegen irgend einer unentbehrlichen Eigenschaft, die der Mann in einem hohen Grade besitzt, zu übersehen.

GERON.

Ich zweifle, ob dieſs, zumahl in großen Staaten, so leicht der Fall seyn könnte. Eine unentbehrliche Eigenschaft macht darum nicht allezeit auch den Mann unentbehrlich, der sie besitzt, sie aber zur Schutzwehre für seine Fehler oder Laster miſsbraucht. Die brauchbaren, sogar die sehr vorzüglichen Menschen sind in unsern Tagen nicht so selten, daſs man genöthigt seyn sollte, einem

Subjekt seiner besondern Brauchbarkeit wegen, — die oft nicht einmahl das ist, wofür sie gehalten wird, den Mangel einer auf seinem Posten unentbehrlichen Tugend, oder gar das entgegen gesetzte Laster zu gut zu halten.

DER FREMDE.

Zum Beyspiel?

GERON.

Mangel an Humanität, und dagegen gefühllose, bey jeder Gelegenheit in Härte und Grausamkeit ausbrechende Roheit, an einem Kriegsbefehlshaber; Leichtsinn und leidenschaftliche Hitze an einem Richter; kleinliche Kargheit an einem Vorsteher der Staatswirthschaft; Hang zur Wollust und Üppigkeit an jedem, dessen Fach unermüdete Selbstthätigkeit fordert. Wie ausgezeichnet auch die Talente eines Mannes seyn möchten, so wird es immer an einem dieser Laster genug seyn, damit er unter gewissen Umständen an einem wichtigen Posten großes, nicht zu berechnendes Unheil anrichte. Mit Einem Worte, daß ohne entschiedene Rechtschaffenheit und Güte des Herzens kein Diener des Staats für unentbehrlich angesehen werden müsse, ist eine Maxime, bey deren strikter Befolgung jeder große und kleine Staat sich wohl befinden würde, und von welcher kein Regent sich eine Ausnahme zu machen erlauben sollte.

DER FREMDE,

nachdem er eine kleine Weile etwas finster vor sich hingesehen, sich auf einmahl mit einer lächelnden Miene gegen Geron wendend.

Sie kennen die Welt zu gut, um nicht längst zu wissen, daß die Hofleute überhaupt, was die Lauterkeit des Herzens betrifft, von Alters her nicht im besten Rufe stehen: und doch sind das die Menschen, von denen sich ein König dermaßen umlagert sieht, daß ich besorge, er ist und bleibt in ihrer Gewalt, er mag es auch anfangen wie er will.

GERON.

Das wäre allerdings ein großes Unglück — für die Welt, und noch mehr für ihn selbst.

DER FREMDE.

Wie wollen Sie, z. B. daß er einen **Schmeichler** immer mit Sicherheit von einem **Freund** unterscheiden könne?

GERON.

Gewiß eine schwere Aufgabe, sogar für einen bloßen Privatmann, geschweige für einen König, — vorausgesetzt nehmlich, daß wir ganz heimlich und ohne es uns selbst zu gestehen, geschmeichelt seyn **wollen**. Wo dieß aber der Fall **nicht** wäre, — was freylich ziemlich selten seyn mag, — scheint mir nichts leichter; so stark und unverkennbar sind die Züge, wodurch sich der Freund vom Schmeichler unterscheidet; wiewohl ich damit nicht in Abrede seyn will, daſs wohl auch der Freund seine Pillen vergolden oder versüſsen muſs, wenn er seine gute Absicht nicht verfehlen will.

DER FREMDE.

Glauben Sie, daſs ein König einen Freund haben könne?

GERON.

— Unter einer einzigen Bedingung, Ja.

DER FREMDE.

Und diese Bedingung?

GERON.

Wenn er dem Freunde gegenüber **immer** vergessen kann, daſs er König ist, und der Freund es **nie** vergiſst.

DER FREMDE nach einer Pause.

Wenn ich Ihre Gefälligkeit nicht zu ermüden besorgte, so möchte ich wohl noch eine Bitte an Sie thun.

GERON.

Beynahe hätten Sie mich verleitet, einen solchen Zweifel mit einer Höflichkeitsformel zu beantworten.

DER FREMDE.

Sie haben Sich in Ihrem Leben so oft in die Seele anderer Personen hinein gedacht, daſs es Ihnen was leichtes seyn muſs, mein Ver-

langen Statt finden zu lassen. Bilden Sie Sich
also auf einige Minuten ein, Sie seyen der
Freund eines jungen Königs, der die Wichtigkeit seines Berufs lebhaft fühlte, und den ernstlichen Willen hätte, ihm, so viel in seinen
Kräften stände, die völligste Genüge zu thun;
wie würden Sie ihm rathen es anzufangen?

GERON ein wenig verlegen.

Ich würde — ihm sagen, daſs ich — Verzeihen Sie! Ich gestehe, Sie haben mich mit
einer Frage überrascht — auf die ich nicht
gefaſst bin.

DER FREMDE.

Entschuldigen Sie meine Zudringlichkeit.
Ich wünsche eine Gelegenheit zu benutzen,
die vielleicht nie wieder kommt.

GERON.

Sie sagten vorhin, daſs Sie selbst als ein
echter Weltbürger zu leben wünschten,
und sagten mir sehr viel damit. Es würde
Sie also nicht befremden können, wenn ich
Ihrem jungen Könige den Rath eines
Weltbürgers gäbe? — Denn ich gestehe,
daſs ich zu dem, was man gewöhnlich einen
Politikus nennt, eben so verdorben bin
wie zum Höfling.

DER FREMDE.

Mich wird nichts befremden, was von
einem Manne kommt, dem das Beste der
Menschheit am Herzen liegt.

GERON.

Und doch bin ich gewiſs, daſs ich mich bey der Rolle, die Sie mir zu spielen geben wollen, gar zu linkisch benehmen würde. Ich kann mich selbst unmöglich, auch nur für etliche Minuten, als den Freund eines Königs denken. Wie wenn Sie mich lieber zu seinem guten Genius als zu seinem Freunde machen wollten? Wir würden beide dabey gewinnen: ich, die Unsichtbarkeit; und mein Telemach, daſs er meine Eingebung für seinen eignen Gedanken halten, und ihn desto gewisser ausführen würde.

DER FREMDE lächelnd.

Halten Sie ihn für so eigenwillig?

GERON.

Es ist etwas sehr natürliches, daſs einer lieber Flötenspieler als Flöte seyn mag.

DER FREMDE.

Gut! Denken Sie Sich also, wenn Sie wollen, als seinen Genius; und was wäre denn das erste, das Sie ihm eingeben würden?

GERON.

Etwas, wodurch ich mir, glaube ich, alle weitere Bemühungen dieser Art ersparen könnte. Aber — Sie werden mich vielleicht für einen groſsen Pedanten oder für einen alten Träumer ansehen, wenn ich es sage?

DER FREMDE.

Lassen Sie das, und denken nicht schlimmer von mir als Sie Ursache haben.

GERON.

Das erste also, wozu er sich, meiner unbemerkten Eingebung zu Folge, an einem schönen Morgen entschliefsen sollte, wäre: sich unverzüglich eine gute, lesbare, nicht gar zu Griechisch-Deutsche Übersetzung der Selbstgespräche des vorerwähnten Kaisers Mark-Aurel, oder (wie der Verfasser selbst sie betitelt hat) seiner zwölf Bücher an und über sich selbst, machen zu lassen, und sie, in einem kleinen Taschenformat, als ein unzertrennliches Vademekum immer bey sich zu tragen.

DER FREMDE.

Ihre Meinung ist vermuthlich nicht, dafs es als ein Talisman wirken, sondern dafs es fleifsig gelesen und meditiert werden soll. Dazu aber besorge ich, wird Ihr junger König nicht immer aufgelegt seyn. Die Könige, sagt man, lesen nicht gern.

GERON.

Ein grofser Fehler, den sich die Könige, mit ihrer Erlaubnifs, abgewöhnen sollten. Friedrich der Grofse las viel.

DER FREMDE.

Immer könnte es ihm, wo nicht an Lust, doch öfters an Mufse fehlen.

GERON.

Das darf es nicht, wenigstens nicht so lange ich sein Genius bin, und wenn er auch defswegen einige Briefe oder Papiere weniger lesen, oder seine Minister eine Viertelstunde im Vorzimmer warten lassen müfste.

DER FREMDE.

Ich gestehe zu meiner Beschämung, dafs ich das Buch, wovon Sie reden, nur dem Nahmen nach kenne.

GERON.

Es ist nur ein kleines Buch, aber gewifs der reichhaltigsten eines. Ich betrachte es als ein kostbares Reliquienkästchen, worin ein **Autokrator**, wie keiner **vor** ihm war und keiner **nach** ihm gewesen ist, seinen Geist und sein Herz der ganzen Menschheit, aber vornehmlich allen, die zum Regieren berufen sind, vermacht hat. Denn gerade diese sind es, die einen desto nützlichern Gebrauch davon machen könnten, weil er blofs für seinen eigenen geschrieben zu haben scheint. Es ist in jeder Rücksicht ein **königliches Buch**, ein Schatz von Gedanken, Erfahrungen, Gesinnungen und Maximen, die von einem jungen Fürsten, der etwas mehr als ein Homerischer **Alcinous** zu seyn begehrt, nie genug gelesen, erwogen und angeeignet werden können. Er würde kaum eines andern Freundes, Rathgebers und Schutzgeistes bedürfen, wenn er sich täglich eine halbe Stunde mit diesem einschlösse, ihn gleichsam zum Zeugen und Richter seiner innersten Gedanken machte, nichts beschlösse noch begönne ohne ihn vorher zu Rathe gezogen zu haben, und nicht eher mit sich selbst zufrieden wäre, bis er sich in dieser geheimen Konferenz mit dem Geiste Mark-Aurels seines vollgültigen Beyfalls versichert hätte.

DER FREMDE.

Wenn ich Sie recht verstehe, so ist dieser Geist Mark-Aurels nur der Substitut eines andern, der sein Wesen in jedes Menschen eignem Busen treibt; und Ihre Meinung mit allem dem kann wohl keine andre seyn, als unserm Telemach eine Art von Hülfsmittel an die Hand zu geben, wodurch er sich angewöhne, tiefer in sich selbst einzugehen, und, anstatt sich auf fremde Eingebungen zu verlassen, auf die leisen Winke, Urtheile und Warnungen seines eigenen Gewissens zu lauschen?

GERON.

Sie haben mich so gut verstanden, daſs ich jede andre Antwort auf Ihre vorige Frage für überflüssig halte.

ENDE DES XXXI. BANDES.

www.ingramcontent.com/pod-product-compliance
Lightning Source LLC
Chambersburg PA
CBHW020535300426
44111CB00008B/673